大数据时代下财务管理
与经济发展研究

主编　周福勇　刘艳飞　张焕利　李红欣　陈仕伟

吉林科学技术出版社

图书在版编目（ＣＩＰ）数据

大数据时代下财务管理与经济发展研究 / 周福勇等
主编．-- 长春 ：吉林科学技术出版社，2023.6
　　ISBN 978-7-5744-0553-0

　　Ⅰ．①大… Ⅱ．①周… Ⅲ．①企业管理－财务管理
Ⅳ．① F275

中国国家版本馆 CIP 数据核字（2023）第 103479 号

大数据时代下财务管理与经济发展研究

主　　　编	周福勇等
出 版 人	宛　霞
责任编辑	安雅宁
封面设计	石家庄健康之路文化传播有限公司
制　　版	石家庄健康之路文化传播有限公司
幅面尺寸	185mm×260mm
开　　本	16
字　　数	300 千字
印　　张	13.5
印　　数	1–1500 册
版　　次	2023年6月第1版
印　　次	2024年2月第1次印刷

出　　版	吉林科学技术出版社
发　　行	吉林科学技术出版社
地　　址	长春市福祉大路5788号
邮　　编	130118
发行部电话/传真	0431-81629529 81629530 81629531
	81629532 81629533 81629534
储运部电话	0431-86059116
编辑部电话	0431-81629518
印　　刷	三河市嵩川印刷有限公司

书　　号	ISBN 978-7-5744-0553-0
定　　价	84.00元

编　委　会

主编简介

　　周福勇，男，汉族，1977年出生于河南新密，高级会计师职称，本科学历。现就职于中铁十五局集团第三工程有限公司，担任副总经理、总会计师职务，主要负责预算引领、资金管理、税务筹划、清收清欠、收尾项目管理、财务报告、财务团队建设、人员培训和竞聘、绩效考核、资产管理、亏损治理等工作。主要研究方向为新形势下的财务管理。具备将近20年的财务工作经验，积累了丰富的理论知识和实践经验。工作勤恳认真，兢兢业业，工作作风扎实，严谨细致。发表论文多篇，所带领的财务团队在本企业和上级单位评比中多次获得"财务管理先进单位"荣誉称号，本人也多次获得"先进财务个人"和"优秀共产党员"荣誉称号。

　　刘艳飞，女，汉族，1987年8月出生于山东省莘县，2011年毕业于南华大学，会计学硕士研究生，现为聊城大学会计师，自从业以来先后从事企业会计核算、村级财务经济管理、事业单位财务核算、内部控制、政府采购、经济责任审计等工作，发表论文数篇，2016年获山审杯优秀论文评选一等奖，获2019年度山东省会计学会优秀论文二等奖。

张焕利，女，会计师，毕业于山东农业大学经济管理学院，现任泰安市农业科学院财务科副科长，省科技厅财经类专家库、省财政厅政府采购财经类评审专家库成员。参与单位重大财务方针政策的制订与完善，具有较为全面的知识结构和丰富的实操经验。在《当代会计》《财经界》等国内公开期刊发表学术论文 4 篇，主编、参编财经类著作各 1 部。研究方向涵盖财务会计、管理会计、财务管理、工商管理、审计等领域。

李红欣，女，1972 年 8 月出生，中国民盟盟员。1994 年毕业于济南联合大学财经系，财会专业，现就职于章丘市经济技术开发投资总公司，主要从事企业内部审计工作。自 2000 年至 2012 年，先后考取经济师、会计师中级职称；中国注册税务师、中国注册会计师、中国注册资产评估师、注册国际内审师资格。曾任济南市章丘区政协委员、人民法院陪审员。熟练掌握会计、审计、税法等知识。多次被邀请参加社会审计工作，包括企业改制审计、企业破产审计、项目经济效益审计等，具有丰富的经济工作实践经验。

陈仕伟，男，汉族，1977 年 9 月出生于山东省新泰市，2004 年毕业于山东省委党校，经济管理专业，本科学历。现任山东省新泰市天宝镇农业经营管理站副主任。1996 年 7 月参加工作，至今一直专注于经济管理专业，取得农业经济师职称，先后在《财经界》发表《浅谈农业经济管理对农村经济发展的作用》和《大数据统筹下区域农业经济精准发展模式的创新策略》两篇论文。

前　　言

随着大数据、云计算、互联网等信息技术的兴起与发展，社交媒体、虚拟服务等在经济、生活、社会各个方面的渗透不断加深。伴随而来的是，数据正在以前所未有的速度递增，全球快速迈入大数据时代。

作为现代企业管理的重要组成部分，财务管理工作必须积极适应信息化发展步伐，在各方面作出调整。大数据时代，不仅改变了财务管理的传统理念和内涵，也对财务数据处理和应用提出了更高要求。一方面，海量数据为财务管理和财务决策提供了有力的支撑；另一方面，也对传统的财务系统、财务人员的素质提出了更高的要求。为了应对大数据带来的挑战，抓住大数据带来的机遇，企业决策者及相关财务管理专业人员需要重新审视、思考财务管理工作，全面提升进行财务决策时统筹各种数据的能力，整合并提高应对环境变化的决策水平。

本书共八章。第一章对大数据及财务管理进行概述，以为后文论述打下基础；第二章、第三章主要对大数据时代下财务体系进行分析，针对投资管理、预算管理、成本管理展开论述；第四章重点阐述了大数据时代财务管理革新路径与未来趋势；第五章围绕大数据时代下财务风险管理，全面而深入地探讨了大数据时代的财务数据风险及相应的预警、防范措施；第六章列举了大数据时代企业财务管理典型案例，从实践角度，更好地开展分析论述；第七章、第八章分别从整体视角和具体视角研究大数据时代下经济发展，并给出总体思路与具体建议。

书稿内容丰富，重点突出，强调科学性和实用性。限于编者水平，难免存在不足之处，敬请广大读者和同道批评指正。

目　　录

第一章　大数据及财务管理概述

第一节　大数据的基本分析

一、大数据的内涵及特征

（一）数据的演变

随着数字化时代的到来，数据已经成为企业最重要的资产之一。而在大数据领域中，数据的发展经历了不同的阶段，从最初的数据收集到数据分析，再到数据智能化的应用，每个阶段都伴随着不同的技术和方法的发展。

1. 第一阶段：数据收集

在大数据领域的初步发展阶段，企业主要关注的是数据的收集和存储。在这一阶段，企业主要通过自己的内部数据系统和客户反馈等渠道获得数据。这一阶段的主要技术是数据采集和存储技术，包括传统的关系型数据库和分布式文件系统等。但这些技术的限制也很明显，如数据质量低、无法处理大量数据等。

2. 第二阶段：数据处理

随着大数据的快速发展，企业逐渐将重心转移到了数据的处理和分析。在这一阶段，企业采用更加智能化和高效的数据处理方法，以便从海量的数据中提取有效的信息，洞察市场趋势。这一阶段的主要技术包括分布式计算技术、数据挖掘和机器学习技术等，这些技术的应用让企业能够更好地分析和应用数据，提高企业的决策能力和竞争力。

3. 第三阶段：数据应用

随着大数据技术的不断完善和普及，数据应用的范围也在不断扩大。在这一阶段，企业更加关注数据的应用和商业价值，以便实现数据智能化的应用。这一阶段的主要技术包括数据可视化、人工智能、区块链等，这些技术的应用助力企业更好地将数据应用于业务和运营中，进一步提高企业的效益和竞争力。

（二）大数据的内涵

随着社交网络的兴起，云计算、移动互联网和物联网等新一代信息技术的普及，全球数据量呈现前所未有的爆发式增长。大数据所引发的信息风暴正在逐步改变人们的生活环境、工作方式和思考模式。

不难发现，在商业、经济、医药卫生等多个领域，决策越来越依赖于数据和分析，而非仅仅依赖于经验和直觉。大数据已成为近年来科学研究的核心，是信息时代新阶段的象征，它是大型信息系统和互联网的产物，是实现创新驱动发展战略的重要机遇。大数据的发展与应用，将对社会组织结构、国家治理模式、企业决策结构、商业策略及个人生活方式产生深远影响。

2012 年 3 月，美国政府将"大数据战略"提升至最高国家发展战略层级，将大数据视为"新石油"，并把对数据的占有和控制作为新的国家核心能力。关于"大数据"，研究机构 Gartner 给出了这样的定义：大数据指需要利用新处理方法来通过数据体现更强决策力、洞察力和流程优化能力的海量、高增长率、多样化的信息资产。

从认识论的角度讲，科学源于数据。人类历史上的大数据，最初源自科技领域，特别是大型科学研究。例如，位于瑞士的欧洲核子研究中心的，由全球超过 8000 位物理学家合作建造的大型强子对撞机，2008 年试运行后，数据量即达 25PB/ 年，2020 年建成后可达 200PB/ 年，因此他们率先提出了"大数据"的概念。此外，旨在测定人类基因组 30 亿碱基遗传密码的基因组计划，在进行个体基因组测定时，数据量已高达 13PB/ 年。这些项目激发了学界，学者们开展了一系列遗传背景迥异、不同疾病群体及大量其他物种的基因组测序，数据量迅速逼近 ZB 级（是 PB 的百万倍），共同创造了"大数据"概念。今天人们常用的互联网最初就是为了解决这些领域的科学家处理海量数据问题而发明的。

在传统哲学认识论中，人类是认识的主体。然而，在大数据背景下，认识论主体发生了分化：意向方仍为人类，实施方则由机器取代。意向方和实施方各自承担不同职责，导致认识的动机和目标发生变化。人们关注对自己有益的信息，而机器则提供可视化分析，形成大数据认知外包的特点。

大数据依靠海量数据揭示事物间的关系，利用数据挖掘寻找数据规律，借助这些关系解释过去、预测未来，从而补充传统因果规律。不过，尽管大数据能预测未来，人类作为认识论主体的意向方却仅关注预测结果，忽视预测的解释，导致预测能力增强、解释能力减弱。

大数据模型与统计建模存在本质区别。在科学研究中，统计建模通常作为经验研究、理论研究的辅助角色和检验者；而在大数据科学研究中，数据模型成为主角，担任科学理论角色。统计建模依赖精心设计的实验数据，具有高质量；大数据则涉及海量、多样且质量不一的数据。统计建模根据研究问题确定模型，目标变量预先确定；大数据模型则通过海量数据得出，部分情况下目标变量不明确。统计建模以验证驱动，先设计再验证模型合理性；大数据模型则以数据驱动，强调建模过程和模型可更新性。

大数据思维是一种意识，认为妥善处理公开数据可以解决众多问题。大数据体现了直觉主义向量化思维的转变，一切都可量化。大数据技术通过智能终端、物联网、云计算等手段"量化世界"，记录并存储自然、社会、人类的状态和行为。大数据研究关注全样本而非抽样数据，强调全局和大局思维。开放共享、数据分享、信息公开有助于资源共享、互信、合作，打破传统封闭与垄断，形成开放、共享、包容、合作思维。大数据关注数据的因果关系和相关性，提高数据采集频度，放宽数据精确度要求，用概率看待问题，强化包容思维。

从技术层面来看，大数据是一场重要的技术创新。传统的数据处理技术很难顺利完成大数据的集成、存储、挖掘、检索和决策生成。随着新技术的发展和成熟，大数据时代正加速到来。可以说，如果数据是肉体，那么技术就是灵魂。在大数据时代，数据、技术和思维三者共同支撑着这个新兴领域。

《大数据时代》一书的作者维克特认为，大数据让我们真正拥有了具有决定性价值的资源，它就像新时代的黄金。不过，需要强调的是，大数据的意义并非在于拥有海量的数据，而是通过数据挖掘等方法对数据进行专业分析，从而实现数据的增值。

大数据可以划分为大数据技术、大数据工程、大数据科学和大数据应用等多个领域。目前，人们关注的焦点主要集中在大数据技术和大数据应用上，而工程和科学问题尚未受到足够重视。大数据工程涉及大数据的规划建设和运营管理，是一种系统工程；大数据科学则关注在大数据网络发展和运营过程中发现、验证大数据规律，以及它与自然、社会活动之间的联系。

物联网、云计算、移动互联网、车联网、手机、平板电脑、个人电脑及遍布地球各个角落的各种传感器都是数据的来源或承载方式。大数据的核心价值在于海量数据的存储和分析。相较于现有的其他技术，大数据在成本方面表现出了"廉价、迅速、优化"的综合优势。大数据无疑将引领一场新的技术信息革命，我们有充分理由相信，未来人类的生活和工作将随着大数据革命发生翻天覆地的变化。

（三）大数据的特征

大数据的 4V 特征指"Volume""Velocity""Variety""Value"四个特征，这些特征决定了大数据的特殊性和复杂性。以下是对每个特征的详细解释。

1. Volume（数据量大）

"Volume"是大数据的最基本特征，指数据量非常庞大，无法用传统的数据处理方式进行处理和分析。数据量的增长通常以指数级别增加，不断地创造着新的纪录和数据。例如，Facebook（脸谱网）每天产生的数据量超过 2.5PB（1PB = 1024TB），谷歌每天搜索的数据量超过 10 亿次，这些数据都需要通过分布式系统进行高效处理。

为了应对数据量的增长，大数据采用了分布式存储和处理技术。分布式存储可以将数据分散存储在多个计算机节点上，形成数据湖或数据仓库，以支持数据的高效存储和管理；分布式处理则可以将数据分割成多个小部分进行并行处理，以提高处理速度和效率。

2. Velocity（数据处理速度快）

"Velocity"指数据处理速度的快速性。随着社会信息的快速发展，数据生成的速度变得非常快，处理这些数据所需的时间也变得越来越短。例如，社交网络上每秒钟都会有数以万计的新帖子发布，各种传感器、仪器产生的数据也以极快的速度增长。因此，数据处理的速度变得越来越重要。

为了满足处理速度的要求，大数据采用了实时处理技术和流处理技术。实时处理可以实时获取数据并进行处理，如电商网站根据用户浏览、搜索等行为实时推送商品信息；流处理则是针对不间断的数据流进行实时处理，如传感器实时监测环境温度等信息。

3. Variety（数据种类多）

"Variety"指大数据的数据类型非常丰富，包括结构化数据、半结构化数据和非结构化数据等多种类型。其中结构化数据指可以用表格、数据库等格式表示的数据，如订单信息、客户信息等；半结构化数据则指可以用标签、元数据等方式加以描述的数据，如 XML 文件、JSON 文件等；非结构化数据指无法用固定的格式表示的数据，如图片、音频、视频等。

为了处理这些多样化的数据，大数据采用了不同的数据处理和分析方法。例如，针对结构化数据，可以采用 SQL 查询、数据挖掘等技术进行处理和分析；针对半结构化数据，可以采用 XML、JSON 等技术进行处理和分析；针对非结构化数据，则需要采用图像处理、自然语言处理等技术进行处理和分析。此外，大数据还采用了数据预处理技术，对原始数据进行清洗、去重、格式化等操作，以减少数据的冗余和噪声，提高数据质量。

4. Value（数据价值高）

"Value"指大数据所包含的数据价值非常高，其中蕴含着丰富的信息和知识，可以帮助企业、组织或个人作出更加精准、有效的决策和创新。通过对大数据进行深度挖掘和分析，可以发现隐藏在数据背后的价值，如市场趋势、客户需求、产品创新等信息。

为了发现数据价值，大数据采用了数据挖掘、机器学习、人工智能等技术。数据挖掘是从数据中提取隐藏在其中的模式和知识的过程，可以帮助人们发现潜在的商业机会和市场趋势；机器学习是通过算法学习数据，自动提取其中的特征和规律，以支持预测、分类、聚类等任务；人工智能则是通过模拟人类智能的方法，让计算机具备推理、判断、决策等能力，从而更好地发现数据背后的价值。

总之，大数据的四个特征——Volume、Velocity、Variety 和 Value，共同决定了大数据的特殊性和复杂性。通过采用分布式存储和处理技术、实时处理技术和流处理技术、不同的数据处理和分析方法，以及数据挖掘、机器学习、人工智能等技术，可以有效地处理和挖掘大数据，发现其中蕴含的巨大价值，为人们带来更多的商业机会和社会价值。

二、大数据发展的背景

（一）大数据的产生背景

大数据似乎在一夜之间悄然降临，迅速获得了人们的关注。2012 年，大数据进入了大众视野，这一年也被誉为"大数据的跨界之年"。大数据之所以能够引起人们关注，源于三种趋势的共同作用。

首先，随着互联网的发展，许多高端消费公司为了提供更先进、更完美的服务，纷纷加大了对大数据的应用力度。例如，Facebook（脸谱网）利用大数据追踪用户，通过"搜索和识别你所熟知的人"为用户提供好友推荐。用户的好友数量越多，对 Facebook 的信任度就越高，从而促使用户更积极地分享照片、发布状态和参与游戏。Facebook 因此在竞争中占据优势。商业社交网站 LinkedIn（领英）则利用大数据为求职者和招聘单位建立联系，为双方提供更便捷的服务。

其次，人们在无形中为大数据产业投资。以 Facebook 和 LinkedIn 为例，两家公司均在 2012 年上市，上市地点分别在纳斯达克和纽约证券交易所。这些公司表面上是消费品公司，实际上都是依靠大数据盈利的企业。这些企业的上市吸引了华尔街对大数据业务的关注，进而促使硅谷的风险投资家为大数据企业提供资金，为大数据的发展创造了良好机会。

再次，商业用户和其他以数据为核心的消费产品也开始期待便捷地利用大数据。当前，我们已习惯于在网上观看电影、购买商品。那么，为什么这些产品所在的企业不能利用大数据为客户提供更好的服务呢？例如，房屋租赁公司可以通过分析客户的租房历史和现有房源记录，更智能地为租户提供合适的房屋。通过将内部供应链与外部市场数据相结合，公司可以更精确地预测出可租的房屋类型和可用时间。

同样的，零售商可以利用内部数据和外部数据的结合，每天确定产品价格和摆放位置。通过考虑从产品供应到消费者购物习惯等一系列事件的数据（包括哪种产品卖得较好），零售商可以提高消费者的平均购买量，从而获得更高的利润。因此，商业用户也成为推动大数据发展的一股力量。

总的来说，大数据的产生是时代发展和利益驱动的结果。虽然看似只有少数几家公司推动了大数据的发展，但事实上，无数中小企业和个人的服务需求也在为大数据的产生贡献力量。单个个体的效果或许不明显，但它们在整个大数据产业中所产生的影响是巨大的。

（二）大数据的发展背景

早在 2010 年 12 月，美国总统办公室旗下的科学技术政策顾问委员会（PCAST）和信息技术政策顾问委员会（PITAC）就已经向时任总统奥巴马和国会递交了一份名为《规划数字化未来》的战略报告，将大数据收集和应用提升到了国家战略层面。报告梳理了五个贯穿各个科技领域的共同挑战，其中最关键的挑战便是"数据"。报告强调，"如何收集、保存、管理、分析、共享迅速增长的数据是我们必须面对的一项重要挑战"，并建议"美国联邦政府的各个机构和部门都需要制订一个'大数据'战略"。

2012 年 3 月，奥巴马总统签署并发布了"大数据研究发展创新计划"，由美国国家科学基金会、卫生与公共服务部、能源部、国防部等六大部门联手投资 2 亿美元，启动大数据技术研发项目。这是美国政府继 1993 年宣布"信息高速公路"计划之后的又一次重大科技发展部署。美国白宫科技政策办公室还专门支持成立了一个大数据技术论坛，以鼓励企业和组织间的大数据技术交流与合作。

2012 年 7 月，联合国在纽约发布了一本关于大数据政务的白皮书《大数据促发展：挑战与机遇》，全球大数据研究和发展进入空前的高潮。白皮书详细总结了各国政府如何运用大数据应对社会需求、引导经济发展、更好地为民众服务，并建议成员国建立"脉搏实验室"，以发掘大数据的潜力。

鉴于大数据技术的特点和重要性，现已出现了"数据科学"的概念，即数据处理技术将成为与计算科学齐名的新兴科学领域。已故的著名图灵奖得主吉姆·格雷在 2007 年的一次演讲中提出，"数据密集型科学发现"将成为科学研究的第四范式，科学研究将从实验科学、理论科学、计算科学发展到如今崛起的数据科学。

为了紧密跟随全球大数据技术的发展步伐，我国政府、学术界和工业界都高度关注大数据。2013年4月14日和21日，央视著名"对话"节目邀请了《大数据时代——生活、工作与思维的大变革》一书的作者维克托·迈尔－舍恩伯格，以及美国大数据存储技术公司LSI的总裁阿比，共同参与了两期大数据专题讨论节目："谁在引爆大数据"和"谁在掘金大数据"。国家级央视媒体对大数据的关注和宣传，反映出大数据技术已经成为国家和社会的焦点。

自2013年以来，我国的国家自然科学基金、973计划、核高基、863等重大科研计划纷纷将大数据研究作为重点课题。为了推动我国大数据技术的研究和发展，2012年中国计算机学会（CCF）发起组织了CCF大数据专家委员会，并特别成立了一个"大数据技术发展战略报告"撰写组。该组已经撰写并发布了《2013年中国大数据技术与产业发展白皮书》。

大数据不仅带来了巨大的技术挑战，还带来了技术创新和商业机会。大数据的不断积累，揭示了许多小数据量无法发现的深度知识和价值。大数据分析将为各行业和企业带来巨大的商业价值，实现高附加值的增值服务，进一步提高经济和社会效益。美国政府将大数据视为"未来的新石油"，认为它将对科技和经济发展产生深远影响。因此，在未来，一个国家拥有的数据规模和运用数据的能力将成为综合国力的重要组成部分，数据的占有、控制和运用也将成为国家间和企业间新的竞争焦点。

被誉为"大数据时代预言家"的维克托·迈尔－舍恩伯格在他的著作《大数据时代》中详细介绍了许多大数据应用案例，并对大数据的发展现状和未来趋势进行了预测。

维克托·迈尔－舍恩伯格认为，大数据已经开启了一个重要的时代转型，它将带来深刻的变革，彻底改变我们的生活、工作和思维方式。此外，大数据还将对商业模式产生巨大影响，深入地影响我们的经济、政治、科技和社会等各个方面。

随着大数据行业应用需求的日益增长，未来越来越多的研究和应用领域将需要运用大数据并行计算技术。大数据技术将渗透到涉及大规模数据和复杂计算的每一个应用领域。而且，以大数据处理为核心的计算技术将对传统计算技术产生颠覆性的影响，广泛地改变计算机体系结构、操作系统、数据库、编译技术、程序设计技术和方法、软件工程技术、多媒体信息处理技术、人工智能及其他计算机应用技术。与此同时，大数据技术还将与传统计算技术相互融合，催生出众多新的研究热点和课题。

大数据为传统计算技术带来了许多前所未有的挑战。许多在小数据集上行之有效的传统串行化算法在处理大数据时难以在可接受的时间范围内完成计算。同时，大数据中包含了大量的噪声、稀疏样本、不平衡样本，使得现有的许多机器学习算法的有效性降低。因此，微软全球副总裁陆奇博士在2012年全国第一届"中国云／移动互联网创新大奖赛"颁奖大会主题报告中指出，"大数据要求我们重新编写绝大多数现有的串行化机器学习算法"。

大数据技术的发展为从事计算机技术研究的专业人员带来了新的挑战和机遇。当前，国内外IT企业对大数据技术人才的需求正快速增长，未来5～10年内，行业将需要大量掌握大数据处理技术的专业人才。有研究预测，在未来 10 年内，全球范围内的服务器数量将增长 10 倍，企业数据中心管理的数据信息将增长 50 倍，企业数据中心需要处理的数据文件数量将至少增长 75 倍，因此在未来的十年内，大数据处理和应用方面的需求将远远超过能够提供的技术人才数量，这将导致一个巨大的缺口。据统计，尽管全球的 IT 专业技术人才数量在不断增长，但是这个增长速度却非常缓慢，只有约 1.5 倍。因此，在大数据领域中，技术人才的短缺情况尤为突出。

目前，虽然国内外高校已经开始开展大数据技术人才培养，但是时间并不长，因此市场上掌握大数据处理和应用开发技术的人才非常短缺，供不应求。国内各大著名 IT 企业，如百度、腾讯、阿里巴巴、淘宝、奇虎 360 等，都非常需要大数据技术人才，但是很难找到合适的人选。

（三）国内外企业应对大数据的战略

1. IBM（万国商业机器公司）——大数据可视化

BM（万国商业机器公司）是全球知名的信息技术和咨询服务公司，也是大数据可视化领域的领导者之一。IBM 通过其产品和服务，帮助客户从庞大的数据中提取有价值的信息，并将其可视化，以支持更好的决策和业务发展。

IBM 的大数据可视化产品和服务包括以下 4 个方面。

（1）数据可视化工具

IBM 提供了多个数据可视化工具，包括 IBM Cognos Analytics、IBM SPSS Statistics、IBM Watson Analytics 等。这些工具可以帮助用户通过图表、图形、仪表板等方式，将庞大的数据变成易于理解和分析的信息，并支持多种数据格式的导入和导出。

（2）数据分析和建模

IBM 的数据分析和建模工具包括 IBM SPSS Modeler、IBM SPSS Amos 等，这些工具可以帮助用户通过数据挖掘、机器学习、统计建模等方法，分析数据并预测未来的趋势和模式。这些工具可以帮助企业和组织在市场趋势、产品创新、客户需求等方面作出更好的决策和创新。

（3）人工智能和认知计算

IBM 的人工智能和认知计算工具包括 IBM Watson 等，这些工具可以帮助用户通过自然语言处理、图像识别、情感分析等技术，让计算机具备类似人类的理解、推理、判断等能力。这些工具可以帮助企业和组织更好地发现数据背后的价值，从而提高决策和业务效率。

（4）云计算和大数据平台

IBM 提供了多个云计算和大数据平台，包括 IBM Cloud、IBM Analytics、IBM Bluemix 等。这些平台可以帮助用户快速搭建和部署大数据处理和分析环境，并提供了大量的数据分析和可视化工具，以支持各种业务需求和应用场景。

2. Facebook（脸谱网）——通过大数据精准定位客户群

Facebook（脸谱网）是全球知名的社交媒体平台，也是大数据应用领域的典型代表之一。Facebook通过其海量的用户数据和先进的数据分析技术，帮助企业和广告主精准地定位客户群，并推送定向广告，以提高广告投放效果和商业价值。

以下是Facebook利用大数据进行精准定位客户群的方式。

（1）用户数据采集和分析

Facebook通过其广告平台和API，收集了大量的用户数据，包括用户的基本信息、兴趣爱好、购买行为、社交关系等。通过对这些数据进行分析和挖掘，Facebook可以了解用户的需求和偏好，从而更好地为广告主提供定向广告服务。

（2）广告投放工具

Facebook提供了多个广告投放工具，包括广告管理工具、广告创建工具、广告报告工具等。这些工具可以帮助广告主快速创建和发布广告，并对广告投放效果进行实时监控和分析，以便及时调整和优化广告投放策略。

（3）定向广告功能

Facebook的定向广告功能是其最大的优势之一。通过用户数据的分析和挖掘，Facebook可以将广告推送给与广告主目标客户群匹配的用户。广告主可以根据用户的性别、年龄、地理位置、兴趣爱好、购买行为等多个维度进行定向投放，以提高广告投放的精准度和效果。

（4）A/B测试功能

Facebook的A/B测试功能可以帮助广告主对不同的广告创意、投放时间、定向方式等进行测试和对比，以了解哪种投放策略更适合自己的目标客户群。这可以帮助广告主更好地了解自己的客户需求和反应，从而优化广告投放策略，提高广告投放效果和商业价值。

3. Google（谷歌）——用大数据做预测

Google（谷歌）是全球领先的科技公司，也是大数据应用领域的代表之一。Google通过其强大的数据处理和分析能力，帮助企业和个人进行各种预测和决策，为用户提供更加智能化的服务和体验。

以下是Google用大数据做预测的方式。

（1）数据挖掘和机器学习

Google利用其强大的数据挖掘和机器学习能力，对数据进行分析和挖掘，从中提取出隐藏的模式和趋势，并建立预测模型。这些预测模型可以用于预测市场趋势、用户行为、产品销售等，帮助企业和个人更好地作出决策和创新。

（2）搜索引擎和语音识别技术

Google的搜索引擎和语音识别技术可以为用户提供更加智能化的搜索服务和交互体验。通过分析用户的搜索历史和搜索行为，Google可以预测用户的需求和意图，并推荐相关的搜索结果和内容。而通过语音识别技术，Google可以识别用户的语音指令，并根据用户的意图提供相应的服务和答案。

（3）广告投放和商业决策

Google的广告投放和商业决策也依赖于其强大的数据分析和预测能力。通过分析广告点击率、用户行为、市场趋势等数据，Google 可以为广告主提供更加精准的广告投放服务，并帮助企业作出更好的商业决策，提高竞争力和效益。

（4）自动驾驶和智能家居

Google 在自动驾驶和智能家居领域的投资和开发，也利用了其强大的大数据处理和预测能力。通过分析车辆和环境的数据，Google 可以为自动驾驶提供更加精准的导航和控制服务。而在智能家居领域，通过分析用户的行为和偏好，Google 可以为用户提供更加智能化的家居服务和体验。

4. 阿里巴巴——大数据下的新 C2B 模式

阿里巴巴是中国最大的电子商务平台之一，也是大数据应用领域的代表之一。阿里巴巴通过其强大的大数据处理和分析能力，实现了新的 C2B 模式（顾客导向的商业模式）；通过数据挖掘、智能算法等手段，实现了产品的个性化定制，提高了产品的销售和用户的满意度。

以下是阿里巴巴实现新的 C2B 模式的方式。

（1）数据挖掘和智能算法

阿里巴巴通过数据挖掘和智能算法，对用户的搜索历史、购买记录、社交行为等数据进行分析和挖掘，以了解用户的需求和偏好，并将其转化为产品设计和生产的方向。阿里巴巴还通过智能算法，对海量的商品信息进行分析和挖掘，以确定产品的市场需求和趋势。

（2）个性化定制

基于数据挖掘和智能算法的分析结果，阿里巴巴可以为用户提供个性化定制的服务，即根据用户的需求和偏好，为其生产和定制符合其要求的产品。这种个性化定制的方式可以提高产品的销售和用户的满意度，同时降低了库存和生产成本。

（3）供应链优化

阿里巴巴的 C2B 模式还可以通过供应链优化，提高产品的生产效率和质量。阿里巴巴通过数据分析和预测，预测市场需求和趋势，调整生产计划和供应链管理，以确保生产和供应的效率和质量。

（4）智能推荐和营销

阿里巴巴还通过智能推荐和营销，为用户提供更加个性化和符合其需求的推荐、服务。通过数据分析和智能算法，阿里巴巴可以为用户推荐符合其需求、偏好的商品和服务，提高销售和用户满意度。

（四）大数据在企业管理中的应用

大数据在企业管理中的应用越来越受到重视，其重要性在于，大数据可以帮助企业管理者更好地了解市场和客户需求，提高企业决策的精准性和效率，以及实现更高效的生产和销售过程。其相关应用具体阐述如下。

1. 社会化的价值创造

（1）社会化媒体数据的分析

随着社交媒体的普及，越来越多的企业开始利用社交媒体数据进行分析和挖掘，以了解消费者的需求和行为，从而更好地进行产品和服务的开发和营销。企业可以通过分析社交媒体平台上的用户行为、内容传播、互动反馈等数据，了解市场趋势、消费者需求和产品评价，从而提高产品的市场适应性和销售效率。

（2）社会化合作的创新模式

在大数据时代，越来越多的企业开始采用社会化合作的方式，实现资源的共享和优化，以提高效率和降低成本。社会化合作的创新模式依赖于大数据技术的支持，企业可以通过分析和挖掘大量的合作数据，了解合作方的需求和资源，以实现更高效的合作和创新。

（3）社会化信用评估的应用

在大数据时代，越来越多的企业开始采用社会化信用评估的方式，评估消费者的信用水平和风险等级，以实现更加精准的市场营销和客户管理。企业可以通过分析和挖掘大量的消费者数据，了解消费者的信用记录、信用评级、信用风险等信息，以实现更好的风险控制和客户管理。

（4）社会化创新的实践应用

在大数据时代，越来越多的企业开始采用社会化创新的方式，吸纳社会化资源和智慧，以实现更加创新的产品和服务。企业可以通过分析和挖掘大量的创新数据，了解社会化创新资源和趋势，以实现更好的创新和提升竞争力。

2. 网络化的企业运作

（1）运营数据的分析

在网络化的企业运作中，企业可以通过大数据技术对企业内部的运营数据进行分析和挖掘，以了解生产、销售、客户服务等方面的情况，以及寻找问题和优化方案。企业可以通过分析和挖掘大量的运营数据，了解企业运营情况的变化趋势、运营效率的提高空间等信息，从而为企业管理者提供更加精准和实时的数据支持。

（2）供应链管理的优化

在网络化的企业运作中，供应链的管理变得更加复杂和困难，需要依靠大数据技术的支持，实现供应链管理的优化。企业可以通过大数据技术，对供应链的生产计划、物流运输、库存管理等方面进行实时分析和预测，以实现供应链管理的优化和运作的精细化。

（3）客户关系管理的应用

在网络化的企业运作中，客户关系的管理变得更加重要和复杂，需要依靠大数据技术的支持，实现客户关系管理的精准化和个性化。企业可以通过大数据技术，对客户的行为、偏好、需求等方面进行分析和挖掘，以实现更好的客户分类和提供个性化服务，从而提高客户满意度和忠诚度。

（4）智能制造的实践应用

在网络化的企业运作中，智能制造成为企业实现数字化转型的重要手段，企业需要依靠大数据技术的支持，实现制造过程的智能化和优化。企业可以通过大数据技术，对生产过程中的各个环节进行实时监测和分析，以实现生产过程的智能化和优化，从而提高生产效率和产品质量。

3. 实时化的市场洞察

（1）消费行为的洞察

随着互联网技术的发展，越来越多的消费者开始在互联网上购物，这给企业提供了更多的消费数据。大数据技术可以帮助企业分析和挖掘消费者在不同平台上的购买行为、偏好、趋势等信息。企业可以通过大数据技术，实时获取和分析消费数据，了解消费者的购买习惯、价格敏感度、品牌忠诚度等信息，从而更好地制订市场策略和销售策略，提高企业的市场竞争力和效益。

在消费行为的洞察中，大数据技术可以实现以下 4 个方面的应用。

1）热门商品和品类的发现

通过大数据技术，企业可以实时获取和分析消费者在不同平台上的购买行为，以发现当前市场上的热门商品和品类。企业可以通过分析和挖掘大量的消费数据，了解消费者的购买偏好和趋势，从而更好地把握市场需求，提高产品的市场适应性和销售效率。

2）客户群体的分析

通过大数据技术，企业可以实时获取和分析消费者的个人信息、行为习惯、社交网络等方面的数据，以分析不同客户群体的特征和需求。企业可以通过分析和挖掘大量的消费数据，了解不同客户群体的购买行为、价格敏感度、品牌忠诚度等信息，从而更好地制订市场策略和销售策略，提高客户满意度和忠诚度。

3）产品和服务的改进

通过大数据技术，企业可以实时获取和分析消费者对产品和服务的使用情况、评价、反馈等信息，以了解产品和服务的优点和不足之处。企业可以通过分析和挖掘大量的产品、服务数据，了解产品和服务的不足之处，以实现产品和服务的优化升级，提高产品和服务的市场适应性、用户满意度。

（2）潜在资源的发现

通过大数据技术，企业可以实时获取、分析潜在客户的需求、偏好和行为，以了解相关信息。企业可以通过分析和挖掘大量的潜在客户数据，了解潜在客户的特点、需求和行为，从而更好地制订市场策略和销售策略，挖掘潜在客户的商机和资源，提高企业的市场竞争力和效益。

（3）市场竞争的分析

通过大数据技术，企业可以实时获取和分析市场竞争者的市场份额、产品特点、价格策略等信息，以了解市场竞争的激烈程度、对手的优势和劣势等信息。企业可以通过分析和挖掘大量的市场竞争数据，了解市场竞争的态势，制订更加精准和有效的市场营销策略，提高企业的市场竞争力和效益。

三、大数据的关键技术

大数据技术指通过一系列的数据处理、管理和分析技术，对海量、多样、高维度的数据进行挖掘、分析和应用，从而实现对数据的深度理解和应用。在大数据技术中，有许多关键的技术，以下是其中 8 项重要技术。

（一）分布式存储技术

分布式存储技术是大数据处理中的核心技术之一，其主要作用是将数据分布式地存储在多台计算机上，以提高数据的可靠性和处理效率。Hadoop 和 HBase 等分布式存储系统是目前最为流行的大数据存储系统，它们采用分布式存储技术，可以将大规模数据存储在分布式系统中，以实现高速、可靠的数据存储。

（二）分布式计算技术

分布式计算技术是大数据处理中的另一个核心技术，其主要作用是将计算任务分散到多台计算机上，以提高计算效率和性能。MapReduce 是目前最为流行的分布式计算框架，它可以自动将计算任务分配到多台计算机上，并通过数据本地化和节点间数据传输等技术，实现高效、可靠的计算。

（三）数据挖掘和机器学习技术

数据挖掘和机器学习技术是大数据处理中的关键技术之一，其主要作用是从数据中自动发现模式、规律和知识。这些技术可以帮助企业深入挖掘数据，发现其中的规律和趋势，以实现更加精准的数据分析和应用。目前，机器学习算法、神经网络和深度学习等技术已经成为大数据处理中的重要手段。

（四）数据可视化技术

数据可视化技术是大数据处理中的重要技术之一，其主要作用是将数据转换为图形或图像形式，以帮助用户更直观地理解和分析数据。数据可视化技术可以将数据可视化成各种类型的图表、地图和网络图等形式，从而帮助用户更好地理解数据，发现其中的规律和趋势。

（五）数据安全和隐私保护技术

随着大数据技术的不断发展，数据安全和隐私保护问题也变得越来越重要。因此，数据安全和隐私保护技术成为大数据处理中的关键技术之一。数据安全和隐私保护技术包括数据加密、访问控制、身份认证和数据掩蔽等技术，可以有效地保护数据的安全和隐私，防止数据泄露和滥用。

（六）大数据集成和数据流技术

大数据处理涉及多个数据源和多个数据处理工具的集成，因此大数据集成和数据流技术是大数据处理中的重要技术之一。这些技术可以将多个数据源和处理工具集成起来，以实现高效、可靠的数据处理。

（七）大数据智能分析技术

大数据智能分析技术是大数据处理中的重要技术之一，其主要作用是利用机器学习、深度学习和人工智能等技术，对大数据进行深入挖掘和分析，从而发现隐藏在数据背后的知识和价值。这些技术可以自动地识别、分类、聚类和预测数据，以实现更加精准和高效的数据分析和应用。

（八）云计算和虚拟化技术

云计算和虚拟化技术是大数据处理中的重要技术之一，其主要作用是将计算和存储资源虚拟化，以实现高效、弹性的计算和存储。云计算和虚拟化技术可以帮助企业提高计算和存储效率，降低 IT 成本。

第二节　财务管理的基本理论

一、财务管理概述

（一）财务管理的内涵

对于企业财务管理，我们可以从研究企业资金运动及其衍生的相关问题来展开分析。在市场经济体系下，企业作为整个经济结构的基本组成部分，其高效运作依赖于各种形式的资金运动，如以生产和销售为核心的企业再生产过程，以及以获得、持有和转让为主要内容的各类证券投资活动等。

企业的所有资金运动都在特定的环境中进行，因此产生了与资金运动相关的各种行为活动。这些活动包括筹集资金、投放资金、使用资金及收入的实现和分配等，我们将这些活动统称为企业的财务活动。与此同时，这些活动也构建了企业与各方面的联系，如企业与政府之间的关系、企业与投资者之间的关系、企业与债权人之间的关系、企业与债务人之间的关系及企业内部的各种关系等，我们将这些联系统称为企业的财务关系。

1. 企业的财务活动

企业的财务活动，主要包括资金的筹集、资金的投放、资金的使用、收入的实现和分配等。

（1）资金的筹集

资金的筹集是企业财务活动的首要环节，其目的是为企业的经营和发展提供资金支持。企业通过发行债券、股票等债权和股权融资方式，以及向银行、保险公司等金融机构申请贷款等方式，筹集资金。在资金筹集过程中，企业需要考虑到成本、风险和效益等因素，以选择最为适合的融资方式。

（2）资金的投放

资金的投放指企业将筹集的资金用于投资和经营活动中，以实现企业的经营目标和盈利目标。企业可以将资金投放于固定资产、流动资产、股票、债券、房地产等各种投资领域。在资金投放过程中，企业需要考虑到风险和收益等因素，以选择最为适合的投资领域。

（3）资金的日常收支

资金的使用指企业将投放的资金用于日常经营和管理活动中，如购买原材料、支付员工工资、租金、设备维护等。企业需要对资金的使用进行有效的控制和管理，以确保资金的有效利用和最大化的效益。同时，企业还需要关注资金的流动性和安全性，以防止资金风险的发生。

（4）收入的实现

收入的实现指企业通过经营活动所获得的各种收入，如销售收入、租金收入、利息收入、股利收入等。企业需要通过有效的市场营销和销售策略提高收入的实现率和效益。

（5）收入的分配

收入的分配指企业将获得的收入分配给各方面的股东、员工、管理层、税务部门等。企业需要制订合理的收入分配政策，以平衡各方面的利益，并促进企业的长期稳定发展。

2. 企业的财务关系

企业的财务关系，包括企业与政府间的关系、企业与投资者间的关系、企业与债权人间的关系、企业与债务人间的关系、企业内部的各种关系等。

（1）企业与政府间的关系

企业与政府间的关系是企业财务活动中的重要关系之一。政府在财务活动中扮演着监管和管理的角色，可以通过制订税收政策、监管企业融资和投资活动等手段来影响企业财务活动的进行。企业需要积极与政府合作，遵守相关法规和规定，以确保自身的稳健发展。

（2）企业与投资者间的关系

企业与投资者间的关系指企业与股东、投资者之间的关系。投资者通过购买企业的股票和债券等证券，为企业提供融资支持，并希望获得相应的投资回报。企业需要通过有效的财务管理和投资决策，提高企业的盈利能力和回报率，以吸引更多的投资者。

（3）企业与债权人间的关系

企业与债权人间的关系指企业与银行、保险公司等债权机构之间的关系。企业通过向债权机构申请贷款，获得资金支持，并需要按照约定的利率和期限，按时偿还借款。企业需要合理规划借款用途和偿还计划，以降低债务风险，维护与债权人的良好关系。

（4）企业与债务人间的关系

企业与债务人间的关系指企业与供应商、承包商等债务机构之间的关系。企业通过向债务机构购买原材料、劳务等，为企业的经营和发展提供支持，并需要按时支付货款和劳务费用。企业需要合理规划采购计划和财务预算，以确保与债务人的良好关系。

（5）企业内部的各种关系

企业内部的各种关系包括企业内部的股东、董事会、管理层、员工等各方面之间的关系。企业需要制订合理的内部管理制度和规定，以协调各方面的利益，促进企业的长期稳定发展。同时，企业需要建立有效的内部控制机制，以确保企业财务活动的透明度和合法性。

3. 财务管理的概念

英文单词"finance"包含许多含义，如财务、金融、财政、筹措资金和理财等，它们都与资金的获取、运用和管理相关联。

通常情况下，当涉及微观层面时，人们习惯将"finance"称为财务，如公司财务、财务公司、财务状况、财务报表和财务决策等。而在涉及宏观层面时，则习惯上称之为金融或财政，如金融市场、金融中心、金融中介和金融期货等。

财务管理是在一定的整体目标下，关于资产购置（投资）、资本融通（筹资）、经营中现金流量（营运资金）及利润分配的管理。财务管理是企业管理的一个组成部分，是根据财经法规制度和财务管理原则来组织企业财务活动、处理财务关系的一项经济管理活动。

简而言之，财务管理就是组织企业财务活动和处理财务关系的经济管理工作。

在现实经济社会中，资源是稀缺的、有限的和多用途的，而资金作为最灵活的一种资源，绝大多数人都对其感兴趣并与之打交道。

总的来说，财务是一门关于价值决策和决策制订的学科，其功能是配置资源。财务主要包括3个方面：公司财务管理、投资者投资、金融市场与金融中介。它们从不同角度处理与理财相关的交易活动。

财务管理是财务的一个组成部分，它通过决策制订和适当的资源管理，在组织内部应用财务原理来创造和维持价值。从企业角度来看，财务管理就是对企业财务活动过程的管理。具体而言，就是对企业资金的筹集、投向、运用、分配及相关财务活动的全面管理。其目的是有效利用资源，从而实现企业目标。

（二）财务管理的特点

财务管理是企业管理中不可或缺的一部分，具有以下8个特点。

1. 涉及面广

财务管理的一个重要特点是其涉及面广。企业的财务管理包括财务规划、会计核算、预算编制、资金管理、投资决策、风险控制、财务报告等方面。财务管理需要从宏观和微观两个层面进行考虑，以制订合理的财务策略和决策，从而提高企业的盈利能力和风险管理能力。

2. 精细化管理

财务管理需要精细化管理，以保证财务活动的高效性和透明度。企业需要建立有效的内部控制机制，以确保财务活动的合法性和规范性。同时，企业需要制订详细的财务管理制度和流程，以降低财务风险和维护企业的信誉。

3. 决策性

财务管理是管理的决策性活动，其目的是为企业的发展提供财务支持和指导。财务管理需要通过有效的财务分析和决策，提高企业的盈利能力和市场竞争力。同时，财务管理需要考虑多个因素，如成本、效益、风险等，以制订最为适合的财务策略和决策。

4. 国际化和市场化

随着全球化和市场化的发展，财务管理已经逐渐走向国际化和市场化。企业需要了解国内和国际的财务环境和政策，以制订适应性强、具有竞争力的财务策略和决策。同时，企业需要关注市场的变化和发展趋势，以及竞争对手的财务活动，以制订相应的应对策略。

5. 创新思维

财务管理需要创新思维，以适应快速变化的市场和技术环境。企业需要引入新技术和新模式，改进财务管理方式和手段，以提高财务管理的效率和效益。同时，企业还需要注重人才培养和知识更新，以保证财务管理水平的不断提高。

6. 需要全面考虑

财务管理需要全面考虑企业内外部各种因素，包括政策、市场、竞争对手、产品等等，从而制订全面、科学的财务管理策略和决策。企业需要对自身的财务状况进行全面分析和评估，同时也需要了解市场和行业的发展趋势、政策和竞争状况，以制订适合企业自身的财务管理策略和决策。此外，企业还需要考虑到未来的发展方向和变化趋势，以及外部环境的变化，以及时调整财务管理策略和决策。

7. 风险管理

财务管理需要注意风险管理。财务管理与风险管理密切相关，企业需要对各种风险进行评估和分析，制订相应的风险管理策略。风险管理包括市场风险、信用风险、流动性风险等多个方面，企业需要建立风险管理机制和流程，以确保财务活动的安全和稳健性。

8. 持续改进

财务管理需要持续改进，以适应市场和技术的发展变化。企业需要关注市场变化和新技术的应用，不断改进财务管理流程和方式，以提高效率和效益。同时，企业还需要持续学习和提高财务管理人员的技能、知识水平，以确保财务管理能够不断地适应市场和技术的发展变化。

综上所述，财务管理是企业管理中的重要组成部分，具有涉及面广、精细化管理、决策性、国际化和市场化、创新思维、全面考虑、风险管理、持续改进等多个特点。企业需要认识到财务管理对于企业发展的重要性，并积极探索符合企业实际情况的财务管理策略，以提高企业的竞争力和可持续发展能力。

二、财务管理的目标

财务管理目标，通常称为理财目标，是企业在进行财务活动时所期望达到的根本目的，它决定企业财务管理的基本方向。在财务理论领域中，有很多关于企业财务管理目标的提法和争论。随着财务经济学的发展和企业管理实践的变革，财务管理目标也在不断演变。此处重点介绍在理论和实践中具有广泛影响，并曾被普遍接受或认同的三种主要观点，同时简要讨论与财务管理目标相关的一些问题，如企业的社会责任和代理问题等。

（一）利润最大化

利润最大化观点在经济学中根深蒂固，具有广泛的理论和实践影响。自亚当·斯密以来，经济学家便将人类行为定义为追求财富最大化。换言之，人被认为是理性的经济人，追求个人利益最大化，而市场通过"看不见的手"机制自发地协调经济运行。

利润最大化是新古典经济学的基本假设之一。在分析微观个体的经济行为时，新古典经济学假设个人追求效用最大化，而企业追求利润最大化。在完全竞争的市场中，企业在边际成本等于边际收益时实现利润最大化，从而实现资源的最优配置。因此，许多经济学家都基于利润最大化来分析企业的行为和评价企业的业绩。需要注意的是，经济学中的利润指的是经济利润而非会计利润，且为长期利润。

利润最大化曾被认为是企业财务管理的正确目标。这种观点认为：利润代表企业新创造的财富，利润越多则企业财富增加越多。以利润最大化作为企业财务管理目标具有一定的科学性，企业追求利润最大化就必须不断加强管理、降低成本，提高劳动生产率和资源利用效率。追求利润最大化反映了企业的本质动机，并为企业的经营管理提供动力。同时，利润作为一个指标，在实际应用中具有简单直观的特点，便于理解和计算。通过将经营收入减去经营成本，即得到了利润，这在一定程度上反映了企业经营效果的优劣。

然而，利润最大化观点在实际运用中存在以下不足之处。

第一，利润最大化的定义模糊。利润有多种解释，如会计利润与经济利润；同时短期利润最大化与长期利润最大化之间也存在区别。

第二，利润最大化未考虑货币时间价值，忽略了所获货币的时间差异。

第三，利润最大化未考虑不同方案之间的风险差异，忽略了所获利润应承担的风险问题。这可能导致财务管理者在追求更高利润时忽视风险。

第四，利润最大化中的利润是一个绝对数值，未能反映出所获利润与投入资本之间的关系。

第五，如果过分强调利润的增加，可能诱使企业产生追求利润的短期行为，从而忽视企业的长期发展。这在中国国有企业的经营绩效考核中表现得尤为明显。

许多学者将每股收益最大化目标视为对利润最大化的改进，并提出了这一观点。然而，它也并非一个完全正确的公司目标。首先，它未确定预期回报发生的时间或时期。其次，在使用传统收益率（如投资收益率）时，未考虑风险因素，也未考虑股利政策对股票每股市价的影响。如果公司的唯一目标是每股收益最大化，那么公司将永远不支付股利，因为可以将收益留在公司内部，投资于任何收益率为正的项目。

（二）股东财富最大化

股份公司是现代企业的主要形式，其典型特征是所有权与经营权的分离。股东不直接参与企业的经营管理，而是将其委托给经营者，从而产生了委托代理现象。

根据现代委托代理理论，企业管理者应致力于最大程度地追求股东或委托人的利益，而股东的利益主要体现在投资回报的增加及股东财富的提升。因此，股东财富最大化成为一个广受关注的目标。

股东作为企业所有者，其财富体现在所持有的公司股票的市场价值。通过将未来一段时间内归属于股东权益的现金流量（如每股收益或每股红利）按照预期的最低收益率折现，我们可以计算出股东投资回报的现值，从而得到股东财富的具体表现。

许多经济学家主张将股东财富最大化作为企业财务管理的目标，理由如下所述。

第一，股东财富具有明确性，基于预期未来现金流量而非模糊的利润或收入。

第二，股东财富取决于未来现金流量的时间，能在一定程度上避免企业在追求利润时的短期行为。当前的利润和预期未来的利润都会对企业股票价格产生重要影响。

第三，股东财富计算过程中考虑了风险因素，风险高低会对股票价格产生重要影响。

第四，股东财富最大化目标易于量化，操作简便。

第五，股东财富由其所持股票数量和股票市场价格决定。当股票价格达到最高点时，股东财富也随之达到最大值。因此，股东财富最大化通常转变为公司股票价格最大化。

公司理财强调股票价格最大化的原因如下所述。

首先，股票价格具有可观察性，可用于评估上市公司的表现。与收益和销售等不经常更新的指标不同，股票价格不断更新以反映公司的最新消息。

其次，在理性市场中，股票价格趋向于反映公司决策带来的长期影响。相较于会计衡量指标如收入、销售或市场份额，股票价格更能反映公司前景和长期状况。

再次，公司股票价格是市场参与者对公司价值判断的综合反映。公司股价受到诸多因素的影响，这些因素包括当前和预期未来的每股收益、收益产生的时间表、收益期限和风险、公司的股息政策及其他影响股价的因素。因此，公司股价可以被视为衡量公司经营状况的"晴雨表"，它揭示了优秀的企业管理如何为股东带来利益。

最后，如果股东对公司管理绩效感到不满，他们可以选择出售手中的股票。若许多对公司管理不满意的股东纷纷抛售其持有的股票，该公司的股票价格便会下跌。在这种情况下，管理者将面临压力，必须努力改善公司管理，积极为股东创造价值。

以股东财富最大化为公司财务管理目标的观点在国外财务学和财务管理教材中具有广泛影响，被视为主流观点。尽管理论上仍存在争议，但越来越多的人开始接受或认同股东财富最大化。

不过，强调股东财富最大化的观点也存在一定问题：其主要适用于上市公司，对于非上市公司的适用性较低；过于关注股东利益，而忽略其他利益相关者的权益；股票价格受多种因素影响，非上市公司无法全面控制。在实施股票期权激励的公司中，管理层可能为了提高股价而采取虚假手段；受雇的经营者可能会因为追求个人利益而背离股东财富最大化的目标；股东有可能通过削减贷款人和其他权益所有者的财产来增加自身财富；以股东财富最大化为导向的公司可能会给社会带来巨大成本（负外部性），这些成本在公司财务报表中难以体现。

（三）企业价值最大化

企业价值最大化，又称公司价值最大化，是股东财富最大化的进一步拓展。企业价值指公司全部资产的市场价值。企业价值与股东财富有所不同，它通过经营者的管理、采用最优的财务政策（如资本结构决策和股利政策等），在充分考虑货币时间价值和风险的基础上，不断提升企业财富，使企业的总价值达到最大。以企业价值最大化作为财务管理目标，其优点类似于股东财富最大化，基本估值思路也一致。

在现代企业经营管理实践中，存在许多企业的"利益相关者"。那些受企业行为影响或能影响企业行为的个人、团体、组织，都是企业的利益相关者，包括顾客、供应商、竞争对手、政府、所有者、债权人、企业员工、社区等。企业与利益相关者之间的关系是客观存在的，没有这种关系，企业将无法生存。现代企业理论中的利益相关者理论认为，公司的目标不仅是追求股东价值最大化，还应满足各利益相关者的不同需求和利益。

因此，企业的目标应该是追求企业的内在价值和长期价值。企业价值最大化目标，不仅关注股东的利益，还关注债权人、管理层、企业员工等利益主体的利益。

将企业价值最大化作为目标的主要挑战在于确定合适的估值方法。现有的理论常用的价值评估方法包括现金流量贴现法、超额收益贴现法和基于价格乘数的估计方法等。然而，关于选择何种方法、确定折现率和估值时期等方面，尚无统一的标准或结论。

（四）其他目标与企业的社会责任

1. 其他目标

除上述三个最大化目标之外，企业的财务管理目标还存在诸如经济效益最大化、市场份额最大化、产量最大化、收入最大化、社会利益最大化、就业最大化、权益资本收益率最大化、成本最小化等多种提法。

这些其他目标中，部分目标是股东财富最大化或企业价值最大化的中间目标（如市场份额最大化、产量最大化、收入最大化），而非终极目标，中间目标与终极目标有时相符，有时不符；部分目标是政府企业或非营利组织所追求的，如社会利益最大化、就业最大化、成本合理负担等，但这些目标可能缺乏经济效率，因为在竞争性用途下，稀缺资源的使用可能导致错误配置；有些目标仅仅是我国学者根据国内企业实际情况，针对上述三个目标的不足而提出的，并无普遍意义。

2. 企业的社会责任

在探讨企业管理目标时，企业如何处理与利益相关者的关系是不容忽视的问题。企业经营道德性假设是一个与人性假设同等重要的概念，即企业经营与伦理道德关系的假设，或者是关于有效处理企业与利益相关者关系的假设。其核心特点是道德经营以社会为前提：企业旨在通过为社会作出贡献来最大化自身利益，同时考虑其他利益相关者的利益；企业经营活动与社会的伦理规范密切相关，可以用社会的伦理规范来评估企业的经营行为；法律是最低限度的道德标准，企业应遵循高于法律要求的伦理规范进行经营。

赞同企业道德经营假设的观点强调：企业作为社会的组成部分，承担着社会资源的管理职责。同时，企业在使用和消耗大量社会资源，如法律和监管环境、公平竞争的市场环境、优质的公共基础设施、环境保护措施及各类人才等方面得到社会的支持。因此，在追求自身利益的过程中，企业应努力为增进社会福利作出贡献。此外，企业在社会中具有巨大影响力，依据权责相符的原则，企业必须承担与其影响力相称的社会责任。

企业与利益相关者之间存在密切的联系，只有充分考虑利益相关者的利益，企业的利益才能得到保障。由于市场失灵（如不完全竞争、外部性、信息不对称）的存在，所有者利益最大化并不一定会为社会带来最大的好处，反而可能导致较大的负外部性（社会成本）。法律是人们必须遵守的最低行为准则，它规定了禁止的行为，但并未明确应该做什么、哪些行为受到鼓励。社会在不断发展变化，法律常常滞后于现实。仅仅遵守法律很难激发员工的责任感和使命感，也难以赢得客户、供应商、政府、社区和社会公众的信任与支持，从而影响企业的发展。

必须认识到，追求股东财富或公司价值最大化并不意味着管理者可以忽视公司的社会责任，如保护消费者权益、支付员工合理薪酬、维护公平的雇佣和安全的工作环境、支持员工教育及保护环境等。企业必须承担社会责任，股东的财富甚至公司的生存都取决于其所承担的社会责任。

许多经济学家和管理学家都认同在强调企业社会责任的基础上，追求企业利益最大化的观点。这也是当今许多国际知名大公司所秉持的核心理念之一。

三、财务管理的内容

财务管理是企业管理的重要组成部分，其内容涵盖多个方面，包括筹资决策、投资决策、营运资金管理、股利政策、企业重组、财务分析、国际财务管理等多个方面。以下是对这些内容的详细描述。

（一）筹资决策

筹资决策是企业财务管理的一个重要内容。企业需要通过各种渠道筹集资金，以支持企业的发展和经营活动。筹资决策需要考虑到资金成本、资金来源、企业自身的资金需求等多个因素，以制订最为合理的筹资方案。

（二）投资决策

投资决策是企业财务管理中的另一个重要内容。企业需要通过投资活动获得更多的资金，并为企业未来的发展提供支持。投资决策需要考虑到投资项目的风险、收益、投资期限等多个因素，以制订最为合理的投资方案。

（三）营运资金管理

营运资金管理是企业财务管理中的重要内容。企业需要合理管理营运资金，以保证企业的经营活动正常开展。营运资金管理包括库存管理、应收账款管理、应付账款管理等多个方面，需要通过科学合理的管理措施来确保企业的营运资金充足。

（四）股利政策

股利政策是企业财务管理中的一个重要内容。企业需要制订合理的股利政策，以满足股东的要求，并为企业未来的发展提供支持。股利政策需要考虑到企业的盈利水平、未来的发展需求等多个因素，以制订最为合理的股利政策。

（五）企业重组

企业重组是企业财务管理中的一个重要内容。企业需要通过重组活动来优化企业的资产、业务和财务结构，以提高企业的竞争力和市场地位。企业重组包括资产重组、业务重组、股权重组等多个方面，需要通过合理的重组方案来实现企业的战略目标。

（六）财务分析

财务分析是企业财务管理中的一个重要内容。企业需要通过财务分析来了解企业的财务状况和经营状况，以制订相应的经营策略和财务决策。财务分析包括财务报表分析、比较分析、趋势分析、比率分析等多个方面，需要通过科学合理的财务分析方法和手段来实现。

（七）国际财务管理

随着全球化的发展，国际财务管理已经成为企业财务管理的一个重要内容。企业需要了解国际财务环境和政策，以制订适应性强、具有竞争力的国际财务管理策略和决策。国际财务管理包括汇率风险管理、跨国公司财务管理、国际税务管理等多个方面，需要企业掌握国际财务管理的相关知识和技能，以提高企业的国际竞争力和市场地位。

四、财务管理的环境

（一）经济环境

财务管理的经济环境指企业进行财务活动所处的宏观和微观经济条件，包括以下6个方面。

1. 宏观经济运行状况

宏观经济运行状况是财务管理的重要经济环境之一。宏观经济运行状况包括国内生产总值、通货膨胀、失业率、财政收支平衡等多个方面。这些指标的变化对企业的财务管理活动产生直接影响。例如，当经济处于下行周期时，企业的营收和利润可能会受到影响，从而导致企业财务活动的调整和变化。

2. 政府的经济政策

政府的经济政策是财务管理的重要经济环境之一。政府的经济政策包括货币政策、财政政策、税收政策等多个方面。政府经济政策的调整和变化，对企业的财务管理活动产生直接影响。例如，政府加大对某一行业的投资力度，将会对该行业企业的财务活动产生积极的影响。

3. 物价波动水平

物价波动水平是财务管理的重要经济环境之一。物价波动水平包括消费品价格和生产资料价格等多个方面。物价的变化对企业的成本和营收产生直接影响，进而影响企业的财务管理活动。例如，物价上涨会导致企业成本上升，从而导致企业利润下降。

4. 利率波动水平

利率波动水平是财务管理的重要经济环境之一。利率波动水平包括银行贷款利率、存款利率等多个方面。利率的变化对企业的借贷成本和投资收益产生直接影响，进而影响企业的财务管理活动。例如，贷款利率上升将导致企业借款成本上升，从而影响企业的投资和资本支出计划。

5. 竞争程度

竞争程度是财务管理的重要经济环境之一。竞争程度指的是市场上企业的竞争情况，包括市场占有率、行业集中度等多个方面。竞争程度的高低对企业的财务管理活动产生直接影响。例如，在竞争激烈的市场中，企业可能需要通过增加广告宣传、提高产品品质等手段来提高市场份额，从而影响企业的营收和利润。

6. 销售与供应市场

销售与供应市场是财务管理的重要经济环境之一。销售与供应市场指的是企业的销售市场和供应市场的情况。销售与供应市场的变化对企业的财务管理活动产生直接影响。例如，在供应市场紧张的情况下，企业可能需要通过加大采购力度、调整供应商等手段来确保生产和销售的正常开展，从而影响企业的成本和利润。

（二）法律环境

财务管理的法律环境指财务管理活动所涉及的法律法规、规章制度等各种法律因素。这些法律因素对企业的财务管理活动产生直接影响，因此，企业在进行财务管理时必须严格遵守相关法律法规，以保证企业的合法性和规范性。以下将从企业组织法规、税务法规、财务法规、其他法规等4个方面对财务管理的法律环境进行阐述。

1. 企业组织法规

企业组织法规指有关企业组织结构、股权结构、公司治理等方面的法律法规。这些法律法规对企业的财务管理活动产生直接影响。企业必须严格遵守有关企业组织法规，以保证企业的合法性和规范性。

以我国为例，公司制企业应当遵循《中华人民共和国公司法》；合伙企业应当遵循《中华人民共和国合伙企业法》；私营企业应当遵循《中华人民共和国私营企业条例》；外资企业应当遵循《中华人民共和国中外合资企业法》《中华人民共和国中外合作经营企业法》等。

2. 税务法规

税务法规指有关企业税收的法律法规。税务法规包括企业所得税法、增值税法、个人所得税法等多个方面。税务法规对企业的财务管理活动产生直接影响。企业必须按照税务法规的规定纳税，以避免因税收问题而引发的经济纠纷和财务风险。

3. 财务法规

财务法规指有关企业财务管理的法律法规，如我国的《企业财务通则》、各级政府发布的企业财务管理工作条例、针对特定问题提出的处理规范意见等。财务法规对企业的财务管理活动产生直接影响。企业必须按照财务法规的规定开展财务管理活动，以保证企业的财务报告真实、准确、完整。

4. 其他法规

除了企业组织法规、税务法规、财务法规之外，还有其他相关法规对企业的财务管理活动产生影响，如《证券法》《证券交易法》《股票发行与监管条例》《企业债券管理条例》《经济合同法》《银行结算办法》《票据法》等。企业必须严格遵守这些法规的规定，以保证企业的合法性和规范性。

（三）金融市场环境

财务管理的金融市场环境指财务管理活动所处的金融市场和金融环境。金融市场指各种金融资产和金融工具进行交易和定价的市场，如股票市场、债券市场、货币市场等。金融环境指金融市场所处的宏观经济环境和政策环境。财务管理的金融市场环境对企业的融资和投资决策、股权结构和治理机制、资本成本等方面产生直接影响。以下将从金融市场、金融政策、利率和汇率、资本市场等4个方面对财务管理的金融市场环境进行阐述。

1. 金融市场

金融市场是财务管理的重要金融市场环境。金融市场的变化会直接影响企业的融资和投资决策，影响企业的股权结构和治理机制等方面。例如，股票市场上的行情变化会影响企业的股票定价和股权结构，债券市场的利率变化会影响企业的融资成本和债务结构，货币市场的利率变化会影响企业的短期融资成本等。企业必须密切关注金融市场的变化，以制订相应的融资和投资决策，调整股权结构和治理机制，以提高企业的核心竞争力和可持续发展能力。

2. 金融政策

金融政策指政府制订的关于货币、信贷、汇率等方面的政策。金融政策对企业的财务管理活动产生直接影响。例如，货币政策的调整会直接影响企业的融资成本和资本结构，信贷政策的调整会直接影响企业的融资条件和融资渠道，汇率政策的调整会直接影响企业的进出口业务和外汇风险管理。企业必须密切关注金融政策的变化，并及时调整和优化财务管理活动，以应对不同的金融市场挑战和机遇。

3. 利率和汇率

利率和汇率是财务管理的重要金融市场环境之一。利率的变化会直接影响企业的融资成本和融资条件，对企业的营运资金管理、投资决策等产生影响。例如，如果利率上升，企业的融资成本将增加，对企业的融资和投资决策产生制约作用，企业需要寻找其他的融资方式，如发行债券等，以降低融资成本。汇率的变化也会直接影响企业的进出口业务和外汇风险管理。例如，如果汇率波动剧烈，企业需要采取相应的汇率风险管理措施，以规避汇率波动带来的风险。

4. 资本市场

资本市场是企业融资和股权融资的重要市场，也是企业财务管理的重要金融市场环境之一。资本市场的变化会直接影响企业的融资条件和股权结构，对企业的投资决策和治理机制产生影响。例如，如果股票市场上市公司的股票价格大幅下跌，将会对企业的股权结构和治理机制产生重大影响。企业需要采取相应的股权结构调整和治理措施，以应对市场的变化。

综上所述，财务管理的金融市场环境对企业的财务管理活动产生直接影响，企业必须密切关注金融市场的变化、政府的金融政策调整，制订相应的融资和投资决策，并及时调整和优化财务管理活动，以应对不同的金融市场挑战和机遇。同时，企业还需要加强对金融市场的风险管理，以保证企业的稳健运营和可持续发展。

五、财务管理的原则

(一)财务管理原则的含义

财务管理原则指在进行财务管理活动时,应遵循的基本原则和准则。财务管理原则是保障企业财务健康和稳健运营的基础,具有普遍适用性和长期稳定性。

(二)财务管理原则的特征

企业财务管理原则具有以下特征。

1. 普遍适用性

财务管理原则适用于各类企业,不受企业规模、性质、行业等限制。

2. 长期稳定性

财务管理原则是长期稳定的,不随时间、地点、人员等变化而变化。

3. 客观性和科学性

财务管理原则是客观、科学的,基于财务管理实践的总结和理论研究,具有较高的科学性和可操作性。

4. 统一性和协调性

财务管理原则是财务管理活动的指导思想和行动准则,具有统一性和协调性,可以帮助企业在各个财务管理领域协调一致。

5. 实践性和可操作性

财务管理原则具有较高的实践性和可操作性,可以指导企业进行具体的财务管理活动,实现财务管理的目标。

6. 风险控制性

财务管理原则是为了降低财务管理风险而制订的,具有一定的风险控制性,可以帮助企业规避不必要的风险,确保企业的财务健康和稳健运营。

(三)财务管理原则的种类及其内容

对于如何概括理财原则,人们的认识不完全相同。道格拉斯·R.爱默瑞和约翰·D.芬尼特的观点具有代表性,他们将理财原则概括为3类,共12条。

1. 有关竞争环境的原则

有关竞争环境的原则是对资本市场中人的行为规律的基本认识。

(1)自利行为原则

自利行为原则指在经济活动中,个体或企业在追求自身利益最大化的过程中,将自身的行为调整为最优选择。该原则认为,企业和个人在面对经济决策时,通常会选择对自己最有利的方案,从而实现利益最大化。

1)自利行为原则的背景

自利行为原则的依据是理性经济人假设。该假设认为,人们对每一项交易都会衡量其代价和利益,并且会选择对自己最有利的方案来行动。自利行为原则假设企业决策人对企业目标具有合理的认识程度,并且对如何达到目标具有合理的理解。

在这种假设情况下，企业会采取对自己最有利的行动。商业交易的目的是获利，在从事商业交易时人们总是为了自身的利益作出选择和决定，否则他们就不必从事商业交易。

自利行为原则并不认为钱是任何人生活中最重要的东西，或者钱可以代表一切，而是认为在"其他条件都相同时"，所有财务交易参与者都会选择对自己经济利益最大的行动。

2）自利行为原则的内容

①投资决策

企业在进行投资决策时，会根据预期收益、风险水平等因素，选择对自身利益最大化的投资项目。

②融资决策

企业在筹集资金时，会选择成本最低、风险最小的融资方式，以降低融资成本、提高自身利益。

③资本结构决策

企业在确定资本结构时，会寻求权益和债务之间的最佳平衡，以实现股东利益和债权人利益的最大化。

④现金管理

企业会通过对现金流的有效管理，使得现金的使用更加合理和高效，从而实现企业利益最大化。

⑤风险管理

企业在面对各种风险时，会采取一定的措施来降低风险，以保护企业的长期利益。

（2）双方交易原则

财务管理中的双方交易原则，又称"协议成本原则"，指企业在进行财务交易时应充分考虑交易双方的利益和风险，达成合理的交易协议，确保交易各方在交易过程中利益得到合理保护。下面详细阐述双方交易原则的相关内容。

1）双方交易原则的背景

在进行财务交易时，企业和其合作伙伴或投资者等各方之间存在着不同的利益和风险，因此需要制订合理的交易协议来保障各方的权益。如果企业只关注自身的利益而忽视合作伙伴的利益，那么可能会损害合作伙伴的利益，破坏合作关系，最终影响企业的长远发展。

2）双方交易原则的内容

双方交易原则的核心是在交易过程中充分考虑交易双方的利益和风险，建立合理的交易协议。具体包括以下4个方面。

①保障信息透明度

在进行财务交易时，双方应充分交换信息，确保信息透明度。企业应向合作伙伴披露其财务状况和风险情况，合作伙伴也应向企业披露其财务状况和风险情况。这样可以有效减少信息不对称的问题，降低交易风险。

②确定合理的交易条件

在制订交易协议时，应考虑交易双方的利益和风险，确定合理的交易条件。例如，在进行投资时，应确定合理的投资回报率和风险分担比例，以保障投资者的权益。

③保障合同履行

在达成交易协议后，各方应严格履行合同，确保交易协议得到有效执行。如果有一方未能履行合同，应承担相应的违约责任，保障交易各方的合法权益。

④遵循法律法规

在进行财务交易时，各方应遵循相关的法律法规，确保交易合法合规。例如，在进行跨国交易时，应遵循各国相关的法律法规，避免因违法违规行为而导致的法律风险。

（3）信号传递原则

财务管理中的信号传递原则，指企业在进行财务活动时，通过财务信息传递，向内外部利益相关者表现企业的财务状况和发展动态，以提高企业的透明度和市场形象，保障各方利益。下面详细阐述信号传递原则的相关内容。

1）信号传递原则的背景

企业作为市场经济中的重要主体，需要通过财务信息传递向各方展示其财务状况和经营动态，以吸引投资者和债权人的关注，提高企业的融资能力和市场竞争力。同时，通过财务信息传递可以监督和管理企业内部管理者的行为，避免违法违规行为的发生。

2）信号传递原则的内容

①信息透明度

企业应保证财务信息的透明度，向内外部利益相关者披露其财务状况和经营动态，包括向投资者、债权人、政府监管机构等披露财务报告、内部控制报告、相关税务报告和其他财务信息等，确保财务信息的准确性和及时性。

②财务指标选择

企业在披露财务信息时应选择合适的财务指标，以体现企业财务状况和经营动态。例如，企业可以选择收入、利润、现金流量等财务指标来展示企业经营状况和盈利能力。

③财务信息的发布时间

企业在发布财务信息时，应尽早披露，避免信息滞后或延迟披露，导致投资者等利益相关方的误解和不信任。同时，企业应遵循相关法律法规的要求，确保财务信息的真实、准确和完整。

④信息的可比性

企业在披露财务信息时，应确保信息的可比性。这意味着财务信息应该按照统一标准进行编制和披露，以便各方进行比较和评估。

（4）引导原则

财务管理中的引导原则指企业在进行财务活动时，应该考虑社会责任和可持续发展，引导市场经济朝着良性发展的方向前进，同时提高企业的社会形象和品牌价值。下面将详细阐述引导原则的相关内容。

1）引导原则的背景

随着经济全球化和市场竞争的加剧，企业在进行财务活动时，往往会面临诸多道德和社会责任问题。因此，企业需要在进行财务决策时考虑社会责任和可持续发展，引导市场经济朝着良性发展的方向前进。

2）引导原则的内容

①社会责任

企业在进行财务决策时应考虑社会责任，积极承担社会责任、回报社会。例如，企业可以通过提供就业机会、缴纳税金、进行公益慈善等方式，为社会作出贡献。

②可持续发展

企业在进行财务决策时应考虑可持续发展，重视环境保护和资源利用，保障未来的经济、环境和社会发展。例如，企业可以采用环保技术和可持续能源，降低对环境的污染和破坏。

③品牌价值

企业在进行财务决策时应重视品牌价值，建立良好的企业形象和品牌形象。例如，企业可以通过加强产品品质、提高服务质量和管理水平等方式，提升品牌价值，增强市场竞争力。

④创新发展

企业在进行财务决策时应注重创新发展，推动科技进步和产业升级。例如，企业可以加强技术研发、推动产品创新和产业升级，提高企业的竞争力和创新能力。

2. 有关创造价值的原则

有关创造价值的原则，是人们对增加企业财富基本规律的认识。

（1）有价值的创意原则

财务管理中的有价值的创意原则指企业在进行财务决策时，应该充分发掘内部创意和创新资源，创造有价值的创新成果，以提升企业的竞争力和市场表现。下面将详细阐述有价值的创意原则的相关内容。

1）有价值的创意原则的背景

企业在进行财务决策时，往往需要面对日益激烈的市场竞争和创新压力，因此需要充分发掘内部创意和创新资源，实现有价值的创新成果，提升企业的竞争力和市场表现。

2）有价值的创意原则的内容

①创意资源的发掘

企业应该充分发掘内部员工的创意资源，积极与外部创新资源的合作。例如，企业可以通过建立创意基地、组织创新竞赛等方式，鼓励员工提出创新想法和方案，同时可以与高校、研究机构等外部资源进行合作，拓展创新资源。

②创新研发投资

企业应该加大创新研发投资，提高企业的创新能力。例如，企业可以通过在研发投资方面提高投入比例、建立研发中心、推动技术转移等方式，加强创新研发，提高企业的核心竞争力。

③专利申请与保护

企业应该积极申请和保护专利，保护自身的知识产权，同时扩大市场竞争优势。例如，企业可以通过加强专利申请和保护工作、建立知识产权保护制度等方式，提高企业在市场竞争中的地位和竞争优势。

④产品创新与市场营销

企业应该加强产品创新和市场营销，以提高产品竞争力和市场表现。例如，企业应注重产品质量、功能设计和用户体验，同时加强市场营销，提升品牌形象和市场知名度。

有价值的创意原则对企业的长期发展和市场竞争具有重要的意义。一方面，通过发掘内部创意和创新资源，企业可以不断推出有价值的新产品、新服务和新业务，提高企业的市场竞争力和市场表现。另一方面，企业通过加大创新投入和保护知识产权，可以形成自身的核心竞争力和市场壁垒，提高企业的市场份额和品牌价值。

此外，有价值的创意原则还可以帮助企业开拓新的市场和业务领域，实现多元化发展和跨越式发展。例如，企业可以通过加强技术研发和创新，开发新的技术产品和服务，进军新的市场领域，实现企业的跨越式发展和多元化布局。

总之，有价值的创意原则是企业进行财务管理时不可忽视的重要原则，通过发掘内部创意和创新资源，推出有价值的新产品、新服务和新业务，保护自身的知识产权，提高企业的市场竞争力和品牌价值，进一步实现企业的长期发展和市场表现。

（2）比较优势原则

财务管理中的比较优势原则指企业在进行财务决策时，应该根据企业的比较优势，选择最优的财务方案，以提高企业的效率和利润。下面将详细阐述比较优势原则的相关内容。

1）比较优势原则的背景

企业在进行财务决策时，需要面对不同的财务方案，而企业自身拥有的资源、技术、人才等方面的比较优势会影响财务决策的选择。因此，企业应该根据自身的比较优势，选择最优的财务方案，以提高企业的效率和利润。

2）比较优势原则的内容

①精细化的成本管理

企业应该通过精细化的成本管理，控制成本和费用，提高企业的经济效益。例如，企业可以加强成本核算和管理，优化生产流程和制造工艺，控制生产成本和销售费用，提高企业的效率和利润。

②税务规划和优化

企业应该通过税务规划和优化，减少税负，提高企业的税收效益。例如，企业可以优化企业的税务结构、合理安排企业的税务计划，减少税收负担，提高企业的经济效益和市场竞争力。

③资本运作和财务投资

企业应该通过资本运作和财务投资，提高企业的资本效益和财务收益。例如，企业可以通过股权融资、债权融资、并购重组等方式，扩大企业的规模和市场份额，提高企业的资本效益和财务收益。

④债务融资和资本结构

企业应该通过债务融资和资本结构的优化，提高企业的融资效率和资本效益。例如，企业可以通过债务融资、优化企业的资本结构，减少财务成本和融资成本，提高企业的经济效益和市场竞争力。

（3）期权原则

财务管理中的期权原则指企业在进行财务决策时，应该考虑到不同决策可能带来的不同期权价值，并选择带来最大期权价值的决策方案。下面将详细阐述期权原则的相关内容。

1）期权的概念

期权指购买方在一定期限内以固定的价格购买或出售某种资产的权利，而出售方则有义务在规定的期限内向购买方出售或购买该资产。期权在金融市场中的广泛应用，可以帮助投资者降低风险、锁定收益、提高收益率。

2）期权原则的内容

期权价值指在特定条件下，一个决策所带来的权利或选择的价值。企业在进行财务管理时，应该考虑以下 3 个方面的期权价值。

①资本结构调整的期权价值

企业在进行资本结构调整时，应该考虑不同资本结构所带来的期权价值。例如，企业可以选择股权融资、债权融资、融资租赁等方式，通过优化企业的资本结构，提高企业的财务收益和市场竞争力。

②投资决策的期权价值

企业在进行投资决策时，应该考虑不同投资方案所带来的期权价值。例如，企业可以选择开发新产品、进军新市场、开拓新业务等方式，通过优化投资方案，提高企业的市场竞争力和盈利能力。

③资金管理的期权价值

企业在进行资金管理时，应该考虑不同资金使用方案所带来的期权价值。例如，企业可以选择投资短期资产、优化应收账款管理、控制存货和生产成本等方式，通过优化资金使用方案，提高企业的经济效益和市场竞争力。

期权原则对企业的长期发展和市场竞争具有重要意义。一方面，期权原则可以帮助企业选择最优的财务方案，提高企业的效率和利润。另一方面，企业通过期权分析和风险管理，可以降低投资风险和财务风险，提高企业的抗风险能力和市场竞争力。

（4）净增效益原则

1）净增效益原则概述

净增效益原则是财务管理中的一种基本原则，它指企业应该通过资本投资，实现净增效益最大化。净增效益指投资所带来的收益减去投资所需的成本，因此净增效益最大化可以帮助企业在有限的资源下，实现最大程度的财务收益。

在实践中，净增效益原则广泛应用于企业的投资决策、财务规划和资本预算等领域。通过遵循净增效益原则，企业可以选择最优的投资方案，降低风险，提高资本利润率，实现可持续的财务增长。

2）净增效益原则的核心内容

净增效益原则的核心内容是实现净增效益最大化。具体来说，净增效益原则包括以下 4 个方面。

①投资收益的最大化

企业在进行投资决策时，应该优先选择可以带来最大投资收益的方案。投资收益可以通过多种方式来衡量，如 NPV（净现值）、IRR（内部收益率）、PI（盈利指数）等财务指标。

②投资成本的最小化

除了考虑投资收益外，企业还应该优先选择投资成本最小的方案。投资成本包括资本成本、操作成本、维护成本等多个方面。

③投资期限的适度

企业在选择投资方案时，还应该考虑投资期限的适度。投资期限应该根据项目的风险、收益和现金流等因素进行选择。

④风险的控制

企业在进行投资决策时，应该考虑投资的风险。投资风险可以通过多种方式来控制，如分散投资、降低杠杆率、加强监管等。

净增效益原则在企业的财务管理中具有广泛的应用。例如，企业在进行投资决策时，应该考虑不同投资方案的净增效益，选择带来最大净增效益的方案。在进行财务规划时，企业应该考虑净增效益最大化的原则，制订出合理的财务计划和预算。

净增效益原则还可以应用于资本预算和风险管理等领域。在进行资本预算时，企业应该优先考虑能够实现净增效益最大化的投资方案，以确保企业在有限的资本下，能够最大程度地提高财务收益。在进行风险管理时，企业应该根据净增效益原则，选择能够控制风险的方案，降低资本的损失。

此外，净增效益原则还可以应用于企业的股利政策制订。企业在决定股利政策时，应该优先考虑投资的净增效益和企业的现金流状况。如果企业的现金流较为充足，并且有可行的投资项目，那么可以优先考虑将资金用于投资，实现净增效益的最大化。如果企业的现金流较为紧张，则可以考虑通过股利政策来回报投资者，提高企业的股东回报率。

3. 有关财务交易的原则

有关财务交易的原则，是人们对于财务交易基本规律的认识。

（1）风险－报酬权衡原则

1）风险－报酬权衡原则概述

风险－报酬权衡原则是财务管理中的一种基本原则，它指企业在进行投资决策时，需要在风险和报酬之间进行权衡。具体来说，风险－报酬权衡原则指企业应该选择能够在风险和报酬之间实现平衡的投资方案，以确保投资收益与风险控制的平衡和最大化。

在实践中，风险－报酬权衡原则被广泛应用于企业的投资决策和风险管理等领域。通过遵循风险－报酬权衡原则，企业可以选择最优的投资方案，降低风险，提高资本利润率，实现可持续的财务增长。

2）风险－报酬权衡原则的核心内容

风险－报酬权衡原则的核心内容是在风险和报酬之间进行平衡和权衡。具体来说，风险－报酬权衡原则包括以下4个方面。

①风险的衡量

企业在进行投资决策时，应该首先对风险进行衡量。风险可以通过多种方式来衡量，例如标准差、beta系数等。

②投资报酬的预期

除了考虑投资风险外，企业还应该预期投资报酬。投资报酬可以通过多种方式来预期，如预期现金流、NPV（净现值）、IRR（内部收益率）等财务指标。

③风险和报酬的平衡

企业在进行投资决策时，应该选择能够在风险和报酬之间实现平衡的方案。不同的投资方案会对风险和报酬产生不同的影响，企业应该根据自身情况选择最合适的投资方案。

④风险控制

企业在进行投资决策时，还应该考虑风险控制。风险控制可以通过多种方式来实现，如分散投资、降低杠杆率、加强监管等。

（2）投资分散化原则

投资分散化原则是财务管理中的一项重要原则，它指将投资分散在不同的资产和行业中，以降低总体投资风险和提高整体投资回报。此处将详细介绍其应用方法及优缺点。

1）投资分散化的应用方法

①投资资产的多样性

投资资产的多样性是实现投资分散化的关键方法之一。具体来说，投资者应该将资金分散到不同类型的投资资产中，如股票、债券、房地产、黄金等，以降低整体投资风险。

②投资行业的多样性

除了投资资产的多样性，投资行业的多样性也是实现投资分散化的关键方法之一。具体来说，投资者应该将资金分散到不同行业中，如制造业、服务业、金融业等，以降低整体投资风险。

③投资地域的多样性

投资地域的多样性也是实现投资分散化的重要方法之一。具体来说，投资者应该将资金分散到不同地域中，如国内、国外等，以降低整体投资风险。

2）投资分散化原则的优缺点

①优点

第一，降低风险。投资分散化可以将投资风险分散到不同的资产和行业中，从而降低整体投资风险。

第二，提高回报。投资分散化可以帮助投资者实现投资组合的多样化，从而提高整体投资回报。

第三，保护投资者。投资分散化可以帮助投资者在某些行业或地区出现不利情况时，保护其投资。

②缺点

第一，可能降低总体收益。投资分散化会使得某些资产的收益被抵消，从而降低总体收益。

第二，增加管理成本。投资分散化需要投资者对不同的资产和行业进行监控和管理，这将增加管理成本。

第三，可能失去机会。投资分散化可能使得投资者错失某些高收益的机会。

（3）资本市场有效原则

资本市场有效原则是财务管理中的一项重要原则，它指的是资本市场反映所有可用信息的能力。如果市场能够及时准确地反映出所有可用信息，那么资本市场就是有效的。此处将详细介绍其实现方法及优缺点。

1）资本市场有效原则的实现方法

①强制信息披露

强制信息披露是实现资本市场有效原则的关键方法之一。具体来说，政府应该制定法律法规，规定公司必须向投资者披露重要信息，如财务报表、业绩预测、管理层变动等，以确保市场反映所有可用信息。

②投资者教育

投资者教育也是实现资本市场有效原则的关键方法之一。具体来说，投资者应该接受相关培训，学会如何分析公司业绩、财务报表等信息，从而更好地参与到资本市场中。

③资本市场监管

资本市场监管也是实现资本市场有效原则的关键方法之一。具体来说，政府应该建立完善的监管体系，对市场中的违规行为进行监管，保护投资者权益。

2）资本市场有效原则的优缺点

①优点

第一，提高市场效率。资本市场有效原则可以提高市场效率，促进资源的优化配置。

第二，促进公司治理。资本市场有效原则可以促进公司治理，强制公司披露信息，增强公司的透明度。

第三，提高投资者收益。资本市场有效原则可以提高投资者的收益，投资者可以获得更准确的信息，作出更加明智的投资决策。

②缺点

第一，信息不对称。即使政府强制披露信息，仍然存在信息不对称的情况。例如，公司管理层可能了解某些信息，而普通投资者无法获得这些信息。

第二，投资者过度反应。当市场出现一些负面消息时，投资者可能会过度反应，导致市场波动较大。

第三，市场操纵。即使政府进行监管，一些机构或个人仍可能会利用市场漏洞进行操纵，影响市场的有效性。

（4）货币时间价值原则

货币时间价值原则是财务管理中的重要原则之一，它指的是货币的时间价值是随着时间的推移而发生变化的。具体来说，同一笔资金在不同的时间点有不同的价值，未来的一笔收入相对于现在的一笔收入会有不同的价值。此处将详细介绍其实现方法及优缺点。

1）货币时间价值原则的实现方法

①投资

投资是实现货币时间价值原则的一种方法。具体来说，将现有的资金投资到风险适中、回报率较高的项目中，可以使资金得到较高的回报，从而弥补由于时间推移所造成的价值损失。

②财务规划

财务规划也是实现货币时间价值原则的一种方法。具体来说，通过财务规划，可以使每一笔资金都能够得到最大限度的利用，从而实现时间价值最大化。

③资本预算

资本预算也是实现货币时间价值原则的一种方法。具体来说，企业可以通过资本预算，合理安排资金的使用时间，使得资金的时间价值得到最大限度的实现。

2）货币时间价值原则的优缺点

①优点

第一，能够准确反映资金的价值变化。货币时间价值原则能够准确反映资金的价值变化，从而更好地指导资金的使用和投资。

第二，有助于投资决策的合理性。货币时间价值原则能够使投资者更加合理地进行投资决策，从而减少投资风险。

第三，有助于企业的资本预算。货币时间价值原则有助于企业进行资本预算，使企业能够更好地安排资金的使用时间，从而实现资金的最大效益。

②缺点

第一，难以准确评估。货币时间价值原则难以准确评估资金的价值变化，因为资金的价值变化受到多种因素的影响。

第二，依赖市场环境。货币时间价值原则的实现依赖于市场环境，当市场环境变化时，货币时间价值原则的实现效果可能会受到影响。

第三，考虑的因素过于简单。货币时间价值原则只考虑了时间因素对资金价值的影响，而忽略了其他影响资金价值的因素，如通货膨胀、利率变化等，因此在实际应用时需要综合考虑其他因素。

第三节　大数据与财务管理的基本关系

一、大数据是财务管理的技术和工具

随着互联网技术的快速发展，大数据技术已经成为企业财务管理中的重要工具和技术。大数据技术可以帮助企业收集、处理、存储和分析大量的财务数据，为企业提供更加准确的决策支持。具体来说，大数据技术在财务管理中的应用包括以下 7 个方面。

（一）数据采集和处理

大数据技术可以帮助企业收集和处理大量的财务数据，包括会计报表、财务预测和预算、现金流量表等。通过数据挖掘和分析，企业可以更好地了解自己的财务状况，包括资产负债表、利润表、现金流量表等，从而作出更加准确的决策。

（二）预测和决策支持

利用大数据技术，企业可以预测未来的财务状况和趋势，为企业决策提供更加准确的支持。例如，可以基于历史数据建立预测模型，预测未来的销售收入和成本。此外，大数据技术还可以帮助企业进行财务风险评估和管理，帮助企业规避财务风险，降低经营风险。

（三）监控和预警

大数据技术可以实现财务数据的实时监控和预警，及时发现和处理财务风险。例如，可以设置实时报警机制，及时发现财务异常情况，从而及时采取措施进行调整。

（四）提高效率和降低成本

大数据技术可以帮助企业自动化财务数据处理过程，提高数据处理的效率，降低企业的成本。例如，可以使用自动化工具进行数据清洗、数据挖掘和分析，减少人力资源的投入，提高工作效率。

（五）增强数据安全性

大数据技术可以帮助企业加强财务数据的安全性，保护财务数据不受恶意攻击和非法窃取。例如，可以使用安全加密技术和访问控制机制，限制未经授权的人员访问财务数据，防止数据泄露和丢失。

（六）提高竞争力和创新能力

大数据技术可以帮助企业更好地了解市场需求和客户行为，帮助企业制订更加精准的市场营销策略，提高企业的竞争力和创新能力。通过大数据技术分析客户行为，企业可以更好地了解客户的需求和喜好，从而开发出更加符合客户需求的产品和服务。此外，大数据技术还可以帮助企业进行市场预测和分析，及时发现市场趋势和变化，制订更加精准的市场营销策略。

（七）智能化决策和管理

大数据技术可以实现财务管理的智能化决策和管理。通过机器学习和人工智能技术，可以实现财务数据的自动化处理和分析，从而实现智能化的决策和管理。例如，可以使用机器学习算法进行风险评估和预测，自动化地制订风险控制策略，提高决策的准确性和效率。

二、大数据技术满足财务管理的变革需要

随着科技的不断进步和信息化的快速发展，传统的财务管理方式已经无法满足企业的需求。在这种背景下，大数据技术应运而生，成为了财务管理领域的一种新的变革力量。以下将详细阐述大数据技术如何满足财务管理的变革需要。

第一，传统的财务管理方式主要依靠手工处理和分析数据，效率较低，容易出现错误。而大数据技术则可以通过高效的数据处理和分析工具，帮助企业快速准确地了解财务数据，发现隐藏在数据中的潜在价值。例如，企业可以使用大数据技术对财务报表数据进行分析，了解企业的财务状况和风险，发现财务瓶颈和优化方案。

第二，传统的财务管理方式通常需要花费大量的时间和人力对数据进行处理和分析，从而难以及时发现企业财务问题。而大数据技术可以实现财务数据的实时监控和管理，帮助企业及时发现问题和风险。例如，企业可以使用大数据技术对财务数据进行实时监控，发现异常情况并及时处理，从而保证企业的财务安全和稳定。

第三，随着企业规模的扩大和业务的复杂化，财务风险管理和控制成为了一个重要的问题。而大数据技术可以帮助企业实现财务风险的精细化管理和控制。例如，企业可以使用大数据技术对财务数据进行风险评估和预测，制订相应的风险控制策略，从而减少财务风险和损失。

第四，传统的财务管理方式通常需要花费大量的时间和人力进行数据处理和分析，从而难以及时作出正确的决策和优化资源配置。而大数据技术可以帮助企业实现数据驱动的决策和资源配置，提高决策的准确性和效率。例如，企业可以使用大数据技术对市场数据进行分析，了解市场趋势和变化，制订更加精准的市场营销策略。

第五，随着市场竞争的加剧和技术创新的推进，企业需要不断地提高自身的竞争力和创新能力。而大数据技术可以帮助企业实现财务管理的创新和提升，增强企业的竞争力和创新能力。例如，企业可以使用大数据技术对市场和消费者行为进行深度分析，了解市场趋势和消费者需求，从而制订更加有针对性的产品策略和营销策略，增强企业的市场竞争力。

三、大数据技术助力财务管理水平提升

在科技飞速发展的当下，经济信息变换迅速，企业财务管理人员面临在大量且不断变化的经济数据中寻找有效信息的挑战。随着信息的持续涌现，搜集和处理数据成为一大难题，企业财务管理人员需要确保企业的发展与市场环境保持一致。为了克服这一难题，引入大数据技术变得至关重要。随着大数据技术的应用，现代化办公环境（如"远程办公和线上会议"）得以完善，财务管理流程变得更加精简，有助于降低企业财务管理成本，从而提高企业的财务管理水平。

四、财务领域对大数据理解存在误区

当前，在财务领域对大数据的理解仍存在误区，我们首先要明确这些误区，才能发现新的、有价值的大数据应用场景。当前，大多数企业的财务尚未开始思考和实践财务大数据，因此"错误"二字甚至无从谈起。尽管如此，仍有一些勇于尝试的企业在实践中留下了宝贵经验，有助于我们更好地思考和提升。

在此，我们总结出 3 点财务对大数据理解的误区。

（一）将传统财务分析强行定义为大数据

将传统财务分析强行定义为大数据是最常见的误区。一些企业财务在接触大数据概念后，将传统财务分析当作大数据应用的典范。但实际上，大数据与传统财务分析在特征上是有差异的，传统财务分析更侧重于有限结构化数据的因果关系分析。

（二）认为使用 Hadoop 等大数据技术架构就是实现了大数据

有些人陷入"使用 Hadoop 等大数据技术架构就是实现了大数据"认知误区，认为大数据是一个纯粹的技术问题，只需使用大数据技术架构就能实现大数据。然而，Hadoop 等技术架构仅仅是工具，它们可以帮助人们实现大数据应用场景，但并非创造场景。

（三）认为靠现有财务管理模式下的数据就可以做大数据

有些企业财务人员对大数据的数据基础的理解不足。他们认为，只要充分利用现有财务数据，如会计核算数据、预算数据、经营分析数据和管理会计数据，就可以实现大数据应用。当然，要走向大数据，现有数据确实很重要，应优先充分利用。但我们必须明白，这些数据主要是结构化数据，且局限于企业内部。为了充分发挥大数据优势，获得超越竞争对手的优势，不应受限于此，而应广泛整合企业内部的非结构化数据和社会化数据，以更广义的数据基础进行财务数据应用，从而实现期望的价值输出。

目前，大数据正蓬勃发展，不断释放出更多能量，推动产业升级、社会转型和企业转型。若要从中获得更多好处，需要全民参与、全民突破困境、全民转变观念。只有这样，数据才会成为我们的"新能源"，而不是"烫手山芋"。只有首先消除这些障碍，大数据在企业中才能真正拥有无限广阔的应用空间，成为推动企业发展的核心动力。

第二章 大数据时代下财务体系分析

随着大数据时代的到来，各个领域的传统企业经营管理模式面临着严峻的挑战，企业管理将经历巨大的变革。在未来，大数据在企业管理中的应用将非常广泛。在大数据时代，机遇与挑战共存，新兴企业层出不穷，许多企业也被淘汰。

实际操作中，大多数企业或是已经开始实施大数据战略，或是正准备启动。有人认为大数据只适用于大型公司，而这些公司将利用数据继续扩张规模。那么，大数据究竟能否为小企业和个体经营者带来公平的机会呢？答案当然是肯定的。

尽管大型企业可以依靠自己的客户数据库和监测数据来提高分析算法的能力，而普通小企业很少有自己的数据支持。然而，这并不意味着大数据在小企业中没有应用场景。小企业同样可以从现有的大数据中受益，其可以购买数据服务程序，甚至更加关注自身数据的收集。

如果企业不能及时灵活地应对大数据提供的信息，那么即使获得最有效的商业洞察也是无济于事的。因此，在很多方面，大数据反而更适合应用于小企业而非大公司。小企业通常具有较高的灵活性，故而在面对大数据分析所得出的商业洞察时，可以迅速且高效地作出反应。

总之，无论是大企业还是中小企业，都应在大数据时代建立新的财务体系。本章将首先分析大数据时代企业的角色定位，探讨大数据对财务管理的主要影响，以明确方向、奠定基础。之后将全面深入地探讨大数据时代企业财务体系的构建。

第一节 大数据时代的企业角色定位

作为数据价值链上连接源数据与数据应用的数据桥梁，企业的角色定位尤为重要。具体而言，大数据时代，企业有如下角色定位。

一、数据收集者

在大数据时代，数据收集是企业获取和利用大数据的第一步。企业通过收集大量的数据，可以更好地了解客户需求和市场变化，优化产品设计和服务方案，提高业务效率和客户满意度。在这个过程中，企业扮演着数据收集者的角色。此处将详细阐述企业在大数据时代的数据收集角色。

（一）数据收集的重要性

在大数据时代，数据已经成为企业最重要的战略资源之一。通过对数据的收集、存储、处理和分析，企业可以获取更准确、更全面的市场信息和客户需求，为企业的市场营销和产品设计提供支持。因此，数据收集成为了企业获取和利用大数据的重要一环。

（二）数据收集的方式

企业可以通过多种方式进行数据收集，包括以下 3 个方面。

1. 自有数据收集

企业可以通过自身的业务、产品和服务等方式收集到大量数据，包括客户行为数据、交易数据、社交媒体数据、网络数据等。这些数据可以用于深入了解客户需求、行为和反馈，为企业的市场营销和产品设计提供支持。

2. 第三方数据采购

除了自有数据收集外，企业还可以通过购买第三方数据来丰富自己的数据资源。例如，企业可以购买市场研究机构发布的调查数据、行业数据等，以补充自身的数据资源。

3. 众包数据收集

众包数据收集指企业通过向公众发布数据收集任务，邀请公众参与数据收集的方式。这种方式可以有效地利用公众的力量，收集到大量的数据，如企业可以通过向消费者发放问卷调查，收集到客户的需求和反馈。

（三）数据收集的难点

虽然数据收集对企业的数据战略至关重要，但在实际操作过程中，数据收集也存在着一些难点。

1. 数据质量问题

在数据收集的过程中，数据的质量往往会受到很大的影响。例如，有些数据可能不完整或者不准确，甚至存在噪声数据。这些问题会对数据分析和挖掘造成很大的影响。

2. 数据安全问题

在大数据时代，数据安全面临着越来越大的挑战。企业需要加强数据安全防护措施，避免数据泄露和滥用。

3. 数据收集成本问题

数据收集成本较高也是数据收集的难点。在数据收集过程中，企业需要投入大量的时间、人力和物力资源来完成数据收集任务。此外，对于一些特殊领域的数据，数据收集成本更是非常高昂。

4. 法律法规问题

在大数据时代，数据隐私和安全面临着越来越大的挑战。企业在进行数据收集时需要遵守相关法律法规，确保数据的合法、安全、合规使用。

以上这些难点都是企业在进行数据收集时需要注意的问题，需要在收集数据的过程中充分考虑和解决。

（四）解决数据收集难点的方法

为了解决数据收集的难点，企业可以采取以下措施。

1. 提高数据质量

提高数据质量是解决数据收集难点的关键。企业可以采取多种方式来提高数据质量，如增加数据收集的频率和范围、提高数据收集的准确性和完整性等。

2.加强数据安全保护

在进行数据收集时，企业需要加强数据安全防护措施，避免数据泄露和滥用。企业可以采取加密、备份、监控等多种方式来加强数据安全保护。

3.降低数据收集成本

企业可以采取多种方式来降低数据收集成本，如采用自动化工具、众包数据收集等方式。此外，企业可以与其他企业或组织共享数据，降低数据收集成本。

4.遵守相关法律法规

企业在进行数据收集时需要遵守相关法律法规，确保数据的合法、安全、合规使用。企业可以通过建立合规制度、加强员工培训等方式来保证遵守相关法律法规。

二、数据分析师

企业需要对收集到的大量数据进行深入分析，从中发现有价值的信息和规律。因此，企业需要拥有专业的数据分析团队和技术平台，利用数据挖掘、机器学习等技术手段，对数据进行深入分析和挖掘，从而为企业的业务决策提供支持。

（一）数据分析的重要性

在大数据时代，数据已经成为企业最重要的战略资源之一。数据分析作为对数据进行深入分析和挖掘的过程，可以帮助企业更好地了解市场需求和客户反馈，优化产品设计和服务方案，提高业务效率和客户满意度。同时，数据分析还可以帮助企业预测市场趋势和变化，制订更科学的战略和决策，提升企业的竞争力和市场地位。

（二）数据分析师的角色职责

1.数据处理和清洗

企业应对收集到的数据进行处理和清洗，以确保数据的质量和准确性。这个过程包括数据清洗、数据转换、数据标准化等。

2.数据分析和挖掘

企业应运用数据分析和挖掘的技术手段，从数据中挖掘有价值的信息和规律。这个过程包括统计分析、机器学习、数据挖掘等。

3.报告和展示

企业应将分析结果整理成报告或图表，并向业务决策者展示和解释，以支持业务决策。

4.数据模型和预测

企业应建立数据模型，预测未来的市场趋势和变化，为自身发展提供战略和决策支持。

三、数据经销商

在大数据时代，数据的价值逐渐凸显，越来越多的企业需要获取外部数据来支持自身的业务决策。因此，一些企业开始将自己的数据商业化，并将其出售给其他企业。这样的企业可以将自己定位为数据经销商，从而通过出售数据来实现商业价值。

（一）数据经销商的角色职责

1. 数据采集和处理

企业从各种数据源中收集和处理数据，包括自有数据和第三方数据，通过对数据进行处理和清洗，以确保数据的质量和准确性。

2. 数据加工和分析

企业对收集到的数据进行加工和分析，以得出有价值的信息和结论，通过运用各种数据分析和挖掘的技术手段，从数据中挖掘出有用的信息和规律。

3. 数据销售和交易

企业将加工和处理过的数据以各种方式进行销售、交易，以满足不同用户的需求，如提供数据查询服务、数据下载服务、数据定制服务等。

4. 数据安全和保护

企业应加强数据安全防护措施，确保数据的安全和隐私，必须建立完善的数据保护机制，以保护数据的合法权益。

（二）数据经销商角色面临的挑战

在实践中，企业的数据经销商角色面临的挑战包括以下4个方面。

1. 数据质量问题

在收集和处理数据时，数据质量问题往往会对数据的使用价值造成很大的影响，因而企业需要加强数据质量控制和保证，以提高数据的质量和准确性。

2. 数据安全问题

在数据销售和交易过程中，数据安全问题往往会受到很大的关注，因而企业需要加强数据安全防护措施，保护数据的安全和隐私。

3. 数据使用者需求多样性

不同的数据使用者对数据的需求是多样化的，因而企业需要了解市场需求，为不同用户提供符合其需求的数据产品和服务。

4. 法律和合规问题

在数据销售和交易过程中，企业需要遵守法律法规和合规要求，以保证数据的合法性和规范性。

四、数据应用服务提供商

在大数据时代，很多企业需要依赖第三方数据应用服务提供商来获取数据分析和数据挖掘等技术支持。因此，一些企业可以将自己定位为数据应用服务提供商，通过提供数据分析和挖掘等技术服务来为客户提供价值。

（一）数据应用服务提供商角色的职责

1. 数据应用服务开发和管理

企业开发和管理各种数据应用服务，包括数据分析服务、数据可视化服务、数据挖据服务等，应根据市场需求和用户需求，开发符合其需求的数据应用服务。

2. 数据应用服务集成和部署

企业将开发好的数据应用服务集成到统一的平台上，并进行部署和管理，同时需要确保数据应用服务的可靠性和稳定性。

3. 数据应用服务运营和维护

企业对数据应用服务进行运营和维护，保证数据应用服务的正常运行，同时需要定期对数据应用服务进行升级和优化，以提高数据应用服务的质量和效率。

4. 数据应用服务支持和培训

企业为用户提供数据应用服务的支持和培训，帮助用户更好地使用数据应用服务。例如，提供技术支持、培训课程等，帮助用户更好地了解数据应用服务的功能和使用方法。

（二）数据应用服务提供商角色面临的挑战

在实践中，企业的数据应用服务提供商角色面临的挑战包括以下 4 个方面。

1. 数据质量问题

在开发和提供数据应用服务时，数据质量问题往往会对数据的使用价值造成很大的影响，因而企业需要加强数据质量控制和保证，以提高数据应用服务的质量和准确性。

2. 数据安全问题

在数据应用服务的开发和提供过程中，数据安全问题往往会受到很大的关注，因而企业需要加强数据安全防护措施，保护数据的安全和隐私。

3. 多样化的用户需求

不同的用户对数据应用服务的需求是多样化的，企业需要了解市场需求，为不同用户提供符合其需求的数据应用服务。

4. 技术更新和创新

在大数据技术不断更新和创新的背景下，企业需要不断跟进和学习新的技术、工具，以提高数据应用服务的效率和质量。

五、数据安全保障者

在大数据时代，随着数据的增长和流动，数据安全面临越来越大的挑战。企业需要将数据保护作为一项重要的任务，加强数据安全防护措施，避免数据泄露和滥用。因此，一些企业可以将自己定位为数据安全保障者，通过提供数据安全服务和技术支持来帮助客户保护数据安全，同时增加企业自身的商业价值。

（一）数据安全保障者角色的职责

1. 数据安全策略制定和管理

企业制定和管理企业的数据安全策略，确保数据的安全和隐私。数据安全策略应该包括数据安全标准、数据安全流程和数据安全控制措施等，以保护数据的安全和隐私。

2. 数据安全技术和控制措施

企业采取各种数据安全技术和控制措施，包括身份认证、访问控制、数据加密、数据备份和恢复等，以保证数据的安全和隐私。

3. 数据安全监控和审计

企业对数据安全进行监控和审计，及时发现和处理安全事件和漏洞。数据安全保障者需要建立数据安全监控和审计机制，以及应急响应机制，保障数据安全的可靠性。

4. 数据安全培训和意识提升

企业为企业员工提供数据安全培训，帮助员工了解数据安全的重要性，学会采取正确的数据安全行为。身为数据安全保障者的企业需要加强数据安全教育和宣传，增强员工的数据安全意识。

（二）数据安全保障者角色面临的挑战

在实践中，企业的数据安全保障者角色面临的挑战包括以下 4 个方面．

1. 数据安全标准不一

在不同的行业和国家，数据安全标准往往不一，企业需要考虑到不同的标准和法规，确保企业的数据安全符合相关标准和法规。

2. 大量的数据存储和处理

在大数据时代，企业需要处理和存储大量的数据，因而需要采取更加复杂的技术和措施，保障数据的安全和隐私。

3. 数据安全人才缺乏

目前，数据安全人才的供应量无法满足企业的需求，企业需要加强人才的培养和引进，提高数据安全保障能力。

4. 数据安全威胁和漏洞不断

随着互联网和移动设备的普及，数据安全威胁和漏洞不断涌现，因而企业需要不断跟进和应对这些威胁、漏洞，保障数据的安全和隐私。

六、数据共享平台提供商

在大数据时代，数据共享已经成为一种趋势。企业可以通过共享自己的数据，来实现数据的价值最大化。因此，一些企业可以将自己定位为数据共享平台提供商，通过提供数据共享平台和技术支持，来帮助企业进行数据共享，并实现商业价值的最大化。

（一）数据共享平台提供商角色的职责

1. 数据共享平台规划和设计

企业规划和设计数据共享平台的整体架构和功能，包括数据收集、数据处理、数据存储和数据共享等方面；要考虑到不同的数据类型、数据格式和数据来源，确保数据共享平台的稳定性和可靠性。

2. 数据共享平台的开发和维护

企业开发和维护数据共享平台，包括平台的软件和硬件设施、数据采集和处理技术、数据存储和管理技术，以及数据共享和安全技术等方面；要确保数据共享平台的高效性和可靠性。

3. 数据共享平台的运营和管理

企业运营和管理数据共享平台，包括数据的维护、备份和恢复，平台的升级和更新，以及数据共享的授权和管理等方面；要确保数据共享平台的安全和隐私。

（二）数据共享平台提供商角色面临的挑战

在实践中，企业的数据共享平台提供商角色面临的挑战包括以下 5 个方面。

1. 数据隐私和安全问题

数据共享平台涉及大量的数据流转，数据隐私和安全问题是企业需要解决的重要问题，因而需要采取各种技术和措施，保障数据的隐私和安全，防止数据泄露和滥用。

2. 数据标准和规范问题

不同的数据来源和类型，往往存在数据标准和规范的差异，因而企业需要充分考虑这些差异，制订相应的数据标准和规范，确保数据的共享和利用效果。

3. 数据共享和合作问题

身为数据共享平台提供商的企业，需要和数据提供者、数据使用者等多方进行合作和协作，确保数据共享平台的正常运转和数据共享的效果；要加强对数据共享和合作的管理和监督，提高数据共享平台的效率和质量。

4. 技术发展和变革问题

随着技术的发展和变革，企业要不断跟进和应对技术的变化，保持数据共享平台的竞争力和创新性；要加强对新技术的研究和开发，推动数据共享平台技术的创新和进步。

5. 法律法规和政策环境问题

数据共享涉及很多法律法规和政策环境问题，如数据隐私、数据保护、知识产权等方面。企业需要遵守相关法律法规和政策环境，保障数据共享的合法性和合规性。

第二节　大数据对财务管理的主要影响

一、大数据对财务管理的积极影响

（一）大数据拓展了企业获取财务信息的途径

企业进行财务管理的基石是能够迅速且充分地获取大量有价值的信息。在传统的企业财务管理中，企业内外部的信息交流主要依赖电话、邮件或面对面沟通，这些信息获取方式很难使企业及时准确地掌握全面的有效信息，对企业的经营与发展产生不利影响。而在信息化时代，通过大数据技术收集到的信息，不仅包括企业自身的各类信息，还涵盖国内外经济大环境数据及同行业的相关信息，使得企业在财务管理中获取的信息更加迅速和全面。

（二）大数据提升了数据处理效率与精度

现代企业的内外部经营数据日益增多且复杂，企业财务人员不仅要分析内部财务数据，还需分析外部环境数据，如政策变动、消费者偏好和同业竞争者状况等，导致财务工作压力逐渐加大。在大数据时代，企业可利用大数据技术建立财务共享服务中心，运用信息化财务管理系统收集、统计和分析各项数据。财务人员只需将相关数据输入系统，系统便能自动生成财务报表，大大减轻了财务人员的工作负担，同时避免了人工输入导致的数据偏差和计算错误。这使得财务人员有更多时间和精力分析报表内容，为企业管理者提供更科学合理的建议，不断提高财务管理质量。

（三）大数据转变了财务人员的财务管理思维

在传统财务管理模式下，财务人员主要从事会计核算、原始凭证整理等基本业务，他们通常只掌握基础的财务理论知识，缺乏对企业业务流程和相关政策的了解。此外，部分财务人员在税法知识和计算机应用方面的水平有限，综合素质不高，难以满足企业的发展需求。大数据时代对企业财务人员提出了更高的要求，为适应时代发展，财务人员不仅需要积极转变财务管理思维，树立新型财务管理理念，还要学习网络技术的应用操作方式，补充信息化管理理论知识，了解企业财务管理信息软件的功能模块，以便在日常工作中独立使用信息系统，这将促使企业财务人员逐渐发展成为复合型人才。在大数据时代，财务人员在财务管理过程中树立新的管理思维，积极参与企业的经营决策，为管理者提供专业意见，实现自身综合管理能力的不断提升，进一步优化财务管理工作。

（四）大数据推动了企业财务管理的转型

在传统财务管理模式下，企业财务人员通常以月为周期汇总和整理企业的各项生产经营数据，制订财务报表，为企业管理者提供决策依据。然而，现代企业应用大数据技术能够实时统计和分析企业的各项经营数据，自动生成财务报表。财务人员可以全面分析财务报表信息，掌握企业的运行状况，并及时向企业管理者汇报，便于其调整企业的经营策略，实现企业转型升级。企业在财务管理中应用大数据技术，不仅可以实时掌握企业的运营状况，还能了解外部市场发展动态，准确把握同行业竞争状况，提高企业的竞争力。

（五）大数据强化了企业财务管理的风险控制能力

在当前的经济大环境下，企业面临的各种风险逐渐增多，如经济周期、国家政策、资源竞争及未来环境的不确定性等，这些风险将成为企业经营和发展过程中的新常态。有效控制各种风险可以提升企业在各种环境下的适应能力，降低风险发生的概率。利用大数据进行企业财务管理，将为财务部门提供全面、准确的各类数据信息，并对当前的财务风险、经营风险进行有效分析比较，形成分析报告，既帮助企业进行风险管理，又能实现风险预警。大数据从多方面、多角度收集各类信息，能够快速有效地对财务活动进行事前预判，实现财务活动的事前、事中、事后风险控制。

（六）大数据优化了企业全面预算管理效果

全面财务预算管理在促进企业发展和进步方面发挥着重要作用。然而，目前我国大多数企业仍处于全面财务预算管理的初步探索阶段。在预算分析过程中，多数企业仅依赖简单的横向和纵向对比分析，缺乏足够的深度，同时在预算管理的制订方法、过程和数据来源等方面缺乏合理有效的科学依据。这些问题严重制约了企业实现全面预算管理目标的进程。

　　大数据技术的广泛推广能够帮助企业迅速建立全面财务预算管理平台，有效解决传统企业在财务预算中遇到的一系列问题。利用大数据进行全面预算管理，企业可以及时、有效地获取真实数据，快速生成对比分析结果，为后期财务预算工作提供指导，并制订更符合企业发展需求的预算目标。

二、大数据为财务管理带来风险挑战

（一）财务管理价值观发生改变

　　在大数据时代，企业财务管理理念发生了根本性变化。传统的财务管理模式主要集中于票据核算、报表分析和记账预算等工作。随着大数据技术的发展和影响，财务管理内涵逐渐扩大，向业务部门甚至整个行业渗透，开始从海量数据中收集、提取、分析和处理财务数据，为生产、研发、销售和流通等领域提供更具决策价值的财务信息。

（二）财务管理机制和组织结构变革

　　在大数据时代，财务信息的收集和处理变得更加复杂，给企业财务管理机制带来挑战。这主要表现为财务数据规模的膨胀、收集和处理难度的增大、财务信息与业务信息的融合，以及管理广度的延伸。此外，大数据技术影响下的财务部门内部分工日益精细，组织结构调整也将带来重大变革。

（三）财务管理技术难度增加

　　大数据的多样性和复杂性为企业财务管理提供了更多信息，提高了数据处理效率。但与此同时，大数据本身的规模巨大、类型多元、价值密度低等特征也对企业财务信息管理和技术水平提出了挑战，主要表现在以下两个方面。

　　1. 财务数据来源广泛、结构复杂，信息收集和挖掘技术难度较大

　　在大数据时代，财务数据突破了国家、行业和地域等限制，来源渠道更加多元，呈现网络化和层次性特征。语义、语态等方面的变化也导致数据结构更加复杂。因此，如何在庞大的数据资料中收集和挖掘财务信息，还需要进一步提高技术水平，发展更加动态、智能化的分析方法。

　　2. 大数据的价值密度低，信息准确性不高，财务数据辨别上技术要求提高

　　大数据中存在许多虚假信息，若不能加以筛选、甄别，企业可能受到虚假数据的欺骗。大数据信息质量的威胁主要来自两个方面：一是故意制造虚假信息，竞争对手可能故意发布虚假财务消息，以引发企业错误判断；二是信息传递过程中的偏差，在信息传递过程中，多种因素可能导致信息质量下降，影响最终的分析结果。

　　财务数据的真实性和准确度在很大程度上影响企业的战略决策、发展方向。面对大数据的价值密度低的挑战，企业财务管理需要创新分析工具，运用新技术手段解决这一难题，为企业决策提供依据。

（四）信息安全挑战

随着财务数据量的增加和管理模式的转变，企业面临着信息安全方面的挑战。一方面，需要保护企业财务数据免受外部攻击和内部泄漏；另一方面，需要确保数据传输和处理过程中的安全性。企业应建立健全信息安全管理制度，加强财务数据保护，以应对潜在的信息安全风险。

（五）财务管理的效率降低

尽管部分企业引入了先进的信息化管理系统，但一些财务人员仍然沿用传统的财务管理方法，对企业财务数据信息的敏感性不足。为确保企业财务数据信息的完整性，这些财务人员试图整合内外部数据信息进行分析，但这导致了数据分析结果缺乏针对性，在一定程度上浪费了时间和精力。同时，部分财务人员尚未适应大数据时代下的财务管理模式，需要花费一定的时间来摸索，这对财务管理效率和质量造成了影响。

（六）财务管理的运用不够成熟

目前，大数据技术在企业财务管理中的应用还处于初步探索阶段。大数据对企业财务管理的技术水平、硬件设施、专业人员和经济能力等方面提出了新的挑战。

首先，企业在初期投入巨大。大数据在企业财务管理中主要采用基于财务共享云平台的形式，然而云平台的前期建设和后期维护成本都相当高昂，许多中小企业难以承担。

其次，大数据的价值密度较低。对于信息价值的判断，企业需要基于自身的角度进行，这使得企业财务管理后期的数据筛选和整理工作面临一定的困难。

最后，缺乏专业综合型人才。当前大数据产业刚刚兴起，相关领域的专业人才相对匮乏，特别是那些同时具备财务管理相关技能的人才更为稀缺。

为应对这些挑战，企业需要不断调整和优化财务管理策略，以提高财务管理效率和质量。同时，积极培养和引进具备大数据分析技能的财务人才，以更好地适应大数据时代下的财务管理新模式。

三、大数据对财务管理的具体影响

（一）企业筹资活动受到的影响

随着信息结构的变化，企业面临着全新的要求，必须调整风险控制理念。在过去，为实现对风险的有效回避，银行等金融机构在为企业提供资金支持时，要求企业提供一定的抵押物以规避风险损失。然而，在当前环境下，金融机构更加重视企业的经营能力和现金创造能力，并在评估这些基本信息的基础上作出最终决策。如今，金融机构不仅关注"硬信息"，还越来越关注"软信息"。

传统信贷理论认为，企业内部可用于抵押的资产数量与企业可获得的资金支持成正比。然而，如果难以实现有效跟踪，容易出现抵押物难以及时变现的情况，导致仅依赖于抵押物这种传统方式难以为金融机构提供有效保护。

（二）企业投资活动受到的影响

在大数据环境下，虚拟性和知识性等特点为投资活动提供了全新的方向。企业可以通过对虚拟企业的组建完成产权投资，实现知识资本作用的有效发挥，无形资产在其中发挥着重要作用。在互联网发展背景下，信息革新速度较快，企业需要及时捕捉信息并分析其中的投资机会。

借助有效技术，企业可在低成本、高效率的基础上进行证券投资，实现理想收益。大数据财务管理支持下，企业可以实时监控跨地区投资项目，提高效益。

（三）企业资产管理受到的影响

信息化财务管理关注的重点是对无形资产的管理。大数据时代改革了企业内部环境，人力资源、技术、知识等无形资产成为支持企业发展的关键核心生产要素。在当前时代背景下，知识成为企业重要资本，无形资产的质量、份额等对企业生产发挥着日益重要的作用。企业可以利用知识要素对部分物质投入进行有效替代，实现资源节约并创造更理想的效益。大数据时代的到来还对企业的存货管理产生了影响，这与电子商务的普及有直接关系，电子商务的发展创新了物流活动，减少了很多的中间环节。企业为实现对市场份额的有效扩张，除关注客户的需求以外，还需要积极地借助有效的技术对生产模式进行调整。从存货管理来看：一方面要分析大数据背景，构建经济订货量模型，对采购数量进行合理化的调整，在最大程度上减少采购数量；另一方面，要借助财务再生管理技术方法，在与即时生产模式相互配合的基础上，实现对资源的配置，不断地创新产品内容。在大数据平台的支持下，逐步实现零库存管理，在控制成本的基础上实现最理想化的收益。

（四）利润分配活动受到的影响

大数据环境所具有的知识性、虚拟性等特点为分配活动的创新提供了有效支持。具体来看，主要体现在财务虚拟管理方面。

虚拟企业本身具有较强的特殊性，这也对其利润分配提出了全新的要求，即要彻底革新仅保留盈余而不进行分配的方法，高度重视利润的分配。对于知识资本这类具有较强虚拟性的资本，在进行利润分配时也需要多加关注，根据知识要素的不同采用特殊的分配方式，激励智力劳动者的积极性。

分析传统财务管理体系可以看出，其中包含的利润分配方式主要有两种：一是根据企业经营获得的实际利润，采用平均分配方式，让所有员工都能获得相应的利润分配；二是在参考资本所属的基础上，即在参考投资者所投入的实际资本数额的基础上对利润进行有效分配。

在大数据时代，知识资本在企业内部扮演着重要角色，股票买卖、优先股等都是知识型人才参与企业利益分配的方式。采用证券投资方式向企业注资，也可以实现对利润的有效分配，让投资者获得理想收益。虽然收益获取间隔相对较短，一般来说比较理想，但承担的风险也相对较高。随着金融体制改革的不断深入，这种利润分配方式将进一步得到普及。

当然，在实务中，大数据对财务管理的影响还有很多，此处不再一一列举，仅做简要介绍，之后我们也会重点对大数据时代的投资、预算、成本管理等内容进行更为详细的论述。

第三节　大数据时代的企业财务体系构建

在这里，我们主要从共享化和智能化两个角度，分别对企业财务体系构建进行具体阐述。

一、构建共享化企业财务体系

共享化企业财务体系的建设需要从财务管理职能和业务流程、财务信息系统和技术、财务人员和文化等多个方面进行全面规划和设计，确保财务管理的高效性和效益性。

以下将从共享化企业财务体系的概念、特点和意义、建设路径和方法等方面予以详细阐述。

（一）共享化企业财务体系的概念

共享化企业财务体系指企业在财务管理职能和业务流程、财务信息系统和技术、财务人员和文化等方面进行整合和优化，实现财务数据和信息的共享和共用，提高企业的财务效率和管理水平。共享化企业财务体系需要通过科学的管理和技术手段，实现财务管理的标准化、流程化和信息化，确保财务管理的高效性和效益性。

（二）共享化企业财务体系的特点和意义

1. 实现财务信息的共享和共用

共享化企业财务体系实现了企业内部各部门和人员之间的财务数据、信息的共享共用，避免了信息孤岛和信息壁垒，提高了财务数据、信息的价值和利用效率。

2. 提高财务管理的效率和精度

共享化企业财务体系通过标准化和流程化的财务管理模式，实现财务流程的优化和效率的提高，同时减少了财务管理的错误、失误，提高了财务管理的精度和准确性。

3. 加强企业内部的沟通和协作

共享化企业财务体系通过共享共用财务数据和信息，加强了企业内部各部门和人员之间的沟通协作，提高了企业的运营效率和竞争力。

4. 实现企业财务风险的控制和预警

共享化企业财务体系通过财务信息的共享和分析，实现了对企业财务风险的控制和预警，避免了财务风险的扩散和影响。

5. 促进企业的创新和发展

共享化企业财务体系通过财务数据和信息的分析和挖掘，为企业提供了更多的决策依据和数据支撑，促进了企业的创新和发展，提高了企业的竞争力和市场地位。

（三）共享化企业财务体系的建设路径和方法

共享化企业财务体系的建设需要从以下 5 个方面进行规划和设计。

1. 优化财务管理职能和业务流程

企业需要对财务管理职能和业务流程进行优化和整合，实现财务流程的标准化和流程化，避免财务管理的重复和冗余，提高财务管理的效率和准确性。

2. 选择合适的财务信息系统和技术

企业需要选择适合自身的财务信息系统和技术，包括财务管理软件、ERP 系统、数据仓库、数据分析工具等，确保财务数据和信息的安全和高效。

3. 培养专业的财务人员和文化

企业需要培养专业的财务人员和文化，包括财务管理、会计、税务等方面的知识和技能，建立良好的财务文化和价值观，确保财务管理的规范和高效。

4. 加强对财务信息的分析和挖掘

企业需要加强对财务信息的分析和挖掘，实现财务数据和信息的价值和利用效率，为企业提供更多的决策依据和数据支撑，促进企业的创新和发展。

5. 实施财务管理的评估和监督

企业需要建立科学的财务管理评估和监督机制，对财务管理的效果、成果进行定期评估和监督，确保财务管理的高效性和效益性。

二、构建智能化企业财务体系

我国会计发展历经了电算化、信息化和智能化三个阶段。电算化阶段实现了现代会计与电子计算机的结合，替代人工进行账务处理。信息化阶段使得现代会计与信息技术相结合，打破了电算化阶段的"孤岛现象"。在数字经济飞速发展的时代，构建智能财务体系成为众多企业的关注重点。

智能财务体系建立离不开两大核心要素：第一，关键技术的研究与开发；第二，技术平台的搭建。在大数据时代背景下，本书将基于业务流程的视角，尝试构建一套完整的智能化财务处理体系。

（一）传统财务业务流程体系

财务业务流程在企业经营管理中扮演着关键角色，为企业管理活动提供了重要支撑，同时也影响着企业管理决策。传统财务业务流程体系主要包括业务发起、审核结算、审计归档和跟踪监测 4 个环节。

1. 起点——业务发起

传统财务体系涉及多种业务，包括报销业务、借款业务和对外付款业务。报销业务涵盖基层单位的基础业务报销管理、特殊业务或临时业务产生的费用报销，以及企业运营中产生的专项费用、工会费用等报销类费用。借款业务申请时需清晰明了地体现在账单中。对外付款业务需要财务部门先列出支付清单，再经客户书面发函确认欠款金额、账户等信息。

传统财务体系中的业务发起环节烦琐，加大了会计人员制订财务报表的难度。这更加凸显了智能财务体系实施的必要性。

2. 关卡——审核结算

审核结算是财务业务流程的核心环节，对业务活动产生的各项原始单据进行审核，为生成财务报表提供依据。在审核环节中，各种类型的审批制度不同，严密的财务体系管理是实现企业价值最大化的关键。

传统财务体系的审核结算环节复杂，容易导致数据信息错乱，报表之间的勾稽关系不匹配。引入智能财务技术研发平台可以减轻会计人员的核算负担，有效降低出错率。

3. 终端——审计归档

审计归档作为业务流程的收尾阶段，需要核查一系列会计资料，完成装订、归档和利用，实现财务信息可视化。首先，财务中心各科室需收集原始凭证、账本等资料，然后整理、装订成册，归档并建立台账。最后，移交至企业管理中心档案科进行签收、清点。审计工作的有效执行有助于及时发现并遏制财务工作中的违法现象，如偷税漏税，有利于提升财务信息质量。

然而，当前我国传统财务审计制度也暴露出一些弊端，如财务审计工作执行时的独立性较弱，过于依赖会计账目的审核，对审计结果的后期追踪和系统的配合缺乏相应措施。有技术支持的财务监管体系可以有效应对以上难题，提高审计效率，完善归档流程。

4. 承接点——跟踪监测

在账务处理完毕后，后期的跟踪监测环节既是对前期工作的完善和收尾，也是对下一步工作进行更好规划。跟踪监测主要包括管理内部绩效评价和管理流程风险评估两部分。

定期进行绩效考核有助于企业调整员工奖励制度和薪酬发放，制订下一步员工培养方案。另外，应对企业未来财务及管理方面所遇到的风险进行评估预测。企业财务风险评价指标包括盈利能力、偿债能力、现金流通能力等，这些指标的变动反映企业经济状况。通过对指标的分析，从而对企业经营风险进行预测、降低和转移。

目前的财务监管体系存在照搬套用的问题，难以结合企业自身情况制订符合企业未来发展的跟踪监测系统，创新性也跟不上现代经济市场变化加快的趋势。智能财务风险管理和财务流程评价体系可以缓解上述财务问题，提升跟踪监管力度。

（二）基于大数据工具的智能财务体系构建

通过对传统财务体系的深入分析，我们发现传统业务流程存在审核周期过长、流程烦琐及较高出错率等问题。因此，在大数据时代的背景下，基于传统业务流程，构建智能化财务体系显得尤为重要，如图 2-1 所示。

1. 安全体系

安全体系旨在保障信息安全，实现数据流通。安全体系连接业务发起和审核结算两个环节。传统财务流程在业务发起阶段面临业务种类繁多和财务信息统计烦琐等问题，因此建立一套安全处理数据的体系，能在业务流程前端保证信息传递的完整性，减少会计业务人员在计量确认时出现的计算错误。

从安全保护的角度看，利用加密技术、RSA 算法和 CCEP 算法为数据提供安全保护，设置不同安全等级，并利用 IDS 入侵检测系统实时监视网络传输，防止数据泄露。同时，财务安全体系可以对数据库进行及时备份，防止因系统崩溃导致的信息丢失。只有确保发起业务所需的数据信息完好无损，才能保证后续审核结算过程的精准和高效。因此，建立智能财务安全体系是智能财务流程顺利进行的基础。

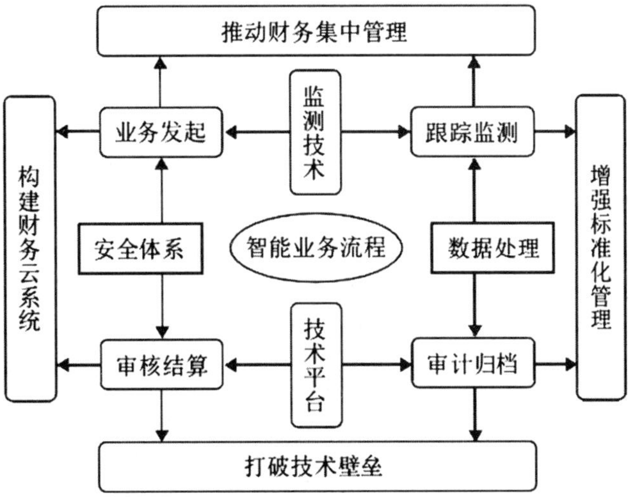

图 2-1 基于大数据智能手段的财务流程体系图

2. 技术平台

技术平台旨在消除流程障碍，实现数据共享。技术平台的研发为审核结算与后期审计归档搭建桥梁。传统体系中的审核环节需要通过企业财务部门的逐级审查、签字，流程较为复杂。引入先进的信息技术和研发平台可以大大优化审批流程，消除数据间的障碍。

目前，关键技术的开发日益成熟。例如，利用 RPA（Robotic Process Automation）软件实现数据提取、跨系统数据迁移和企业 IT 应用自动操作等；通过智能语音和 OCR 技术中的图像处理和模式识别，将纸质发票或电子票据录入后进行信息提取和验真；借助数字签名及移动通信技术，实现单据的电子化签收。利用人工智能简化审核过程，既节省时间又提高效率。

在数字信息提取之后，需要有平台对信息进行共享。智能财务体系互联、管理、核算、战略平台的构建可以实现企业各个部门财务数据的互联互通。借助区块链技术中的"去中心化"，区块里面的所有成员都能对节点上的交易信息确认和保存，为后续的审计归档提供了便捷途径。处于核心地位的技术运用和平台开发不仅对前端的原始数据来源进行了数字化整合，也为流程后端的审计及监管提供了便利。

3. 数据处理

数据处理，旨在对数据分类归档，提高审计规范性。在大数据浪潮下，智能财务的发展对审计工作产生影响。对海量会计材料进行归档处理，在传统体系中无疑是一项工作量巨大的任务。在数字经济时代下，智能化处理推动了智能财务流程的建立。财务部利用大数据系统对已审核的数据进行整理后形成数据集市，后期为部门提供更详细、满足个性化需求的数据信息，使大量审计任务的工作步骤变得清晰有条理。

此外，利用区块链所形成的信息共享平台，保证了信息公开透明，避免了传统流程中繁琐的工作流程。利用 Python、Excel 等办公软件对数据进行快速开发、验证、整合，实现自动化运营。通过后台的数据标准化、一体化处理，为后期针对某一特定数据进行分析及跟踪监测奠定了基础。因此，大数据处理为智能化流程更好运行提供了坚实基础，使得审计抽样更加智能化、系统化和全面化。

4. 监测技术

监测技术旨在及时查缺补漏，完善业务流程。传统财务监管系统中，往往存在监管力度不够、创新性不足等问题。智能监测技术的引入可以准确、高效地反映业务流程中出现的问题，进而使企业高层快速分析、制订应对措施，以便降低和优化风险。

财务管理人员利用大数据和云计算整合出公司每年经济活动产生的数据，迅速计算出相关的财务比率，绘制出线性图，对数据的变动进行分析，能够更加高效地总结出公司的获利能力、偿还能力和经营效率。采用风险等级评估的方式对云计算处理过后的异常财务数据开展风险评估；采用指标体系来处理信息，确保信息在各方之间的对称性。

在管理方面，对公司会计部门的员工进行智能绩效考核。通过系统分析，对会计凭证的填制、税务工作的上报等任务的时效性和准确性进行评估，从而调整工资发放和激励政策。跟踪监测环节为整体智能财务流程提供了更多的安全保障，推动了统一标准的财务管理模式的形成。

（三）大数据支持下智能财务体系实施路径

1. 构建面向现代化的智能财务云服务系统

在大数据时代背景下，云系统的发展迅速。将财务系统与云服务融合，既可以实现财务共享服务、财务管理、资金管理等多系统合一，又可以在计算机终端构建虚拟网络平台，支持多终端接入模式，实现企业的协同应用。利用 SaaS、PaaS、IaaS 等模式，为财务系统提供软硬件资源整合、财务数据集合整理、实时核算等服务。

2. 构建一站式业财融合服务和财务经济大数据

从业务发起、事项申请到审核批准、会计核算、商务旅行服务，再到智能报账、财务报表、电子档案，云系统将所有流程的信息共享在智能财务平台，实现事前计划、事中控制、事后评价。在此基础上，通过构建数据库对内外部全量、异构、多类型的数据进行分析，构建具有综合性的财经大数据。

3. 打破技术壁垒，加速智能化融合

数字技术是助力财务转型的关键因素。智能财务体系的建立除了需要数字化转变，还需要实现自动化的加强。在技术方面，目前的财务正从严谨的财务会计转向更具挑战性的管理会计。智能财务云服务系统在微服务、容器化、分布式等云原生技术基础上，融入私有云、公有云、混合云，满足弹性拓展和计算要求。

在技术难题破解中，重点融合智能识别、智能审核、机器学习等智能服务，努力提升影像和档案的数字化能力，为财务应用的智能交互、流程自动化与决策预测等智能化场景提供更好的技术支持，使管理层在最短的时间内获取最有价值的财务信息。

4. 强化标准化管理，加快数据共享

我国大部分企业的智能财务体系仍处于不成熟的阶段，财务系统、采购系统、报销系统、销售系统等之间仍处于相互隔离的状态。如今，在大部分企业的财务体系中充斥着大量非结构化数据。

在技术上，非结构化数据相比结构化数据更难进行标准化和统一。在智能化发展初期，首先需要利用智能化 IT 技术对数据进行标准化管理，让不同种类的数据在不同的流程和节点上达成一致，为企业的经营和管理提供标准。可以利用语音识别、OCR 识别等技术加快非结构数据向结构化数据的转变。

另外，基础模型的建立可以更好地实现共享平台的构建。通过大数据挖掘技术、分析技术及应用技术可以建立不同种类的模型，结合业务数据、财务数据和管理数据加速形成企业大数据管理平台，从而使企业的经营推演、风险量化、人才管理达到更符合企业发展战略的效果。

5. 推动财务体系向智能化、共享化转进

实行财务的集中管理统一，是当今财务会计面临的一项重大变革。过去的会计人员大多实行的是属地管理，各单位管理和调配本单位的会计人员，而上级主管仅负责业务方面的指导。在这种财务体系管理相对分散和封闭的情况下，财务人员难以充分发挥自身优势，加上个别领导监管力度不够，加重了企业资金管理的闭塞，弱化了风险管控。

借助现代网络科学技术，通过智能财务管理、战略、核算平台，将所用到的财务数据放在共享平台上，在数据经过处理后，支持一次性合并和逐级合并的方法，集团企业可以在同一时间按多个口径自动生成抵销数据并保存多套合并报表，满足企业不同的管理要求。将各部门的财务信息统一合并反映给管理高层，满足集团对账和会计凭证协同的要求。

第三章　大数据时代下投资、预算、成本管理

第一节　企业投资、预算、成本管理基本内容

一、企业投资管理基本内容

（一）何为企业投资

1. 企业投资的概念及其意义

（1）企业投资的概念

企业投资指企业将一定的资金、资源或其他有价值的资产投入项目中，以期获得未来一定的收益或效益。企业投资是企业经营活动的重要组成部分，是实现企业增长和发展的必要手段之一。企业投资不仅包括企业内部的资金投资，还包括股权投资、债券投资、房地产投资等多种形式。

（2）企业投资的意义

企业投资的意义在于为企业带来多种经济效益和社会效益，具体表现为以下4个方面。

（1）增加企业价值

企业投资可以增加企业的资产和价值，提高企业的财务状况和信誉度，为企业的发展和扩张提供资金和资源支持。投资项目的实施和运营也将带来一定的经济收益、效益，进一步增加企业的价值和实力。

（2）促进企业发展

企业投资可以促进企业的发展，扩大企业的经营范围和市场份额，提高企业的核心竞争力和创新能力，为企业未来的发展奠定坚实基础。

（3）改善就业和生产生活环境

企业投资还可以改善就业和生产生活环境，提高就业率和生产效率，促进经济和社会的发展和繁荣。

（4）推动行业和国家经济发展

企业投资也可以推动行业和国家经济的发展，促进经济结构调整和升级，推动科技创新和社会进步，实现经济和社会的可持续发展。

综上所述，企业投资在企业经营活动中具有重要意义，是实现企业增长和发展的必要手段之一。企业应该在投资前进行充分的市场调研和风险评估，合理规划投资方向和计划，注重资金安全和收益效益的平衡，提高投资成功率和效果。同时，企业也应该关注投资的社会效益和环境效益，积极参与社会责任和可持续发展，实现经济和社会的共同繁荣。

2. 企业投资的分类

企业投资可以分为多种不同的分类。

（1）根据投资对象分类

1）固定资产投资

固定资产投资指企业为生产经营活动而购置长期使用资产，如房屋、厂房、设备、机器、车辆等。固定资产投资是企业发展和扩张的重要手段之一，也是企业长期投资的主要形式之一。

2）流动资产投资

流动资产投资指企业为支持营销和贸易活动而购置短期使用资产，如原材料、半成品、成品、库存商品等。流动资产投资可以提高企业的市场响应能力和竞争力，满足市场需求和客户需求。

3）金融资产投资

金融资产投资指企业将资金投入股票、债券、基金等金融工具中，以期获得未来一定的收益和效益。金融资产投资可以帮助企业实现资金的增值和保值，提高企业的财务状况和信誉度。

4）不动产投资

不动产投资指企业投资房地产等不动产资产，以期获得未来的租金收益和资产增值收益。不动产投资是企业资产配置的一种方式，可以帮助企业实现资产的多元化和风险分散。

（2）根据投资方式分类

1）直接投资

直接投资指企业将资金直接投入生产、经营、开发等活动中，通过企业自身的力量来实现未来的收益和效益。直接投资是企业自主决策和管理的一种方式，具有一定的灵活性和自主性。

2）间接投资

间接投资指企业将资金投入股票、债券、基金等金融工具中，通过中介机构进行管理和运作，以期获得未来的收益和效益。间接投资具有分散风险、方便灵活等优点，但是也需要承担一定的风险和管理费用。

（3）根据投资目的分类

1）价值投资

价值投资指企业投资有长期价值和潜在增长的企业或项目，通常需要长期持有并耐心等待，期望获得资本增值和股息等未来的收益。

2）技术投资

技术投资指企业投资研究开发、新产品开发、技术改进等领域，以提高企业的技术水平和创新能力，促进企业的长期发展和竞争力提升。技术投资可以帮助企业拓展新的市场和业务领域，增加企业的收入和利润。

3）股权投资

股权投资指企业投资其他企业的股权，以获得企业未来的股利和增值收益。股权投资可以帮助企业拓展业务和市场，提高企业的市场占有率和竞争力。

4）公益投资

公益投资指企业投资社会公益事业、环境保护、慈善捐赠等领域，以回馈社会、履行社会责任，提高企业社会形象和信誉度。公益投资是企业社会责任的一种体现，也是企业树立良好形象和信誉的重要手段。

3. 影响投资的因素

企业投资是企业经营活动的重要组成部分，影响企业投资的因素非常多，在此从筹资能力、投资动机、投资风险、投资成本、投资管理和经营控制能力、投资环境 6 个方面进行阐述。

（1）筹资能力

企业的筹资能力直接影响着企业的投资决策。筹资能力主要指企业融资的能力，包括内部融资和外部融资。内部融资主要指企业自身的资金积累，如盈余积累、资产折旧等；外部融资主要指企业通过债券、股权、银行贷款等形式获得资金。如果企业的筹资能力较强，将有利于其自身进行更多的投资，提高企业的市场竞争力和盈利能力。

（2）投资动机

企业投资的动机主要包括企业的长期发展和市场竞争需要。长期发展是企业投资的重要动力之一，企业需要进行技术研发、产业升级、市场拓展等投资，以实现长期的稳健发展。市场竞争需要是企业进行投资的重要动力之一，企业需要通过投资来提高自身的市场占有率、产品质量和服务水平，以实现市场竞争力的提升。

（3）投资风险

投资风险指企业在投资过程中面临的各种不确定性因素，如市场风险、政策风险、技术风险等。投资风险直接影响企业的投资决策和投资效果。如果企业在投资过程中能够科学评估和管理风险，降低投资风险，将有助于提高投资的成功率和效益。

（4）投资成本

投资成本指企业在投资过程中的各种成本，包括资金成本、人力成本、时间成本等。投资成本的高低直接影响着企业的投资效益。如果企业能够降低投资成本，提高资金的利用效率和收益率，将有助于提高投资的效益和回报。

（5）投资管理和经营控制能力

投资管理和经营控制能力指企业对投资项目进行有效管理和控制的能力。投资管理和经营控制能力的强弱直接影响企业的投资效果。如果企业能够具备有效的投资管理和经营控制能力，能够对投资项目进行全面的评估和分析，制订科学的投资方案和计划，有效管理和控制投资项目的执行过程、效果，将有助于提高企业的投资效益和管理水平。

（6）投资环境

投资环境指企业所处的经济、政治、法律、文化等环境条件。投资环境的好坏直接影响企业的投资决策和投资效益。如果企业所处的投资环境稳定、法制健全、政策支持、文化融洽，将有利于企业进行投资，并提高企业的投资效益和回报。

（二）何为企业投资管理

企业投资管理指企业对投资活动进行全面、科学、系统的管理和控制，包括投资决策、投资项目的整体评估、合同签订、跟踪管理、会计控制、投资处置等多个方面。下面分别从这些方面详细阐述企业投资管理。

1. 投资决策

投资决策是企业投资管理的关键环节。企业需要通过分析市场需求、竞争状况、技术创新等因素，确定投资的目标、范围和方式。在投资决策过程中，企业需要考虑多个因素，包括投资风险、投资成本、投资收益等，科学制订投资方案和计划，确保投资决策的合理性和可行性。

2. 投资项目的整体评估

在确定投资项目之后，企业需要进行全面的评估和分析，以确认投资项目的可行性和风险水平。评估包括市场分析、技术评估、财务分析等方面，企业须对投资项目的风险、效益、收益周期、资金回收周期等方面进行综合评估和分析，从而为自身的投资决策提供依据和支持。

3. 合同签订

投资项目确定后，企业需要与投资对象签订投资合同，明确投资双方的权利和义务，确保投资项目的合法性和合规性。合同签订需要考虑投资项目的特殊性和风险性，制订合理的条款和条件，保障企业的利益和权益。

4. 跟踪管理

投资项目的实施过程中，企业需要进行跟踪管理，及时了解投资项目的进展和效果，发现和解决问题，保证投资项目的顺利实施和达到预期效果。跟踪管理需要建立科学的管理制度和流程，确保信息的及时、准确、全面传递，从而保证投资项目的质量和效益。

5. 会计控制

企业投资管理还需要建立有效的会计控制机制，保证投资项目的会计核算准确、完整、及时。会计控制需要考虑投资项目的特殊性和风险性，制定适当的会计政策和会计核算方法，确保会计信息的准确性和可靠性。

6. 投资处置

投资项目完成后，企业需要对投资项目进行处置，以实现资产的变现和投资收益的回收。投资处置需要考虑市场环境、资金需求、税收等多个因素，制订合理的处置方案和计划，确保处置过程的合法性和合规性，最大限度地实现投资回报和资产价值。

二、企业预算管理基本内容

（一）预算管理的含义

预算控制又称预算管理，是一种综合实施企业经营战略并具备控制、激励和评估多功能的预算体系。早期的预算管理仅涉及规划、协调生产发展等基本功能，但现今它已发展为全面预算管理。

全面预算管理起源于 20 世纪初。伴随着社会生产力的不断进步、组织形式的多样化和市场竞争的日益加剧，西方发达国家的企业为了强化内部管理和控制，提高市场竞争力和抵抗风险的能力，实现企业经营战略目标，开始探索全面预算管理制度。经过几十年的发展和演变，这种内部会计制度已成为一种现代企业管理模式，成为大型现代工商企业的标准作业程序，处于企业内部控制系统的核心地位。

著名管理学教授戴维·奥利认为，全面预算管理是少数能将组织所有关键问题整合到一个体系中的管理控制方法之一。在 20 世纪 80 年代，一项针对美国 400 家大型公司的调查显示，几乎所有大型美国公司都运用了预算管理方法。

全面预算管理制度是在狭义财务预算和广义财务预算的基础上发展而来的。狭义财务预算主要反映企业预算期内的货币资金收支和财务状况，包括货币资金收支预算、预计资产负债表、预计现金流量表等。由于企业财务是企业经营各个方面资金变动的综合反映，财务预算还应包括销售预算、生产预算、产品成本预算、直接材料预算、直接人工预算、制造费用预算、销售费用预算、管理费用和财务费用预算，这就是所谓的广义财务预算。无论狭义还是广义财务预算，这些预算对企业的某一个部门或生产经营过程的某一个环节来说是具体的、独立的，但对企业财务管理整体目标而言，它们是相互关联的，构成了企业理财的有机整体。

全面预算管理是一种货币形式的综合体，它反映企业的财务目标，控制企业的财务活动，并确保财务目标的顺利实现。全面预算管理根据企业制订的发展战略目标，分层解析，分配给企业内部各个经济单位，并通过一系列预算、控制、协调和考核等手段，构建一个完整且科学的数据处理系统。这套系统自始至终将各个经济单位的经营目标与企业发展战略目标紧密联系，对其负责的经营活动全过程进行控制和管理，并对实现的业绩进行评估和审计。

全面预算管理遵循"目标逆推，责任落实，环节控制，偏差管理"的原则，对生产经营过程中的资源消耗和费用支出进行预定目标的控制，并针对偏离目标的不利差异，及时采取纠正措施，确保整个企业的生产活动处于受控状态，实现预期的目标成本。

这种以货币形式体现，反映企业财务目标，控制企业财务活动，保障企业财务目标顺利实现的各种具体预算的有机整体，称为全面预算管理。可见，全面预算管理是按照企业制订的发展战略目标，层层分解，下达于企业内部各个经济单位，以一系列的预算、控制、协调、考核为内容，建立的一套完整的、科学的数据处理系统，自始至终地将各个经济单位经营目标与企业发展战略目标联系起来，对其分工负责的经营活动全过程进行控制和管理，并对实现的业绩进行考核与评价的内部控制会计管理系统。

全面预算管理是按照"目标倒逼，责任到位，环环控制，偏差管理"的思路，对生产经营中各种资源消耗和费用开支，按照预定的目标进行控制，并对脱离目标的不利差异，及时采取纠正措施，使整个企业的生产活动处于受控状态，保证预期的目标成本实现。

（二）对预算管理内涵的把握

1. 预算不等于预测

预测是对未来不确定因素、变量和结果的主观判断，这种判断应基于科学依据。预测是基础，而预算是根据预测结果提出的对策性方案。

预测的风险程度取决于预测基础（如环境或变量因素）和方法的科学性，因此不确定因素越少，方法越科学，风险性越小；反之，不确定因素越多，或方法相对不科学，风险性越大。预测的风险程度决定了预算水平和质量。

可以说，预算是针对预测结果采用的一种预防性风险补救和防御系统。预测结果越确定，预算过程越简单，准确性越高；预测结果越不确定，预算过程越复杂，预算方法选择也越多样化（如针对不同因变量变动的弹性预算和敏感性分析预算等），准确性越低。

以一个形象的比喻来说，预测就像天气预报，天气预报的准确性依赖于先进的技术、信息资料及科学的预测方法。天气预报说"明天有雨"是一种预测结果，但这一结果具有风险性，因为明天是否真的下雨现在尚不可知；这种不确定性可能只能通过概率来判断，如预报明天下雨的概率是70%，意味着不下雨的可能性为30%。

对于明天需要外出上班的人，了解到天气预报"明天将下雨"的消息后，第一反应便是明天上班最好带伞，或者选择乘坐公共汽车，以避免淋雨的风险。上班族在计划或决定明天如何外出上班时，所制订的任何方案（如带伞、改乘公共汽车或打车、请假不上班等），都是基于预测的结果，同时也是对未来不确定因素的一种风险防范行为。

这个例子很好地说明了预算与预测的关系。而预测的重要性源于经济事件的不确定性和风险。基于这一认识，我们至少可以得出以下结论：第一，预测是预算的前提，没有预测就没有预算，未来经济事项的后果越不确定，越需要使用预算方法；第二，预测源于风险，而企业所面临的风险主要来自市场风险，包括经营风险和财务风险等，通过预测并进行有效的预算是防范风险的一项非常重要的措施。

正因为如此，市场经济越发达，市场风险越高，企业就越离不开预算和预算管理。可以说，风险无处不在、无时不有，因此预算及其管理也应无处不在、无时不有。这也正是西方企业大行预算管理之风的原因。

2. 预算不等于财务计划

预算本质上属于计划范畴，但并不等同于财务计划。这一观点可以通过以下3个方面进行解释。

（1）从内容上讲，预算是企业全面性的计划，不只包括财务计划。全面预算概念的提出明确了预算是贯穿企业生产经营活动始终的综合计划。它包括生产预算、销售预算、财务预算等各类预算。销售预算是生产预算的前提和基础，缺乏销售预算就无法制定生产预算（包括采购预算、成本费用预算等），从而也不可能产生财务预算（包括预计资产负债表、预计损益表和预计现金流量表等）。因此，财务计划仅是企业预算的一部分，而非全部。

（2）从预算形式上看，预算可以是货币形式的，也可以是实物形式的。而财务计划主要以价值形态呈现，不包含非货币形态。

（3）从预算组织及执行过程控制上看，预算是由企业不同层次、组织的相关人员共同组织执行的，是一个综合性的管理系统，具有很强的内部协调功能。预算的执行过程、反馈和评价等都是基于不同组织和层次体制下进行的。在日常管理中，预算管理涵盖大部分或全部的管理事务。而财务计划主要由企业财务部门组织编制并执行控制，财务部门在其中起决定性作用。财务计划的编制、执行、日常控制和事后评价都是财务部门日常管理事务的大部分或全部。因此，两者的范围是不同的。

从以上分析可得出以下结论：首先，预算是企业的整体预算，而非仅限于财务预算。因此，预算管理是企业整体管理的重要组成部分，而不是企业财务管理的主要组成部分（当然，财务部门在企业预算管理中扮演着非常重要的角色）。其次，预算管理和预算组织是一个庞大的系统工程，企业内部各要素（包括人、财、物、信息等）都置于这一组织系统之内。要确保预算管理的正常运作，预算及其管理必须由企业内部最具权威性的管理部门或经营者亲自推动。缺乏权威性，缺乏最高行政管理组织、人员的介入与推进，预算及其管理难以取得良好成果。即使预算制订得当，由于缺乏具有权威性的组织来协调，其执行效果也可能不尽如人意。成功的预算管理往往依赖于企业高层管理人员的推动，而失败的原因可能主要在于缺乏经营者、高层管理人员的介入和支持。

因此，有人总结，在我国国有企业中，管理做得好的企业的一个重要经验就是"有一个好的领导班子"。我们认为，预算管理同样如此。

3. 预算管理是一种管理机制

作为一种管理机制，预算管理既需要与市场机制（风险机制）相对接，也需要与企业内部管理组织及其运行机制相对接。

前者意味着预算管理以市场为起点，一切围绕市场展开。倘若割裂市场与企业内部管理的关系，企业管理将难以成功。市场代表着效益，没有市场就没有效益；忽视市场等于忽视效益，企业将无法实现效益。因此，作为一种机制，市场是预算管理的出发点，也是衡量预算管理是否成功的试金石。"预算管理出效益"正是从这一层面衍生出来的。

同时，预算管理也必须与企业内部管理组织及其运行机制相对接。预算管理是一个系统，系统的组织由预算编制、预算执行、预算控制与预算考评等构成。不同的组织程序会导致预算管理结果的差异。从管理原则来看，这一组织结构体系应满足两个基本原则：一是各组织权责利对等原则，这是十分重要的；二是不同组织在权限上立足于决策权、执行权、监督权三权分立的原则，以保证权力的制衡、系统的有序运作。

在实际工作中，预算编制无论采用自上而下或自下而上的体制，其决策权都应落在内部管理的最高层——经营者手中，由这一权威组织进行决策、指挥与协调。预算的执行层由各预算单位（如分车间、分店、事业部等）负责组织实施，并辅以对等的责、权、利关系。监督权则由更为独立的内部监督机构（如审计部门、预算管理仲裁委员会或监事会）负责，从而形成独立的权力制衡系统。这种制衡本质上就是运行机制。

正是从这一角度，我们认为，预算管理不应单独地看成是企业内部管理的一种方法，而应看成是内部管理的一种新机制。这是一种围绕市场展开内部计划管理的全新机制，它既不同于传统的计划管理，也区别于单纯的财务管理。预算管理是一种自平衡系统，是一种制度装置——管理机制。

（三）预算管理的作用

1. 预算的积极作用

预算是企业管理中的一项重要工具，是对企业经营目标和计划的量化表达。预算作为一种科学管理工具，对企业的经营决策、资源分配、经营控制等方面都有着重要的作用。下面从科学管理、细化指标、助力决策、控制等方面，详细阐述预算的作用。

（1）预算有助于科学管理

预算作为一种科学管理工具，可以帮助企业实现科学的管理，包括制订战略目标、评估市场需求、分析竞争状况、制订预算方案、监督预算执行等方面。通过预算的科学管理，企业可以实现资源的有效配置，提高经营效率和竞争力，推动企业不断发展。

（2）预算有助于细化指标

预算可以将企业的经营目标、计划和任务细化为可度量的指标，为企业提供决策参考。预算中包含的各种指标和细节可以帮助企业更加全面地了解企业的经营情况，从而更好地把握市场机会，进行战略规划和资源调配，提高企业的经营效率和竞争力。

（3）预算有助于作出决策

预算对企业的决策起着重要的助力作用。在制订预算时，企业需要对市场需求、竞争状况、产品销售和成本等多个因素进行全面分析和评估，从而形成合理的预算方案。企业可以根据预算方案进行资源配置和经营决策，实现业务的优化和提高企业效益。

（4）预算有助于控制

预算作为一种经营控制工具，可以帮助企业进行预算执行情况的监控和控制。通过预算控制，企业可以及时发现和解决问题，调整经营方向，提高经营效益和竞争力。预算控制还可以帮助企业保持经营活动的规范性和合法性，避免不必要的损失和风险。

2. 预算的消极作用

预算作为一种企业管理工具，虽然具有多方面的积极作用，但也存在一定的消极作用。其中，最主要的消极作用包括目标偏差、导向偏差、效率偏差等。下面从这些方面，详细阐述预算的消极作用。

（1）预算的目标偏差

目标偏差指预算目标和实际经营结果之间的偏差。由于预算是基于过去的数据和经验制订的，因此在面对未知的市场变化和经营风险时，预算目标难以完全符合实际情况。这就可能导致预算目标的偏差，使企业无法达到预期的经营效益和财务目标。目标偏差还可能导致企业出现决策失误和经营失误，进一步损害企业的发展。

（2）预算的导向偏差

导向偏差指预算目标的制订和执行中存在的倾向性偏差。预算目标的制订往往受到企业领导和经理的影响，这就可能导致目标偏向某些部门、产品或业务，而忽略了其他部门、产品或业务，造成企业资源的浪费和效益的降低，同时也可能损害企业的长期发展。

（3）预算的效率偏差

效率偏差指企业为了实现预算目标而采取的不当手段和方法，导致企业资源的浪费和效率的降低。为了实现预算目标，企业可能会采取不当的营销手段，降低产品质量，缩减人员和培训等方面，这就可能损害企业形象、品牌和声誉，同时也可能导致员工流失、客户投诉等问题的出现，最终导致企业的长期发展受到影响。

（四）预算观及其种类

预算观指企业管理者在制订和执行预算时所持有的态度和理念，它是企业预算管理的基本思想和方法论。预算观通常反映了企业管理者对预算目标、制订过程、执行方式和效果评估等方面的看法和态度。

预算观是企业预算管理成功的关键之一，不同的预算观可能会导致企业预算管理的不同结果。根据不同的预算观，预算管理可以分为传统预算管理、现代预算管理、活动基础成本管理和责任成本管理等多种类型。下面介绍4种常见的预算观。

1. 传统预算观

传统预算观认为预算是一种计划和控制工具，其目的是实现企业的经济效益和财务目标。传统预算观通常基于历史数据、经验进行预测和制订，重视预算目标的实现和成本控制，注重效率和利润最大化。传统预算观的弊端在于，过度关注短期目标和成本控制，忽略了创新和长期发展，难以应对市场变化和竞争压力。

2. 现代预算观

现代预算观认为预算是一种管理工具，旨在帮助企业实现长期发展和竞争优势。现代预算观注重企业的战略目标和市场需求，采用前瞻性的方法进行预测和制订，强调资源的有效配置和绩效评估。现代预算观的优点在于，关注长期目标和市场变化，注重企业的创新和竞争力，提高了企业的发展和盈利能力。

3. 活动基础成本管理

活动基础成本管理是一种基于活动成本的管理模式，其核心思想是将企业的活动分解为单个成本活动，以帮助企业更好地理解成本构成和成本结构，从而实现成本控制和效率提高。活动基础成本管理强调活动成本的管理和控制，注重资源的优化配置和效率提高，有助于企业提高经营效益和盈利能力。

4. 责任成本管理

责任成本管理是一种基于责任制的管理模式，其核心思想是将成本分配到具体的责任部门或责任人，从而实现对成本的有效控制和管理。责任成本管理注重成本控制和效率提高，强调责任制和绩效考核，鼓励员工发挥潜力和创新精神，提高企业的整体绩效和竞争力。

总之，企业的预算观对预算管理的结果具有重要的影响。企业在选择预算观时应考虑企业的实际情况和管理需要，从而实现预算目标和提高经营效益。

三、企业成本管理基本内容

（一）成本与成本管理概述

1. 成本

为了实现特定目标而损耗或消耗资源的货币价值表现称为成本。成本属于商品经济的价值范畴，构成了商品价值的组成部分。随着商品经济的持续发展，成本的概念在不断拓展和演变。目前，成本的定义已经不仅仅局限于产品成本。例如，美国会计学会（AAA）将成本定义为："为实现特定目的所付出（或可能付出）的货币价值牺牲。"

从这个角度来看，成本不仅包括产品成本，还涵盖人力成本、工程成本、研发成本、资金成本、资产成本、质量成本、环保成本等。具体来说，成本有以下 3 个方面的含义。

首先，成本是商品经济的价值范畴。也就是说，成本构成了商品价值的主要部分，是商品生产过程中所消耗资源的货币表现。

其次，成本是从销售收入中得到补偿的价值，可确保企业的再生产。

最后，成本的本质是价值牺牲。从广义的角度来看，成本是为了达到某种目的而放弃另一种目的所牺牲的经济价值。例如，在经营决策中的机会成本就具有这种含义。

此外，不同企业的成本管理目标各异，对成本信息的需求也不尽相同，因此成本的组合呈现出多样性。与此同时，人们对成本的理解也日益深入，目标成本、可控成本、责任成本、相关成本、可避免成本等新的成本概念不断涌现，构成了多样化的成本系统，如图 3-1 所示。

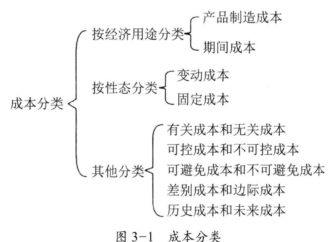

图 3-1　成本分类

2. 成本管理

成本管理一直是企业经营管理工作的核心，关系到企业的生存与发展。在遵循成本效益原则的基础上，成本管理活动应在权衡实施成本与预期效益之间，合理且有效地进行。成本管理方法众多，包括但不限于目标成本管理、标准成本管理、变动成本管理、作业成本管理、生命周期成本管理等。现代成本管理是企业经营管理中最重要的组成部分，是实现现代企业目标的必要途径。

企业要在竞争激烈的市场经济条件下生存和发展，必须注重成本管理。控制成本最直接的方式是降低成本，这将提高企业利润及企业整体管理水平，从而逐步增强企业的核心竞争力。

成本管理是企业管理的主要组成部分，它要求企业构建更加全面、科学、有效的管理系统，对企业管理水平的提升具有极其重要的意义。企业要想完善成本管理和提升成本管理水平，首先要认真开展成本预测工作，确定成本水平和成本目标，对比分析实现成本目标的各项方案，作出最有效的成本决策；其次，编制成本管理规划，并将其作为成本管理的依据。此外，企业还需加大对成本审计工作的监督力度，及时发现并解决生产经营过程中的浪费现象；认真开展成本核算工作，建立健全成本核算制度；合理控制成本开销，采用合适的成本核算方法，对产品成本进行准确预测；完善成本考核、成本分析等工作，对每个部门的成本管理成果进行精确评估，不断改进和完善成本管理方法，提升企业的成本管理水平；定期进行成本分析，探索可以减少生产消耗和节省成本开销的方法；实施指标解析，落实每项成本指标，分批、分阶段地实行考核和管理，适当地将成本管理与经济责任制度相结合。

成本是反映企业生产经营管理水平的指标。因此，成本管理不仅关注生产活动，还应关注产品设计、工艺安排、设备利用、原材料采购、人员分配等方面，以及产品生产、技术、销售、经营和存储等多个环节。

参与成本管理的人员应包括各部门生产经营活动的管理人员，企业须充分调动员工积极性，实现更加全面的成本管理。只有这样，才能最大限度地激发企业降低成本的潜力，使整个企业的成本管理水平得到提升。

世界经济格局正在发生巨变。在这样的市场经济条件下，企业面临的是全球范围内的全方位竞争。随着我国企业结构和经营环境的变化，不利于企业成本管理的因素也在与日俱增。

例如，由于农产品价格上涨过快，各种生产资源的价格，特别是钢材、煤炭、石油等产品的价格与往年同期相比有了显著的提高，企业的成本管理承受着前所未有的压力。正因如此，企业要想在竞争愈发激烈的市场环境中谋求经济利益，获得绝对的竞争优势，就必须精打细算，加大成本管理的力度，努力寻找降低成本的途径和方法。

企业要想实现良性发展，首先要做好销售工作。企业的销售情况越好，企业的营业额也就越高，企业就越有可能发展壮大。然而，还有一个特别需要注意的重要因素，即成本。如果企业的成本过高，营业额越高并不代表利润越高。在正常情况下，成本下降的幅度要比利润增长的幅度大，这表明企业必须对成本管理予以充分的重视。这一工作涉及产品的设计成本、采购成本、质量成本、销售成本、工作流程、资金占用、库存减少等各个阶段。降低产品的成本有利于提升企业的生产能力和市场竞争力，提高资源的利用率，进一步完善企业的经营管理，促使企业持续发展和壮大。

总之，随着市场竞争的日益加剧，成本管理对企业的生存和发展越来越重要。企业要想在激烈的市场竞争中立足并发展壮大，就必须充分认识到成本管理的重要性，从战略层面加强成本管理，建立完善的成本管理体系，实施有效的成本控制措施，从而降低企业的整体成本，提高企业的核心竞争力。在这个过程中，企业需要关注各个环节的成本控制，发挥企业内部各部门的积极性，共同推动成本管理水平的提升。只有这样，企业才能在市场竞争中保持竞争力，实现可持续发展。

（二）成本管理的意义

成本管理是企业管理中的一个重要方面，它是通过计划、执行、控制企业成本来实现企业的盈利和长期发展的管理方法。成本管理的意义主要包括以下7个方面。

1. 降低企业成本

成本管理可以通过制订成本预算、控制成本增长、优化成本结构等方式降低企业的成本，从而提高企业的盈利能力。通过对成本的精细化管理，企业可以降低不必要的成本，提高资源利用效率，从而降低企业的运营成本和产品价格，提高企业的竞争力和市场占有率。

2. 提高企业效率

成本管理可以通过精益生产、流程优化、技术创新等方式提高企业的生产效率和经营效率，从而增加企业的收入和利润。通过对生产流程和业务流程进行优化，企业可以缩短生产周期，减少生产环节，降低生产成本，提高产品质量和市场竞争力。

3. 提高企业竞争力

成本管理可以通过降低成本和提高效率，提高企业的产品质量和竞争力，从而在市场竞争中占据优势地位。成本管理可以帮助企业降低生产成本，提高生产效率，提高产品质量和品牌价值，从而提高企业的市场占有率和品牌影响力，增强企业的竞争力。

4. 增强企业的可持续发展能力

成本管理可以通过优化资源配置和利用，实现企业的可持续发展。通过成本管理，企业可以实现资源的最大化利用，降低对环境和社会的影响，从而实现自身的可持续发展。同时，成本管理也可以促进企业的社会责任和可持续经营，提高企业在社会中的形象和声誉。

5. 改善企业管理质量

成本管理可以通过完善企业管理体系，提高管理质量。通过成本管理，企业可以建立健全成本核算和成本控制机制，完善内部管理体系，加强对企业各项业务的监督和控制，提高企业的管理质量和效率。

6. 实现投资决策的科学性和准确性

成本管理可以帮助企业对投资决策进行科学、准确的评估和决策。通过成本管理，企业可以对投资项目的成本、收益、风险等因素进行科学的分析和评估，从而帮助企业制订合理的投资决策，提高投资的成功率和回报率。

7. 增强企业的创新能力

成本管理可以通过优化成本结构、提高生产效率和管理效率等方式，帮助企业节约成本，从而为企业提供更多的资金和资源，以用于研发和创新，增强企业的创新能力和竞争优势。同时，成本管理还可以促进企业文化的建设和培育，增强员工的创新意识和创新能力，为企业的长期发展提供有力的支持和保障。

（三）成本管理的方法

成本管理的方法主要包括目标成本法和作业成本法，下面分别进行详细阐述。

1. 目标成本法

目标成本法是一种以市场需求为导向，以预设的目标成本为基础，通过精细化的产品设计、工艺流程设计和供应链管理等方式，降低成本，实现预设的目标利润率的方法。目标成本法的主要步骤如下所述。

（1）确定目标市场和目标成本

目标成本法的核心是确定目标市场和目标成本。目标市场指企业的目标客户群体和目标销售市场。企业需要根据市场需求、竞争情况、技术水平、市场定位等因素，确定目标市场和目标销售价格。目标成本指企业在目标市场下实现预设利润率所需的成本。企业需要根据目标市场、产品定位、技术水平等因素，确定目标成本。

（2）分析产品设计和工艺流程

目标成本法要求企业对产品设计、工艺流程进行精细化分析和优化。企业需要对产品的设计、构造、材料、制造工艺、供应链等方面进行优化和改进，降低产品的制造成本和生产周期，从而降低成本。

（3）制订成本控制计划

企业需要根据目标成本和成本结构，制订成本控制计划，通过制订成本标准、成本控制方法、成本核算，控制和降低成本。同时，企业还需要对成本控制情况进行监控和分析，及时调整和优化成本控制计划。

（4）实施成本控制和降低成本

企业需要通过实施成本控制和降低成本，实现预设的目标利润率。企业可以通过精益生产、供应链管理、材料成本控制、人工成本控制等方式降低成本，提高利润率。

目标成本法的优点是能够在满足市场需求的同时，实现成本控制和利润最大化。但是，目标成本法需要对市场需求、产品设计、制造工艺等方面进行精细化分析和优化，因而需要投入较多的人力、物力和财力。

2. 作业成本法

作业成本法是一种以作业为基础，通过成本核算和控制来管理成本的方法。作业成本法的核心是以作业为单位进行成本核算，通过对作业的成本结构、成本控制和成本优化，实现企业的成本管理目标。作业成本法的主要步骤如下所述。

（1）确定成本对象

作业成本法的核心是确定成本对象。成本对象是需要进行成本核算和管理的作业或产品。企业需要根据生产或业务过程，确定需要进行成本核算和管理的作业或产品。

（2）确定成本驱动因素

企业需要根据成本对象的特点、生产或业务过程，确定成本驱动因素。成本驱动因素指影响成本的主要因素，如工时、机器使用时间、人工成本、材料成本等。

（3）确定成本汇总方式

企业需要根据成本对象和成本驱动因素，确定成本汇总方式。成本汇总方式指将成本分配到成本对象的方法，如直接成本法、间接成本法、分步计算法等。

（4）进行成本核算和分析

企业需要进行成本核算和分析，对成本对象的成本结构和成本控制情况进行分析、监控。企业需要通过制订成本标准、成本控制方法、成本核算等方式，控制和降低成本。同时，企业还需要对成本控制情况进行监控和分析，及时调整和优化成本控制计划。

（5）制订成本控制计划

企业需要根据成本核算和分析结果，制订成本控制计划。企业需要对成本控制情况进行监控和分析，及时调整和优化成本控制计划。

作业成本法的优点是能够精细化管理成本，实现成本控制和优化。作业成本法能够帮助企业了解作业成本的构成和驱动因素，制订成本控制计划，优化成本结构，提高成本效益。同时，作业成本法也有一些缺点，如需要投入较多的人力和时间，不适合快速变化的生产环境，不利于产品差异化等。

（四）成本管理面临的挑战

随着市场竞争的加剧和技术的快速发展，成本管理已经成为企业管理中的一个重要方面。然而，成本管理面临着许多挑战，这些挑战可能会对企业的成本控制和盈利能力造成负面影响。此处将从市场环境、管理技术和组织文化等方面，详细阐述成本管理面临的挑战。

1. 市场环境的变化

市场环境的变化是成本管理面临的一个重要挑战。随着市场竞争的加剧和消费者需求的变化，企业需要不断提高产品质量、降低成本、加速产品开发和推广，以满足市场需求。同时，市场环境的变化还会导致成本管理的不确定性增加，企业需要根据市场需求调整成本控制策略，制订新的成本控制计划，使其能够适应市场环境的变化。

2. 管理技术的不足

管理技术的不足也是成本管理面临的一个挑战。虽然现代企业管理已经采用了许多先进的管理技术和工具，如ERP（企业资源规划）、CRM（客户关系管理）、供应链管理等，但是在成本管理方面，仍然存在许多不足。例如，许多企业缺乏成本管理的基本技能，不懂得如何制订成本控制计划、如何识别成本驱动因素、如何制订成本标准等。这些不足可能会导致企业在成本控制和优化方面的效果不佳，影响企业的盈利能力。

3. 组织文化的阻碍

组织文化的阻碍也是成本管理面临的一个挑战。许多企业在成本管理方面存在管理思想陈旧、文化保守、管理流程僵化等问题。这些问题可能会导致企业对成本管理的重视不足，不能够充分发挥成本管理的作用。同时，企业还需要建立成本管理的文化和价值观，使其能够贯穿企业的管理体系，使每个员工都能够认识到成本管理的重要性，并积极参与成本管理的实践。

4. 数据的质量问题

数据的质量问题也是成本管理面临的一个挑战。成本管理需要大量的数据支持，包括成本数据、销售数据、生产数据、财务数据等。然而，数据的质量问题可能会对成本管理造成负面影响。如果数据不准确、不完整、不可靠，就不能支持成本管理的决策和分析。例如，如果成本数据不准确，就不能制订有效的成本控制计划；如果销售数据不完整，就不能准确计算销售成本；如果生产数据不可靠，就不能准确计算生产成本。因此，企业需要重视数据质量问题，建立有效的数据管理体系，保证数据的准确性、完整性和可靠性，以支持成本管理的决策和分析。

5. 技术创新的挑战

技术创新的挑战也是成本管理面临的一个重要挑战。随着技术的不断发展和应用，企业需要不断更新和升级成本管理的技术和工具，以适应新的市场需求和技术环境。例如，随着云计算、大数据、人工智能等技术的应用，成本管理也需要更新和升级。企业需要不断学习和掌握新的技术和工具，以提高成本管理的效率和精度。

6. 人才的缺乏

人才的缺乏也是成本管理面临的一个挑战。成本管理需要专业的管理人才和财务人才，这些人才需要具备成本管理的专业知识和技能，能够熟练掌握成本管理的方法和工具。然而，许多企业缺乏这样的人才，导致成本管理的效果不佳。企业需要重视人才培养和引进，建立有效的人才管理体系，提高员工的专业能力和素质，以支持成本管理的实践。

7. 管理体制的改革

管理体制的改革也是成本管理面临的一个挑战。随着企业的发展和变化，管理体制需要不断更新和改革，以适应新的管理要求和市场需求。例如，企业需要建立有效的绩效管理体系，以评价和激励员工的成本管理能力和贡献。同时，企业还需要建立有效的风险管理体系，以应对成本管理中的风险和挑战。

（五）成本管理的目标

1. 总体目标

成本管理的总体目标是降低成本，以提高企业的利润和竞争力。企业可以通过识别成本驱动因素、制订成本控制计划、优化生产流程、降低采购成本等手段来降低成本。

2. 具体目标

具体而言，降低成本可被细化为如下 7 个方面。

（1）产品成本控制

企业通过对产品的成本结构和成本驱动因素进行分析，制订有效的成本控制策略和措施，以达到降低产品成本、提高产品质量和增强市场竞争力的目标。具体措施包括成本核算、制订成本标准、优化生产流程、控制原材料采购成本等。

（2）生产成本控制

企业通过对生产过程中的成本结构和成本驱动因素进行分析，制订有效的成本控制策略和措施，以达到提高生产效率、降低生产成本和提高产品质量的目标。具体措施包括优化生产流程、提高设备利用率、加强人员培训、控制生产能耗等。

（3）管理成本控制

企业通过对管理过程中的成本结构和成本驱动因素进行分析，制订有效的成本控制策略和措施，以达到降低管理成本、提高管理效率和增强市场竞争力的目标。具体措施包括优化管理流程、采用先进的管理技术和工具、提高员工素质等。

（4）供应链成本控制

企业通过对供应链中的成本结构和成本驱动因素进行分析，制订有效的成本控制策略和措施，以达到优化供应链、降低供应链成本和增强市场竞争力的目标。具体措施包括优化供应商选择、降低物流成本、提高供应链协同等。

（5）风险成本控制

企业通过对风险的识别、评估和控制，制订有效的成本控制策略和措施，以达到降低风险成本、提高风险管理能力和保障企业发展的目标。具体措施包括建立有效的风险管理体系、加强风险监控、开展风险应对演练等。

（6）环境成本控制

企业通过对环境污染和资源浪费等方面进行控制、管理，以达到降低环境成本、提高环保效益和实现可持续发展的目标。具体措施包括加强环境监测和治理、推广环保技术和产品、开展节能减排等。

（7）资本成本控制

企业通过对企业资本的运用和管理进行控制，以达到降低资本成本、提高资本效率和保障企业盈利的目标。具体措施包括优化投资结构、降低借款成本、加强资本运作等。

（六）成本管理的原则

在实践中，成本管理的原则是确保企业的成本能够得到合理的控制和管理。成本管理的原则通常包括以下 6 项。

1. 详细记录成本

成本管理的第一个原则是要详细记录企业的各种成本。这意味着企业需要建立一个系统化的成本管理体系，以确保所有成本都被记录并追溯到源头。企业需要将成本分门别类，包括直接成本和间接成本，固定成本和变动成本等。同时，企业还需要考虑时效性问题，及时更新成本记录，确保数据的准确性和可靠性。

2. 强调成本效益

成本管理的第二个原则是强调成本效益。企业需要根据各项成本的投入和产出之间的比较，确定哪些成本是必要的、哪些成本是多余的，以及哪些成本可以进一步优化。对于必要成本，企业需要控制其增长速度，尽可能地减少浪费；对于多余成本，企业需要及时削减，避免浪费资源；对于可以优化的成本，则需要寻找降低成本、提高效率的途径。

3. 追求成本稳定性

成本管理的第三个原则是追求成本稳定性。企业的成本通常是会波动的，如原材料价格上涨、劳动力成本增加等，这些都会对企业的成本造成影响。因此，企业需要在成本稳定性和灵活性之间作出取舍。企业可以通过长期合同、固定成本和存货管理等方式来实现成本稳定，避免成本波动给企业带来的不利影响。

4. 注重成本管理的全过程

成本管理的第四个原则是注重成本管理的全过程。成本管理不仅仅是记录和计算成本，还包括成本分析、成本控制和成本优化等环节。企业需要关注每一个环节，从源头控制成本，通过成本分析找到成本问题的症结所在，通过成本控制把成本控制在合理范围内，最终通过成本优化提高企业的盈利能力。

5. 倡导成本管理的参与性

成本管理的第五个原则是倡导成本管理的参与性。成本管理不是单一部门的职责，而是需要企业各个部门和员工的共同参与和合作。企业需要通过培训和激励机制等方式，增强员工对成本管理的意识和参与度。例如，企业可以向员工提供成本节约的奖励和福利，鼓励员工通过自己的创意和建议来降低成本和提高效率。通过全员参与的方式，企业可以更好地实现成本管理的目标，提高企业的盈利水平。

6. 利用成本管理信息作出决策

成本管理的第六个原则是利用成本管理信息作出决策。成本管理所记录的成本信息不仅是用来管理成本的工具，也可以辅助企业作出决策。例如，企业可以利用成本信息来确定新产品的售价、确定投资决策的可行性、确定生产线的产能等。通过利用成本管理信息，企业可以更好地了解自己的运营情况和市场竞争情况，从而作出更为明智的决策。

（七）成本管理的内容

成本管理的内容通常包含成本预测、成本决策、成本计划、成本控制、成本核算、成本分析和成本考核等。

1. 成本预测

成本预测指根据过去的经验和现有的信息，对未来的成本进行估计和预测。企业需要通过成本预测来确定未来的成本水平，为制订成本计划和成本控制提供基础。成本预测需要综合考虑各种因素，如原材料价格、劳动力成本、物流成本、税费等。通过提高成本预测的准确性，可以使企业更好地做好预算、制订更合理的成本计划及更好地控制成本。

2. 成本决策

成本决策指在企业决策过程中，根据不同的成本选项和方案，进行成本效益分析，最终选择最优的成本决策方案。成本决策需要综合考虑各种因素，如成本水平、质量标准、市场需求、技术水平等。成本决策不仅涉及企业内部，还需要考虑外部环境和市场竞争。成本决策是企业管理中的重要环节，其决策结果直接关系到企业的成本和利润水平。

3. 成本计划

成本计划指企业根据预测的成本水平，制订具体的成本计划和预算。成本计划需要综合考虑企业的财务状况、市场需求、技术水平、生产能力等因素。成本计划通常分为年度成本计划和月度成本计划，以确保企业在一定时间内能够控制成本，实现盈利目标。成本计划可以帮助企业实现对成本的有效管理和控制，同时还可以为企业的战略决策提供基础。

4. 成本控制

成本控制指通过各种手段，控制企业的成本水平，以达到成本管理的目的。成本控制需要从源头上控制成本，减少浪费和损失。成本控制需要根据企业实际情况和管理需要，采取不同的控制方式和手段，如优化流程、降低生产成本、节约能源、管理存货、合理分配资源等。成本控制需要综合考虑企业的内部和外部环境，及时调整控制策略，以达到预期目标。

5. 成本核算

成本核算指对企业各项成本进行计算和核对的过程。成本核算需要准确记录企业各项成本，并按照固定标准进行计算和核对。成本核算通常包括直接成本和间接成本，固定成本和变动成本等。成本核算是企业进行成本分析和控制的基础，同时也是企业进行成本考核的依据。

6. 成本分析

成本分析指对企业成本的分析和研究过程。成本分析需要综合考虑各种因素，如原材料成本、生产成本、销售成本、财务成本等。通过成本分析，企业可以了解各项成本的构成和变化情况，找出成本问题的症结所在，并寻找优化成本的途径。成本分析可以帮助企业制订更为合理的成本计划和控制策略，提高企业的盈利能力。

7. 成本考核

成本考核指根据成本计划和成本核算的结果，对企业各项成本进行评估和考核的过程。成本考核需要对成本进行细致的比较和分析，找出成本问题的症结所在，评估各项成本的质量和效益，并根据评估结果进行奖惩和激励。成本考核可以激发企业员工的积极性和创造性，推动企业实现成本管理的目标。

如图 3-2 所示，成本管理的每项内容都有自己的基础特征，同时又相互关联、相互促进。它们将企业生产经营过程中的各个环节联系到一起，构建了现代化成本管理的架构。

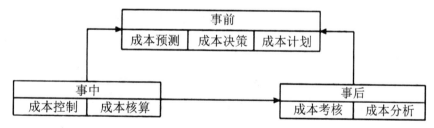

图 3-2　成本管理各项内容的关系

成本预测作为成本决策的基础条件，对于企业来说至关重要。它为制订合理的成本决策提供了前瞻性的数据和信息。成本决策则是成本预测的实际运用，以期在经营活动中降低成本并提高效益。

进一步说，成本计划是将成本决策具体化的重要目标。它将成本决策分解为明确的、可操作的具体任务，以便企业在实际生产经营中更好地实施成本控制。而成本控制则是落实成本决策的关键手段，通过对各项成本指标的控制，保证企业在生产经营过程中实现成本目标。

同时，成本分析为企业提供了决策过程中所需的重要信息，有助于企业领导层作出更为准确和明智的决策。通过对各个成本要素的深入分析，企业可以发现潜在的成本降低点，从而在未来的生产经营活动中实现更高的效益。

最后，成本考核是确保成本决策得以有效实施的关键环节。通过对企业各部门和个人的成本管理绩效进行考核，可以检验成本决策的实际效果，激发员工的积极性，进一步提升企业的整体成本管理水平。

（八）成本管理的途径

成本管理是企业管理的重要组成部分，它涉及企业各个环节和方面。为了实现成本管理的目标，企业可以采取多种途径和方法。此处将从成本预测、成本决策、成本计划、成本控制、成本核算、成本分析和成本考核 7 个方面，详细阐述成本管理的途径。

1. 成本预测的途径

（1）历史数据分析法

企业可以通过分析历史数据，对未来的成本进行预测。通过对过去几年的成本变化趋势进行分析，可以预测未来的成本水平和变化趋势。历史数据分析法需要注意市场环境的变化，如原材料价格的波动等。

（2）市场分析法

企业可以通过市场分析，预测未来成本的变化趋势。例如，分析市场需求和供给关系、行业竞争情况、政策变化等，可以预测未来的成本水平和变化趋势。

（3）专家咨询法

企业可以聘请专业的成本咨询机构或专家，进行成本预测。专家具有丰富的行业经验和知识，能够更为准确地预测未来的成本水平和变化趋势。

2. 成本决策的途径

（1）成本效益分析

企业可以通过成本效益分析，确定不同方案的成本和效益情况。成本效益分析需要考虑各项成本的投入和产出之间的关系，以及风险和不确定性等因素。

（2）投资回报率分析

企业可以通过投资回报率分析，确定不同方案的投资回报率和投资风险。投资回报率分析需要考虑项目的现金流量、资金成本、投资周期等因素。

（3）决策树分析

企业可以通过决策树分析，确定不同方案的成本和效益情况。决策树分析需要考虑多种可能性和结果，以及不同方案的决策风险和不确定性。

3. 成本计划的途径

（1）预算编制法

企业可以通过预算编制法，制订年度成本计划和月度成本计划。预算编制法需要综合考虑企业的内部和外部环境，以及市场需求、技术水平、生产能力等因素。

（2）成本控制标准法

企业可以通过成本控制标准法，制订各项成本控制标准和指标。成本控制标准法需要考虑成本控制的实际情况和目标，以及成本管理的各个环节和要求。

（3）数据分析法

企业可以通过数据分析法，对各项成本进行分析和研究。通过对成本数据的分析，可以找出成本问题的症结所在，从而为成本计划和控制提供基础。

4. 成本控制的途径

（1）流程优化法

企业可以通过优化流程，降低生产和管理成本。流程优化法需要考虑流程的流畅性和效率，以及生产和管理环节的协调性和一致性。

（2）技术创新法

企业可以通过技术创新，提高生产和管理效率，降低成本水平。技术创新法需要考虑技术的可行性和经济性，以及技术的稳定性和可持续性。

（3）供应链管理法

企业可以通过供应链管理，降低原材料和物流成本。供应链管理法需要考虑供应商的选择和合作，以及物流的流畅性和效率。

5. 成本核算的途径

（1）作业成本法

企业可以通过作业成本法，计算不同作业过程中的成本。作业成本法需要考虑作业过程中的材料和劳动力成本，以及制造和管理费用等因素。

（2）标准成本法

企业可以通过标准成本法，确定不同产品和服务的标准成本。标准成本法需要考虑生产和销售的数量和品质标准，以及生产和管理成本等因素。

（3）活动成本法

企业可以通过活动成本法，对企业各项活动进行成本核算。活动成本法需要考虑活动的成本和效益关系，以及活动的质量和效率等因素。

6. 成本分析的途径

（1）成本构成分析法

企业可以通过成本构成分析法，分析不同成本项的构成和变化趋势。成本构成分析法需要考虑成本项之间的相互关系和影响，以及成本问题的根源所在。

（2）成本比较分析法

企业可以通过成本比较分析法，比较不同成本项在不同时间和地点的变化情况。成本比较分析法需要考虑比较对象的相似性和可比性，以及比较的时效性和准确性。

（3）成本控制分析法

企业可以通过成本控制分析法，分析成本控制的效果和影响。成本控制分析法需要考虑成本控制的实际情况和目标，以及成本控制的可行性和可持续性。

7. 成本考核的途径

（1）成本绩效评价法

企业可以通过成本绩效评价法，对企业各项成本进行评估和考核。成本绩效评价法需要考虑成本的质量和效益关系，以及成本的影响因素和改进措施。

（2）成本分摊考核法

企业可以通过成本分摊考核法，对不同部门和岗位的成本进行分摊和考核。成本分摊考核法需要考虑成本的分摊标准和方式，以及成本分摊的公平性和透明性。

（3）成本管理信息系统法

企业可以通过成本管理信息系统，实现对企业各项成本的实时监控和考核。成本管理信息系统需要考虑成本数据的准确性和完整性，以及系统的稳定性和安全性。

总之，成本管理的途径是多种多样的，需要根据企业的实际情况和管理需求，选择合适的途径和方法。通过有效的成本管理，企业可以提高效率和盈利能力，实现长期的可持续发展。

第二节　大数据时代下企业的投资决策

大数据时代改变了企业对传统数据的认知，拓宽了数据来源的范围，不再局限于企业内部业务数据。它使得企业可以从更丰富的信息来源中汲取数据，包括企业内部数据及与消费者相关的外部数据。因此，大数据为企业带来了新的挑战和机遇。

在大数据环境下，企业面临的挑战不仅仅是如何处理海量数据的技术问题，更关键的是如何利用这些数据来优化管理决策。未来的新型管理模式将充分运用大数据、系统集成、计算实验和仿真等方法，提高顶层设计和战略体系的科学性、精确性。

在这样的背景下，数据将成为企业管理决策的核心依据，各种重要事项都将以数据为基础进行分析和评估。企业投资决策也将从过去的主观判断转向更加科学、客观和数据驱动的决策方式。

一、大数据对市场的影响

企业的投资决策和市场有千丝万缕、密不可分的关系，因此我们首先要分析的是大数据对市场的影响，包括大数据时代的市场演变方向及具体影响，做到知其然，而后知其所以然，以此为基础，方能更好地探究大数据时代下企业的投资决策问题。

（一）大数据时代的市场演变方向

1. 面向粉丝经济

随着互联网技术的不断发展和普及，大数据时代已经到来。在这个时代，消费者的行为和需求已经发生了很大的变化，传统的市场营销方式已经不再适用。在这一背景下，面向粉丝经济成为市场的一个新方向。

（1）粉丝经济的概念和特点

粉丝经济指以粉丝为核心的一种经济模式，是一种以个人为中心、基于互联网技术和社交媒体平台的商业模式。在粉丝经济中，企业通过对粉丝需求、行为的深入了解和分析，为粉丝提供个性化的产品和服务，同时通过粉丝的互动和传播，推广和营销企业的产品和品牌。粉丝经济的主要特点如下所述。

1）个性化需求

粉丝经济的消费者是以个人为中心的，他们的消费需求和购买行为更加个性化和多样化。

2）社交传播

粉丝经济的消费者通过社交媒体平台进行互动和传播，推广和营销产品和品牌。

3）品牌忠诚度

粉丝经济的消费者对于喜欢的产品和品牌有很高的忠诚度，愿意通过分享和传播推广产品和品牌。

4）数据驱动

企业需要通过大数据技术对粉丝的需求和行为进行深入了解和分析，提供个性化的产品和服务，同时对营销效果进行实时监控和调整。

（2）粉丝经济的发展趋势

粉丝经济是随着社交媒体的兴起和互联网技术的发展而逐渐形成的。随着互联网技术的不断创新和普及，粉丝经济也在不断发展和壮大。以下是粉丝经济的发展趋势。

1）社交媒体化

随着社交媒体的不断发展和普及，粉丝经济也将更加社交化和人性化，通过社交媒体平台进行互动和传播，为消费者提供更加个性化、更为优质的购物体验和服务。

2）个性化、定制化

随着消费者个性化需求的不断增加，粉丝经济也将更加注重产品的个性化和定制化，为消费者提供更具针对性的产品和服务。

3）数字化技术

随着数字化技术的不断创新和应用，粉丝经济也将更加数字化和智能化，通过大数据、人工智能等技术提高产品和服务的精准度和效率。

4）全球化

随着全球化的不断深入，粉丝经济也将更加注重国际化和跨境电商，通过跨境电商平台和全球化营销策略扩大市场规模和增强市场竞争力。

（3）面向粉丝经济的市场营销策略

面向粉丝经济的市场营销策略需要通过对消费者需求、行为的深入了解和分析，为粉丝提供个性化的产品和服务，同时通过社交媒体平台进行互动和传播，推广、营销产品和品牌。以下是面向粉丝经济的市场营销策略。

1）精准定位目标消费者

通过对消费者需求和行为的分析和研究，确定目标消费者群体，为他们提供个性化的产品和服务。

2）社交媒体营销

通过社交媒体平台进行互动和传播，推广、营销产品和品牌，提高产品、品牌的知名度和影响力。

3）数据驱动营销

通过大数据技术对粉丝的需求和行为进行深入了解、分析，提供个性化的产品和服务，同时对营销效果进行实时监控和调整。

4）用户体验优化

通过优化用户体验，提高产品和服务的质量、满意度，增加用户黏性和忠诚度。

5）全渠道营销

通过多种渠道进行营销，包括线上渠道和线下渠道，提高产品和品牌的覆盖面、影响力。

总之，随着大数据时代的到来，粉丝经济已成为市场的一个新方向。企业应积极拥抱粉丝经济，通过深入了解和分析消费者需求和行为，提供个性化的产品和服务，同时通过社交媒体平台进行互动和传播，推广、营销产品和品牌，实现企业的可持续发展和市场竞争力的提升。同时，企业应注重数据安全和隐私保护，遵循相关法律法规和伦理规范，保护消费者数据和隐私不受侵犯，增强消费者信任、提升品牌形象。

除此之外，面向粉丝经济的市场营销策略也需要不断创新和适应市场变化。例如，利用短视频平台、直播平台等新型媒体形式，通过个性化和趣味化的方式吸引消费者注意，提高品牌影响力和用户参与度。同时，企业也应注重粉丝经济生态的构建和管理，建立良好的用户反馈机制和品牌口碑管理体系，提高品牌形象和用户忠诚度。

2. 面向精确营销

（1）精确营销的概念和特点

精确营销指利用大数据技术和分析方法，对消费者进行深入了解和分析，为消费者提供个性化的产品和服务，实现精准营销的一种营销模式。精确营销的主要特点如下所述。

1）个性化需求

精确营销的消费者同样是以个人为中心的，他们的消费需求和购买行为更加个性化、多样化。

2）数据驱动

实施精确营销的企业同样需要通过大数据技术对消费者的需求和行为进行深入了解、分析，提供个性化的产品和服务。

3）实时响应

精确营销需要企业能够实时地对消费者的需求和行为进行监控、分析，及时调整产品和营销策略。

4）精准投放

精确营销需要企业将精准的营销信息投放给目标消费者，提高营销效果和转化率。

（2）精确营销的发展趋势

随着大数据技术的不断发展和应用，精确营销已经成为市场的一个新趋势。以下是精确营销的发展趋势。

1）智能化

随着人工智能技术的不断发展和应用，精确营销将更加智能化和自动化，提高产品和营销策略的精准度。

2）场景化

随着消费场景的不断多元化和细分化，精确营销也将更加注重消费场景的定制化，为消费者提供更加个性化的产品和服务。

3）全渠道化

随着线上和线下渠道的不断融合和互动，精确营销也将更加注重全渠道的营销策略，为消费者提供更加全面的购物体验和服务。

4）跨界化

随着不同行业之间的边界越来越模糊，精确营销也将更加注重跨界融合，通过合作、联合营销，实现更广泛的市场覆盖和用户群体的扩展。

（3）面向精确营销的市场营销策略

面向精确营销的市场营销策略需要通过对消费者需求、行为的深入了解和分析，提供个性化的产品和服务，实现精准营销。以下是面向精确营销的市场营销策略。

1）数据分析

通过大数据技术对消费者的需求和行为进行深入了解和分析，提供个性化的产品和服务，同时对营销效果进行实时监控和调整。

2）定位目标消费者

通过对消费者需求、行为的分析和研究，确定目标消费者群体，为他们提供个性化的产品和服务。

3）多样化的渠道营销

通过多种渠道进行营销，包括线上渠道和线下渠道，提高产品和品牌的覆盖面、影响力。

4）创新营销策略

通过创新营销策略，如社交媒体营销、内容营销等，吸引消费者的注意力和兴趣，提高品牌影响力和用户参与度。

5）提高用户体验

通过优化用户体验，提高产品和服务的质量和满意度，增加用户黏性和忠诚度。

3. 品牌忠诚度降低

随着大数据时代的到来，市场竞争日益激烈，消费者的购物习惯和需求也在不断变化。在这个背景下，品牌忠诚度降低已成为大数据时代市场的一个新趋势。此处将详细阐述品牌忠诚度降低的原因、影响和应对策略。

（1）品牌忠诚度降低的原因

品牌忠诚度指消费者对品牌的情感认同和购买行为的持续性、稳定性。在大数据时代，品牌忠诚度呈现出下降的趋势。以下是品牌忠诚度降低的主要原因。

1）消费者需求多样化

随着消费者需求越发趋向多样化和个性化，消费者更加注重产品和服务的质量、个性化，而不是品牌本身。

2）信息透明化

在大数据时代，消费者可以通过各种途径获取大量的产品和品牌信息，对比价格和质量，减少了对品牌的依赖和忠诚度。

3）新兴品牌的崛起

随着新兴品牌的不断涌现，消费者有更多的选择，也有更多的机会尝试新的产品和品牌，故而降低了对老牌品牌的忠诚度。

4）口碑营销的影响

在大数据时代，口碑营销的影响日益增强，消费者更加注重产品和品牌的口碑、评价，而不是品牌本身。

（2）品牌忠诚度降低的影响

品牌忠诚度的降低对企业产生了深刻的影响，主要表现在以下 4 个方面。

1）销售额下降

品牌忠诚度的降低会导致企业销售额的下降，减少市场份额和竞争力。

2）品牌形象受损

品牌忠诚度的降低会导致品牌形象的受损，降低品牌的知名度和认可度。

3）营销成本增加

为了吸引和留住消费者，企业需要增加营销成本，提高产品和服务的质量、个性化，增强市场竞争力。

4）用户体验降低

品牌忠诚度的降低会导致用户体验的降低，降低消费者对产品和品牌的满意度、忠诚度，影响企业长期的可持续发展。

（3）应对策略

面对品牌忠诚度降低的趋势，企业需要采取相应的应对策略，以提高品牌忠诚度和市场竞争力。以下是一些常见的应对策略。

1）提供个性化的产品和服务

针对消费者的个性化需求，企业可以通过大数据技术对消费者的需求和行为进行分析，提供个性化的产品和服务，提高消费者对产品和品牌的认可度、忠诚度。

2）增强品牌形象和知名度

企业可以通过创新营销策略，提高品牌的知名度和认可度，如社交媒体营销、内容营销等，吸引消费者的注意力和兴趣，增强品牌形象和市场竞争力。

3）提高用户体验

企业应提高产品和服务的质量和满意度，增加用户黏性和忠诚度，如提供优质的售后服务、增加产品的易用性等。

4）建立良好的用户反馈机制和品牌口碑管理体系

通过建立良好的用户反馈机制和品牌口碑管理体系，企业可以及时了解消费者的反馈和评价，改善产品和服务的不足之处，提高品牌形象和用户忠诚度。

5）加强合作和联合营销

企业可以通过与其他企业进行合作和联合营销，扩大市场覆盖面和用户群体，增强市场竞争力和品牌忠诚度。

综上所述，品牌忠诚度降低是大数据时代市场的一个新趋势。企业需要通过提供个性化的产品和服务、增强品牌形象和知名度、提高用户体验、建立良好的用户反馈机制和品牌口碑管理体系、加强合作和联合营销等策略，提高品牌忠诚度和市场竞争力，实现可持续发展。

（二）具体影响

具体而言，大数据对市场的影响包括大数据对市场研究的影响、大数据对市场营销的影响、大数据对市场竞争的影响和大数据对消费者体验的影响。

1. 大数据对市场研究的影响

（1）提高市场研究效率

大数据可以帮助企业更加快速和准确地了解消费者的需求和行为，提高市场研究的效率。传统的市场研究方法需要通过问卷调查、访谈、焦点小组等方式收集数据，耗时耗力。而大数据可以从互联网、社交媒体、移动设备等多个渠道收集数据，大大提高了数据收集和处理的效率。

（2）提高市场研究精度

大数据可以帮助企业更加准确地了解消费者的需求和行为，提高市场研究的精度。传统的市场研究方法容易受到样本偏差、回忆偏差等因素的影响，而大数据可以从海量数据中进行分析和预测，减少了样本误差和主观判断的影响，提高了市场研究的精度。

（3）实现个性化市场研究

大数据可以帮助企业实现个性化市场研究，根据不同消费者的需求和行为进行分析和预测，提供个性化的产品和服务。例如，企业可以通过大数据技术对消费者的购买行为和偏好进行分析，提供个性化的营销策略和推荐系统，提高产品、服务的满意度和忠诚度。

（4）提供全面的市场洞察

大数据可以多角度、多维度分析市场和消费者，提供全面的市场洞察。通过对消费者的社交媒体、在线购物、移动设备等数据进行分析，可以了解消费者的行为和偏好，提供全面的市场洞察和预测，帮助企业制订更加精准的营销策略。

（5）实现实时市场监测

大数据可以帮助企业实现实时市场监测，及时了解市场动态和消费者需求的变化。传统的市场研究方法需要花费大量时间和精力，无法及时反馈市场的变化。而大数据可以实时收集和分析消费者的行为、偏好，帮助企业及时调整营销策略和产品定位，提高市场竞争力，增强快速应对市场变化的能力。

（6）降低市场研究成本

大数据可以帮助企业降低市场研究成本，提高企业的效益。传统的市场研究方法需要花费大量的时间和精力，需要雇用专业人员进行调研和分析，成本较高。而大数据可以通过自动化和机器学习等技术实现自动化的数据收集和分析，降低了市场研究的成本，提高了企业的效益。

2. 大数据对市场营销的影响

（1）提高营销效果

大数据可以帮助企业更加准确地了解消费者需求和行为，提高营销效果。传统的营销方法通常是面向整体市场，但是随着大数据时代的到来，企业可以根据消费者的个性化需求和行为进行营销，提高消费者对产品和服务的认可度、满意度，从而提高营销效果。

（2）实现个性化营销

大数据可以帮助企业实现个性化营销，根据不同消费者的需求和行为进行营销，提供个性化的产品和服务。例如，企业可以通过大数据技术对消费者的购买行为和偏好进行分析，提供个性化的营销策略和推荐系统，提高产品和服务的满意度、忠诚度。

（3）提高营销 ROI

大数据可以帮助企业更加准确地了解消费者需求和行为，提高营销效果和精度，从而提高营销 ROI（投资回报率）。企业可以通过大数据技术对消费者的购买历史、搜索记录、社交网络等数据进行分析，优化广告投放和定位，提高广告点击率和转化率，降低营销成本，提高营销 ROI。

3. 大数据对市场竞争的影响

（1）提高市场分析和预测能力

大数据可以帮助企业更加深入地了解市场和消费者，提高市场分析和预测能力。传统的市场分析方法通常是基于样本调研、统计分析等手段，而大数据可以通过对消费者的搜索记录、社交网络、在线购物等数据进行分析，提供全面、准确的市场洞察和预测，帮助企业更好地应对市场竞争。

（2）提高产品和服务的质量和满意度

大数据可以帮助企业更加深入地了解消费者需求和行为，提高产品、服务的质量和满意度。企业可以通过大数据技术对消费者的购买历史、评价、搜索记录等数据进行分析，了解消费者的需求和偏好，提供更加贴近消费者需求的产品和服务，提高产品、服务的质量和满意度，从而提高市场竞争力。

（3）加强品牌管理和口碑营销

大数据可以帮助企业加强品牌管理和口碑营销，了解消费者对产品、服务的评价和反馈，及时调整产品、服务的策略和定位，提高品牌形象和知名度，从而提高市场竞争力。企业可以通过大数据技术对消费者的评价、社交网络、口碑传播等数据进行分析，了解消费者的反馈和自身产品、服务口碑，有针对性地改进产品和服务，提高品牌形象和口碑，增强消费者的忠诚度和认同感，从而提高市场竞争力。

（4）优化营销策略和投资决策

大数据可以帮助企业优化营销策略和投资决策，降低风险，提高市场竞争力。企业可以通过大数据技术对市场和消费者进行深入分析，了解市场的需求和趋势，制订更加精准的营销策略和产品定位，降低营销成本，提高投资回报率，从而提高市场竞争力。

4. 大数据对消费者体验的影响

（1）提供个性化的产品和服务

大数据可以帮助企业提供个性化的产品和服务，根据消费者的需求、偏好进行个性化推荐和定制，提高消费者的满意度和忠诚度。企业可以通过大数据技术对消费者的购买历史、搜索记录、社交网络等数据进行分析，了解消费者的需求和偏好，提供个性化的产品和服务，满足消费者的个性化需求，提高消费者的满意度和忠诚度。

（2）优化购物体验和服务体验

大数据可以帮助优化购物体验和服务体验，提高消费者的满意度和忠诚度。企业可以通过大数据技术对消费者的购买历史、评价、搜索记录等数据进行分析，了解消费者的购物习惯和需求，为之提供个性化的购物体验和服务，通过优化售后服务和物流配送等环节，提高消费者的满意度和忠诚度。

（3）提高消费者参与度和互动性

大数据可以帮助提高消费者参与度和互动性，加强企业与消费者的互动和沟通，提高消费者的参与度和忠诚度。企业可以通过大数据技术对消费者的社交网络、评论、口碑传播等数据进行分析，了解消费者的反馈和需求，积极回应和解决消费者的问题、需求，从而加强与消费者的互动和沟通，使消费者的参与度和忠诚度得到提升。

（4）提供更加安全和可靠的产品、服务

大数据可以帮助企业提供更加安全和可靠的产品、服务，提高消费者的信任度和忠诚度。企业可以通过大数据技术对消费者的购买历史、评价、搜索记录等数据进行分析，了解消费者对产品和服务的反馈、评价，优化产品和服务的质量和安全性，提高产品和服务的可靠性，增强消费者对企业的信任和忠诚度。

（5）提高消费者参与产品和服务设计的程度

大数据可以帮助企业更好地了解消费者的需求和行为，提高消费者参与产品和服务设计的程度，提高消费者的满意度和忠诚度。企业可以通过大数据技术对消费者的购买历史、搜索记录、评价等数据进行分析，了解消费者的需求和偏好，开展消费者参与产品和服务设计的活动，提高消费者参与度和忠诚度。

二、大数据时代对企业投资决策的影响

经过深入的分析，我们可以更加清晰地认识到，在大数据技术逐渐成熟的背景下，企业希望并需要利用数据来制订科学的生产战略和营销战略，以便更好地抢占市场份额并赢得竞争优势。

企业数据不仅是对企业日常运营和未来发展至关重要的宝贵资源，同时也具有一定的市场价值，可以通过市场化的途径进行流通。咨询机构在识别各行业、企业生产经营管理中存在的问题、分析问题产生的原因及制订切实可行的改进方案方面具备丰富的经验。借助大量数据，建立大数据平台并进行精准高效的运营，将为咨询机构带来利用大数据资源的天然优势。

对于投资者和被投资企业而言，运用大数据管理企业（包括企业财务）将带来诸多

好处。大数据不仅可以帮助被投资企业在技术层面实现精准营销和高效生产，还可以为企业战略规划提供科学依据。通过建立集团管理和控制系统，有效地优化管理模式，投资者可以为投后管理提供更为有力的数据支持和智力支撑。

（一）大数据使投资决策更科学

当前，许多企业决策者在投资决策过程中，面临常见问题时往往采用传统方法、参考旧案例。一旦遭遇新发和突发事件，他们很可能感到束手无策，甚至采取盲目和主观的决策方式。若仅依靠现有工作经验来判断和决策，会加大投资决策的难度，降低准确性，增加战略风险。

在大数据时代，数据的规模、质量，以及收集、分析、应用能力将决定企业的市场竞争力。掌握数据能力将成为企业投资决策的关键。企业决策部门应收集和分析大量相关内外部数据，提取有价值信息，建立投资决策咨询模型，全方位展示投资决策方法和手段，进行智能化投资决策分析。

1. 大数据提高了决策的针对性

在大数据时代，企业管理者应建立现代化的信息交流沟通平台，与员工进行针对性、有效的良好沟通，甚至进行决策。在重大策略调整和重要事件发生时，企业可以通过信息交流沟通平台优化决策信息沟通渠道和路径，简化决策程序，加快决策速度，鼓励决策参与者快速参与沟通，提出合理建议并参与决策方案制订，缩短沟通时间。企业应缩短信息链长度，加强信息链优化整合，优化企业运作流程，减少内部沟通偏差，降低管理决策复杂程度。通过虚拟网络平台完善和提升企业决策管理，使之规范运作、管理科学、高效发展，具有更强综合竞争力。

2. 大数据增强预测的信息基础

大数据时代的到来影响了企业市场分析、运营策略、目标客户等一系列重要参数，企业运作模式也将发生巨大变革。大数据时代既带来机遇，也带来挑战，推动各行业不断调整思路，改变运作机制，关注群体因素和个体影响。人们应关注大数据应用带来的影响，抓住技术进步带来的新机遇，克服困难，利用好大数据，把握企业改革和再发展的新契机。

通过大数据预测，企业可以轻松地从海量信息中筛选出有效可靠的信息，告别过去烦琐的搜索监测和区分信息的业务，将大量信息转化为引导行动的洞察力，节省时间，作出更高效、准确的决策。

利用大数据智能预测系统，企业可以在非线性数据中挖掘出意想不到的数据模式和关联，创造指导业务一线的交叉形式。同时，大数据智能预测还能有效避免优质客户流失，为现有客户提供更多服务购买选项，研发更优秀的新产品，提升企业运转效率，及时发现并防范欺诈和风险。

大数据智能预测可完成高级分析、信息挖掘、文本挖掘、社交媒体分析与核对分析（如聚类分析、关联分析、共现分析等）、信息收集与在线实时探讨、信息建模与预测建模。大数据智能预测为不同技能水平的客户提供定制业务，包括面向高级管理层的可视化界面、面向资深分析师的命令预防界面和高级功能。大数据智能管理并优化企业所有资产与债务，为运营体系和决策制订人员提供更可靠的决策依据。

（二）大数据促进了动态化决策

大数据像巨浪般冲击着我们的生产和生活，传统企业模式将被颠覆。企业通过先进的数据挖掘技术，实现数据增值，创造更有价值的商机。在信息时代，竞争不再是劳动生产率的竞争，而是基于知识的数据竞争。大数据环境的动态性对企业提出更高要求，每个环节的变化都推动企业变革，企业必须以最有效方式实现数据价值最大化。

同时，数据的客观性和巨大的信息量，也对企业在数据保密和备份、保障客户信息安全等方面提出更高要求。企业需关注数据安全和合规性，确保客户信息安全，提升企业信誉，为企业发展创造良好环境。

（三）大数据使投资决策风险更可控

投资风险源于企业投资后，因内部和外部的诸多不确定因素影响，导致投入资金的实际效益与预期目标产生偏差的可能性。决策风险主要源于信息不足及决策者无法控制投资项目的未来变化等因素，因此投资决策总伴随着一定程度的风险。

企业项目投资（包括直接投资和固定资产投资）的主要风险表现为经营风险，涵盖产品需求波动、产品售价和成本变动、固定成本占比、企业投资管理能力及经营环境的变化等方面。显然，固定资产投资的主要形式是新建、扩建和改造，由于其投资变现能力最弱，投资风险相对较大，若投资风险所致损失超出企业承受能力，企业将不得不停止经营并宣告破产。

借助云会计平台，决策者可以通过大数据分析获取可靠信息，对潜在的风险因素和后果进行详尽的分析和预估，利用大数据的丰富信息资源不断调整战略目标和投资方向，从而将决策风险导致的损失降至最低。

（四）大数据构建新的竞争优势

在大数据环境下，企业需要应对数据的不断更新和变化，调整内部管理决策，提升企业的综合竞争力。传统企业决策过程往往是被动式的，依赖个人经验和主观想法，随着时间推移，决策内容容易出现偏差。因此，现代企业发展模式需要转向预判式的路径，对市场状况进行预判，充分掌握未来市场发展规律、客户需求及竞争对手的信息，从而在大数据竞争中占得先机。

大数据时代，企业运用大数据进行预判和制订管理决策变得至关重要。对于企业自身发展而言，大数据不仅是技术手段，更是全新的发展模式。大数据的出现，改变了企业管理决策知识获取方式、参与者及组织内容，为企业管理决策提供了新的发展路径。同时，有效运用大数据资源，能够在激烈的市场竞争中确保企业的战略优势地位，并提升企业的综合竞争力。

利用大数据技术，企业可以更加精准地洞察市场趋势和客户需求，制订更符合市场需求的产品和服务，从而在竞争中占得先机。此外，大数据还能帮助企业优化供应链管理、提升生产效率、降低成本及改善客户体验，为企业创造更多竞争优势。

总之，大数据正在成为当代企业竞争力提升的关键因素。企业需积极拥抱大数据技术，运用其深刻洞察市场和客户需求，制订高效的管理决策，以构建新型竞争优势，应对日益激烈的市场竞争。

三、大数据背景下企业决策管理的现实困境

（一）面临更加复杂的环境

大数据既为企业决策管理提供了更广阔的空间，提供了更丰富的信息来源，同时也导致企业面临更为复杂且不断变化的决策环境。海量数据的产生、传播与存储，客观上要求企业通过云计算平台快速实现数据的集中整合，构建高度集成的企业决策管理系统。在大数据背景下，复杂的环境因素影响企业决策信息的采集与分析、决策方案的制订与选择，从而增加决策者进行决策管理的难度。

（二）与企业决策相关的信息价值甄别难度大

在大数据时代，互联网上的数据爆炸式增长，使得处理信息的工作量加大，传统的数据管理和分析技术难以有效挖掘这些数据的潜在价值。企业在进行决策管理时，判断、取舍和利用信息价值的难度相应增大。因此，需要构建基于大数据技术的、功能强大的新型企业管理决策系统，以帮助企业更好地采集、甄别、分类、筛选有价值的数据，从而使决策制订更加科学化。

（三）企业决策的程序滞后于市场变化

传统企业决策程序往往复杂且耗时，容易导致决策滞后，从而错失发展良机。在大数据时代，企业需要制订科学的决策，简化决策程序，迅速作出决策，抢占市场制高点。通过应用大数据中的数据挖掘与分类整合功能，找出对企业决策有价值的数据参考，并迅速进行判断。

（四）传统的企业决策方法有待创新

在大数据时代，企业决策制订必须依据数据进行，大数据研究要求对大量数据进行统计性的搜索、比较、聚类、分类等分析归纳，关注数据的相关性。通过构建基于大数据支持的企业决策管理系统，在海量数据中挖掘规律性与隐藏的关系网络，利用支持度、可信度、兴趣度等参数反映相关性。发现与提高企业利润相关的方法，为企业决策管理提供战略支持。数据的相关性及其对企业决策的重要性，要求企业管理者顺应形势，及时改进决策管理的方法。

四、大数据时代企业投资决策优化

如前所述，随着大数据时代的到来，企业财务管理中，投资决策方式也面临着巨大的变革。传统的投资决策方法已经不能满足企业在高速发展的市场中的需求。因此，企业需要探索和运用大数据时代的优势，以提升财务管理中投资决策的水平，为企业的可持续发展提供强有力的支撑。此处对大数据时代下，企业财务管理中投资决策的优化途

径予以阐释。

（一）引入数据驱动的决策模式

在大数据时代，企业应摒弃基于经验和直觉的决策方式，转向依托大数据分析来支持决策。这种数据驱动的决策模式有助于企业在众多数据中寻找有价值的信息，提高决策的科学性和准确性。为实现这一目标，企业应建立起完善的数据采集、处理、分析和应用体系，并不断优化相关技术和方法。

1. 数据采集和处理

企业应建立起全面的数据采集和处理机制，确保所需数据的准确性、完整性和及时性。数据采集不仅应关注企业内部的财务数据，还需关注与企业财务相关的外部数据，如市场行情、供应链信息、行业政策等。此外，企业还需要关注非结构化数据，如社交媒体、消费者评论等，从中获取潜在的信息。在数据处理过程中，企业应引入先进的数据清洗、整合和挖掘技术，确保数据的质量和价值。

2. 数据分析和应用

企业应运用大数据分析方法，挖掘数据中的有价值信息，为决策提供支持。数据分析方法包括描述性分析、预测性分析、规范性分析等。描述性分析可以帮助企业了解过去的财务状况和表现；预测性分析有助于企业预测未来的发展趋势和风险；规范性分析则可以为企业提供优化决策的建议。在数据分析过程中，企业应综合运用各种技术和方法，确保决策的科学性和有效性。

3. 决策优化

基于大数据分析的结果，企业应优化投资决策，实现决策的精细化、动态化和个性化。具体而言，企业应结合数据分析结果，对财务政策、投资决策、成本控制、风险管理等方面进行优化。在决策优化过程中，企业应关注以下 3 个方面。

（1）精细化决策

基于大数据分析，企业可以深入挖掘数据中的细节信息，从而实现决策的精细化。例如，企业可以通过对成本数据的深入分析，发现不同业务、产品或部门的成本结构差异，从而制订更为精确的成本控制策略。

（2）动态化决策

在大数据时代，市场环境和企业经营状况的变化速度加快，企业应实现投资决策的动态化。这意味着企业应根据实时数据分析结果，及时调整决策，以适应市场和经营环境的变化。

（3）个性化决策

大数据分析可以帮助企业深入了解客户需求、供应商特点和竞争对手策略等方面的信息，从而实现投资决策的个性化。例如，企业可以根据客户信用评级、购买历史等数据，制订针对性的信用政策和营销策略。

（二）提升财务管理人员的数据素养

在大数据时代，企业财务管理人员需要具备较高的数据素养，包括数据分析技能、数据敏感度和数据驱动的决策思维。企业应加强对财务管理人员的培训和素质提升，以适应大数据时代的需求。

1. 培训财务管理人员的数据分析技能

企业应开展针对财务管理人员的数据分析技能培训，包括数据处理、数据建模、数据可视化等方面。此外，企业还应鼓励财务管理人员学习相关的编程语言、数据库技术和数据分析工具，提升其数据分析能力。

2. 提高财务管理人员的数据敏感度

财务管理人员应具备较强的数据敏感度，能够在众多数据中发现有价值的信息。企业应通过案例分析、实战演练等方式，培养财务管理人员的数据敏感度。

3. 培养财务管理人员的数据驱动决策思维

企业应强调数据驱动决策的重要性，引导财务管理人员形成以数据为基础的决策思维。这意味着财务管理人员在制订决策时，应充分利用数据分析结果，避免过度依赖个人经验和直觉。企业可通过培训、研讨会和实践项目等方式，帮助财务管理人员养成数据驱动决策的思维习惯。

（三）构建财务管理的大数据平台

为实现大数据时代下投资决策的优化，企业应构建财务管理的大数据平台。大数据平台应具备数据采集、处理、分析和应用等功能，为企业投资决策提供全面的支持。

1. 数据存储与管理

企业应建立统一的数据存储与管理系统，整合企业内外部的财务数据。系统应具备高可用性、可扩展性和安全性，确保数据的稳定和安全存储。

2. 数据分析与挖掘

企业应采用先进的数据分析与挖掘技术，对财务数据进行深入分析。这包括运用统计分析、机器学习、人工智能等技术，挖掘数据中的有价值信息和潜在规律。

3. 数据可视化与报告

企业应将数据分析结果以可视化的形式展示，帮助财务管理人员更直观地了解数据分析结果。此外，企业还应制订标准化的数据报告，为决策提供依据。

4. 数据应用与决策支持

企业应将大数据分析的结果应用于投资决策，实现决策的优化。具体而言，企业可通过大数据平台提供的决策支持功能，帮助财务管理人员制订更科学、合理的决策。

（四）加强财务管理的数据安全和合规性

在大数据时代下，企业应重视财务管理数据的安全和合规性。具体措施如下所述。

1. 建立数据安全保障体系

企业应建立完善的数据安全保障体系，包括数据加密、数据备份、数据访问控制等措施，确保财务数据的安全性。

2. 加强数据合规性管理

企业应遵循相关法律法规和行业规范，加强数据合规性管理，包括对数据采集、存储、使用等环节的合规性进行监督和审查，确保数据的合规性。

3. 建立数据安全应急预案

企业应制订数据安全应急预案，确保在数据安全事件发生时能够迅速、有效地应对。应急预案应包括数据安全事件的识别、评估、处置和恢复等环节，以及相关责任人的明确和培训。

4. 增强员工数据安全意识

企业应加强员工的数据安全意识培训，使其了解数据安全的重要性和数据保护的方法。此外，企业还应建立数据安全奖惩机制，鼓励员工遵守数据安全规定，杜绝数据泄露和滥用现象。

（五）实现财务管理与其他业务领域的数据融合

在大数据时代，企业应实现财务管理与其他业务领域的数据融合，以提升决策的全局性和协同性。具体措施如下所述。

1. 整合企业内部数据资源

企业应整合财务管理数据与其他业务领域的数据资源，实现数据的一体化管理。这有助于企业发现财务管理与其他业务领域的潜在关联和协同效应，提升整体决策效果。

2. 建立跨部门数据协作机制

企业应建立跨部门数据协作机制，促进财务管理部门与其他业务部门的数据共享和协同。这有助于提高企业内部资源的利用效率，减少数据孤岛现象的发生。

3. 加强财务管理与其他业务领域的数据分析

企业应加强财务管理与其他业务领域的数据分析，挖掘数据中的跨领域价值。例如，企业可通过分析财务数据与销售数据的关联，发现销售业务对财务状况的影响，从而优化销售策略和财务政策。

（六）不断创新投资决策方法与技术

在大数据时代，企业应不断创新投资决策方法与技术，以适应不断变化的市场环境和技术发展。具体措施如下所述。

1. 关注前沿技术动态

企业应关注大数据、人工智能、区块链等前沿技术的发展动态，并评估其在财务管理领域的应用价值。这有助于企业及时掌握技术发展趋势，为创新投资决策方法提供技术支持。

2. 开展投资决策方法研究

企业应开展投资决策方法研究，探讨如何将大数据、人工智能等先进技术应用于投资决策。这包括研究基于大数据的财务预测模型、人工智能在风险管理中的应用等方面，为企业提供更为科学、精准的决策方法。

3. 探索新的投资决策技术应用场景

企业应积极探索新的投资决策技术应用场景，以拓展财务管理的功能和价值。例如，企业可尝试将区块链技术应用于供应链金融、票据管理等领域，提高财务管理的效率和安全性。

4. 与高校、研究机构合作

企业应与高校、研究机构建立合作关系，共同开展投资决策方法与技术的研究。这有助于企业获取最新的研究成果和技术资源，提升投资决策的水平。

（七）规避决策中大数据使用的误区

1. 误区1——认为中小规模数据无挖掘价值

大数据的规模标准不断变化，当前的定义泛指数据集大小在数十TB和数PB之间。然而，日常数据集中，绝大多数规模较小，但占全球数据集总量的90%以上。企业应重视对数据资源的获取与利用。实际上，即使规模未达到TB级别的数据挖掘也具有价值。许多报道的大数据挖掘应用案例，规模也只是TB级别。

2. 误区2——认为需要解决非结构数据挖掘技术问题才能进行大数据分析

据统计，2016年全球互联网流量中55%为视频。视频为非结构数据，规模庞大。有研究表明，大数据中90%为非结构数据。尽管语音机器翻译已取得进展，但视频图像智能识别尚不成熟。目前，大量大数据应用成功案例针对的是结构数据。因此，企业不必等待非结构数据挖掘技术成熟，可从结构数据挖掘切入大数据应用。

3. 误区3——认为数据样本规模比普遍性更重要

这里涉及观察对象数据取样的密集度和时间或空间跨度问题。例如，记录一个人每分钟活动数据对了解其身体状况很有帮助，而每秒记录的数据量将是前者的60倍，尽管如此，其价值并不会相应增加。在相同规模下，如收集约86400次数据样值，以秒为间隔大约一天，以分钟为间隔则为两个月。从保健角度看，后者数据反而更有价值。

4. 误区4——认为所有数据同等重要

虽然各类传感器都有用处，但并非同等重要。需要根据检测不同指标对不同类型传感器结果进行加权处理。例如，在分析蓝藻可能发生的条件时，溶解氧、水温和电导率数据加权值较高，而氨氮、硝酸盐和pH数据加权值较低。每类数据重要性随关注点变化，同一类型传感器在不同位置和时间收集的数据重要性也不同。

5. 误区5——认为数据都是可信的

传感器收集的数据并非都可信。特别是某传感器历史数据与同类其他传感器数据差异较大时，该数据应弃用。避免数据不可信的方法包括收集多源异构数据，如结合城市交通监控系统、政府数据和网民数据，可以了解交通拥堵原因。通过与历史数据对比，更容易发现数据异常。使用数学模型检验数据，则有助于推断数据可信性。

6. 误区6——认为大数据挖掘会侵犯隐私而不可进行

诚然，大数据存在安全和隐私保护隐患，重要数据存储和应用不能过分依赖大数据分析技术和平台，需重视信息泄密风险。但不可因噎废食，认为大数据挖掘是不可进行的。实际上，大数据挖掘和利用需依法进行，既要鼓励面向群体且服务社会的数据挖掘，又要防止侵犯个体隐私的行为；既要提倡数据共享，又要防止数据滥用。例如，美国政府公开数据以城市邮政编码街区为单位提供统计数据，但屏蔽具体住户隐私。

7. 误区7——认为大数据挖掘全靠技术

大数据挖掘涉及数据获取、存储、计算、传输、分配、挖掘、呈现和安全等环节，均需技术支持，而大数据技术也已成为国际竞争焦点和新兴学科。但大数据挖掘不仅是技术问题，还需法律支持、创新人才和体制改革。如部门和机构拥有大量数据却不愿共享，将导致信息不完整或重复投资。政府信息公开对打破数据割据局面具有重要作用。

第三节　大数据时代下企业的预算、成本管理

一、大数据时代下企业的成本

（一）大数据对企业成本的影响

1. 大数据对成本预测的影响

大数据可以帮助企业更加准确地预测成本，预测的结果更加客观、科学、准确。通过大数据技术，企业可以对历史数据和未来趋势进行分析和预测，从而制订更加准确的成本预测计划。

2. 大数据对成本控制的影响

（1）更加精细的成本管理

大数据可以帮助企业更加精细地管理成本，对成本进行更加深入、全面的分析和管理，提高成本控制和管理的效率、准确性。

（2）更加准确的成本分析

通过大数据技术，企业可以对各项成本进行全面、深入的分析，从而更加准确地把握成本的变化趋势和成本结构，为成本控制、管理提供更加可靠的依据和支持。

（3）更加智能的成本控制

通过大数据技术，企业可以利用人工智能等技术手段，实现成本控制的自动化和智能化，提高成本控制和管理的效率、准确性。

3. 大数据对成本核算的影响

（1）更加高效的成本核算

通过大数据技术，企业可以对成本进行更加高效、自动化的核算，减少人力资源和时间的浪费，提高成本核算的效率和准确性。

（2）更加客观的成本核算

通过大数据技术，企业可以实现成本的全面、深入的分析、核算，从而更加客观、科学地把握成本的变化趋势和成本结构，避免因人工核算带来的主观性和不准确性。

（3）更加灵活的成本核算

通过大数据技术，企业可以实现成本核算的灵活性和定制化，根据不同的业务需求和成本结构进行不同程度的核算、分析，以便更好地满足企业的需求。

4. 数据对成本决策的影响

（1）更加科学的成本决策

通过大数据技术，企业可以对成本进行全面、深入的分析、决策，从而制订更加科学、可靠的成本决策方案，提高企业的决策效率和准确性。

（2）更加客观的成本决策

通过大数据技术，企业可以实现成本决策的客观性和科学性，避免因主观因素和不准确的数据带来的错误决策，从而提高成本决策的准确性和可靠性。

（3）更加智能的成本决策

通过大数据技术，企业可以实现成本决策的自动化和智能化，利用机器学习、人工智能等技术手段，提高成本决策的效率和准确性，减少人力和时间成本。

（二）大数据背景下企业成本的变动

在不同企业中，大数据对内部协调成本和交易费用的影响程度各有不同，这主要受到组织结构、企业文化、技术特性、信息特性等组织因素的影响。因此，在某些企业中，内部协调成本的降低速度快于交易费用，这导致企业纵向边界不断扩大，企业规模逐渐增长。这类企业的典型发展模式是通过整合产业链上下游的数据来实现业务扩张。相反，其他企业的内部协调成本下降速度慢于交易费用，企业纵向边界逐渐缩小，企业规模变得更加紧凑，对外部资源的依赖性增加。这类企业的典型发展模式是以平台为核心，实现资源的快速、低成本交换。

在企业实践中，一方面，越来越多的企业通过大规模的并购及战略联盟等方式实现扩张，扩大企业规模。近年来，IBM、谷歌、戴尔、联想等企业在云计算产业上下游进行了大量并购。另一方面，越来越多的企业在应用大数据后实施流程重组、资产剥离，以缩小规模，采用外包、众包、租赁等方式来完成价值链上的某些环节，企业规模呈现出小型化趋势，如宝洁公司采用的众包创新模式。

应用大数据可以有效地降低企业内部协调成本，而大数据在经济社会的广泛应用则能有效地降低交易费用。这两者的综合作用引起企业纵向边界的变动。成本管理是现代企业财务管理的重要组成部分，对于促进增产节流、加强会计核算、改进生产管理、提高企业整体管理水平具有重大意义。

现代企业成本管理面临诸多挑战。例如，相关成本数据无法及时获得，导致成本核算失误；成本控制往往局限于生产环节，忽视流通环节，难以实现全过程成本控制。在大数据时代，财务管理人员能够及时采集企业生产制造成本、流通销售成本等各种类型数据，并将这些海量数据应用于企业成本控制系统。通过准确汇集、分配成本，分析企业成本费用的构成因素，区分不同产品的利润贡献程度并进行全方位的比较与选择，从而为企业进行有效的成本管理提供科学的决策依据。

在大数据时代，传统的会计数据处理模式难以以低成本且有效的方式来解决会计大数据问题。会计云计算为企业集团的会计核算提供了良好的技术支持。会计云计算是一个能为企业提供全天候处理完整业务服务的操作平台，多家企业通过企业操作平台组成一个完整的虚拟网络，使得企业之间形成一条完整的信息链，实现企业间的协作与同步，进而实现企业业务和效益的优化。

会计云计算可以像企业用电一样，按使用量进行付费，这就大大减少了购买会计计算所需的软硬件产品的资金，同时免去了耗力且耗时的软件安装和维护。不仅如此，会计云计算具有很好的存储能力与计算能力，能对物联网中人的行为和物的行为产生的海量数据进行有效的存储，能快速地处理结构化类型的数据和声音图像等非结构化类型数据。

云计算模式下发展的数据仓库和数据挖掘技术能快速有效地处理会计大数据问题。基于数据仓库提供的大量原始数据，使用数据挖掘技术找到原始数据潜在的某些模式，这些模式可以给决策者提供有力的决策依据，从而有效地减少商业风险。

会计云计算的消费者并不需要清楚会计云计算在网络中的位置，只要有网络的支持，任何地点的消费者都可以通过网络访问云计算服务。由于会计云计算提供虚化的、抽象的物理资源，这些资源可以被云计算提供商租给多用租户。会计云计算提供的资源规模是具有弹性的，业务量增加时，资源规模会发生扩展；反之，资源规模则会收缩。但这种动态变化的过程并不会中断会计云计算服务，对用户也是透明的。云计算的资源使用是可以被计量且可被控制管理的，云系统可以根据计量服务自动控制并优化资源使用。可以说，云计算是会计大数据的综合解决方案。

随着企业信息化和云计算的发展，企业在提供产品的方式、速度和质量上发生了变化，企业的组织流程、产品服务和业务模式有所创新。随着移动互联网逐步取代了桌面互联网，IT 企业给消费者提供的不仅仅是产品，还可以是基于互联网的服务，IT 企业发生了由提供产品模式到提供服务模式的转变。

在提供产品模式下，一般企业向 IT 公司采购应用软件、操作软件和服务器硬件时需要投资巨额的资金，更不用说为了完成企业信息化，雇佣相关的信息技术人员进行企业的信息存储和信息计算所消耗的费用。当然，也少不了维护费用。但是，转化成服务交付模式时，与提供产品模式不同，云服务的提供商和消费者旨在在特定技术目标或业务目标下实现交互行为。云服务提供商可以向消费者提供全套的信息化服务，企业不需要进行传统模式下的投资，只需购买云服务提供商的信息化服务，获得信息化使用权。这就免去了一次性购买投资的巨额资金，只需随时支付购买服务的营运费用即可。

这种变化使企业更加关注核心竞争力，将非核心业务外包或通过云服务获取，从而实现更高的运营效率。同时，企业可以根据业务需求灵活调整购买的云服务，进一步降低成本。此外，由于云计算服务商通常拥有更高级别的安全防护措施，企业数据的安全性也得到了提升。

在大数据和云计算的支持下，企业可以更好地预测市场需求，调整生产计划和资源分配，降低库存成本。此外，通过大数据分析，企业能够更精确地制订营销策略，提高广告投放的精准性，降低营销成本。在供应链管理方面，大数据和云计算帮助企业实现供应链的透明化，提高供应链合作伙伴之间的协同效应，降低供应链成本。

（三）当前企业财务成本管理中存在的问题

1. 数据质量问题

在企业财务成本管理中，数据质量是关键因素之一。然而，在实际应用过程中，却常常会出现数据质量问题。数据质量问题包括数据的准确性、完整性、时效性和一致性等，这些问题会导致企业在成本控制、成本分析和成本决策等方面出现偏差。

首先，数据的准确性是数据质量中最基本的要求之一。如果数据不准确，就会导致企业作出错误的决策。例如，如果企业在成本分析中采用的成本数据不准确，就会导致企业在决策时将成本高估或低估，从而影响企业的经济效益。

其次，数据的完整性是数据质量的重要组成部分。数据的完整性要求数据必须全面、完整、无缺失。如果数据不完整，就会影响企业对成本的分析和决策。例如，如果企业在成本分析中缺少一些重要的成本数据，就会导致企业在决策时对成本的分析不准确，进而影响企业的经济效益。

再次，数据的时效性也是数据质量的重要方面。在企业的财务成本管理中，需要及时获取、分析和处理成本数据，如果数据时效性不高，就会影响企业对成本的实时掌握和分析。例如，在成本决策中，如果企业使用的数据已经过时，就会导致企业的决策不准确，进而影响企业的经济效益。

最后，数据的一致性同样是数据质量的重要要求。企业需要保证数据的一致性，即保证不同来源的数据在同一时间点和同一地点是一致的。如果数据的一致性不高，就会导致企业在成本分析和决策中出现偏差。

2. 管理体系不完善

企业的财务成本管理体系是成本管理的重要保障，包括成本核算、成本分析、成本控制、成本决策等多个环节。然而，目前很多企业的财务成本管理体系并不完善，缺乏统一的管理流程和标准，导致成本管理效率低下，财务成本管理水平整体偏低。

（1）缺乏统一的管理流程

如果企业缺乏统一的管理流程，就会导致各部门之间的协调不足，工作效率低下，容易出现信息孤岛的情况。这会造成成本管理的效率低下，难以实现企业成本的有效控制。

（2）缺乏标准化的成本管理

不同的成本管理标准可能会导致企业之间的成本管理数据不一致，进而影响企业的成本分析和决策。如果企业缺乏标准化的成本管理标准，就会导致成本管理数据的统一性和可比性不足，难以进行精细化的成本管理和控制。

（3）缺乏合理的管理体系

企业需要建立完善的成本管理体系，包括成本核算、成本分析、成本控制、成本决策等多个环节。如果企业的成本管理体系不完善，就会导致成本管理效率低下，无法准确掌握成本的来源和分配情况，影响企业的经济效益。

（4）缺乏有效的沟通和协调机制

企业内部各部门之间需要建立良好的沟通和协调机制，共同推动成本管理工作的开展。如果企业缺乏有效的沟通和协调机制，就会导致成本管理信息的不畅通和工作的不协调，影响企业成本管理效果的实现。

3. 成本决策过程不科学

在企业财务成本管理中，成本决策是一个重要的环节，对企业的经济效益具有重要的影响。然而，目前很多企业在成本决策方面存在不科学的问题，这主要表现在以下4个方面。

（1）缺乏全面的成本信息

成本决策需要充分考虑各项成本信息，包括直接成本、间接成本、固定成本、可变成本等，但很多企业在成本信息采集和分析上存在不足。如果企业缺乏全面的成本信息，就可能导致成本决策的不科学，进而影响企业的经济效益。

（2）忽视长期效益

很多企业在成本决策中往往只考虑短期的成本效益，而忽视长期效益。这种做法会导致企业在长期发展中面临更大的挑战和风险，进而影响企业的经济效益。

（3）缺乏风险评估和管理

成本决策涉及一定的风险，但很多企业在成本决策中缺乏科学的风险评估和管理。这可能导致企业面临更大的风险和损失，影响企业的经济效益。

（4）缺乏成本管理的技术支持

成本决策需要用到多种技术手段，如大数据分析、云计算、人工智能等，但很多企业缺乏成本管理的技术支持，难以保证成本决策的准确性和及时性。

4. 成本控制不够精细

（1）缺乏有效的成本控制手段

成本控制需要用到多种手段，如预算控制、合理化成本、资源优化等，但很多企业缺乏有效的成本控制手段，进而影响企业的经济效益。

（2）成本控制过于粗放

很多企业在成本控制中往往只注重成本总量的控制，而忽视成本结构的优化。这种做法会导致企业在经营过程中存在浪费，影响企业的经济效益。

5. 信息化程度低

（1）系统集成度低

很多企业的财务成本管理系统存在信息孤岛和功能单一的问题，没有实现系统的集成和共享，导致信息流动不畅，难以形成全面的成本信息支撑体系。

（2）数据管理不规范

企业在财务成本管理中所涉及的数据量庞大，如果没有规范的数据管理，就难以保证数据的准确性和完整性，进而影响财务成本管理的效果。

（3）技术水平落后

很多企业在财务成本管理的信息化方面技术水平落后，没有掌握先进的技术手段和工具，难以有效地处理和分析成本数据，影响决策的科学性和效率。

（4）人员意识淡薄

企业中很多人员对于财务成本管理的信息化意识不够，对于信息化工具和技术的运用存在误解和抵触，难以形成企业全员信息化的共识和支持。

6. 缺乏前瞻性

（1）缺乏长期战略规划

很多企业在财务成本管理中缺乏长远的战略规划，只注重短期的财务目标和效益。这种做法会导致企业难以预测未来的发展趋势和挑战，进而影响企业未来的发展和经济效益。

（2）缺乏前瞻性的成本管理思路

很多企业在成本管理方面缺乏前瞻性的思路，只注重眼前的成本控制和降低，而缺乏对未来成本的预测和管理。这种做法会导致企业在未来发展中面临更大的风险和挑战，影响企业的经济效益。

（3）缺乏全面的行业和市场信息

企业在财务成本管理中需要充分了解所处的行业和市场信息，了解未来的发展趋势和竞争环境，但很多企业缺乏全面的行业和市场信息，难以进行有效的预测和规划。

（4）缺乏前瞻性的投资和创新

企业在财务成本管理中需要具备前瞻性的投资和创新，以应对未来的发展趋势和挑战，但很多企业缺乏前瞻性的投资和创新，难以在未来中具有竞争力和市场地位。

7. 缺乏人才支持

（1）缺乏专业人才

财务成本管理是一项专业性很强的工作，需要具备财务和管理方面的专业知识和技能。但是，当前很多企业缺乏专业人才，无法对成本进行有效的管理和控制。

（2）缺乏前瞻性人才

在信息化时代，企业需要具备前瞻性的财务管理人才，能够把握市场变化和发展趋势，为企业提供有针对性的支持。但目前很多企业缺乏前瞻性人才，无法有效地预测未来的市场变化。

（3）缺乏创新型人才

随着市场的不断变化和竞争的加剧，企业需要具备创新型的财务管理人才，能够不断开拓新的成本管理思路和方法。但是，目前很多企业缺乏创新型人才，难以有效地应对市场变化。

（4）缺乏团队协作能力

财务成本管理需要团队协作，但是很多企业缺乏团队协作的能力，导致成本管理的效率和质量无法得到有效提升。

（四）将大数据技术应用于企业财务成本管理的优势

1. 帮助企业合理规划产品生产，减少成本浪费

随着大数据技术的不断发展和普及，企业可以将大数据技术应用于财务成本管理中，从而实现成本管理的更加精确和高效。大数据技术的应用可以帮助企业合理规划产品生产，减少成本浪费，具体表现在以下 4 个方面。

（1）数据分析与预测

通过大数据技术，企业可以对历史数据进行分析和预测，包括产品的销售情况、市场需求、成本结构等，以便更好地规划产品生产和控制成本。例如，企业可以通过分析销售数据，了解不同产品的销售情况和趋势，从而优化产品组合和生产计划，减少库存和浪费。

（2）成本监控和优化

通过大数据技术，企业可以实现成本的实时监控和优化。例如，企业可以通过大数

据技术监测生产过程中的能源消耗和原材料浪费情况，从而实现成本的精准控制和优化。另外，通过对生产过程中的数据进行分析，企业还可以发现生产中存在的瓶颈和问题，进而采取相应措施解决。

（3）财务决策的支持

大数据技术可以为企业财务决策提供有力支持。通过对大量的数据进行分析和挖掘，企业可以更加准确地预测市场需求、产品价格和成本结构等，为企业财务决策提供有力支持。例如，企业可以通过大数据技术预测不同产品的销售情况和价格变化趋势，从而为企业制订产品定价策略提供参考。

（4）成本管理的智能化

大数据技术可以实现成本管理的智能化。通过对大量的数据进行分析和挖掘，企业可以实现成本管理的自动化和智能化，从而大大提高成本管理的效率和精确度。例如，企业可以通过大数据技术自动识别和分析不同成本项目的支出情况，从而实现成本管理的智能化和精确化。

2. 推动企业财务成本核算及时化与智能化的实现

大数据技术应用于企业财务成本管理，能够推动企业财务成本核算及时化与智能化的实现。具体表现在以下 4 个方面。

（1）数据采集与整合

大数据技术可以帮助企业实现成本核算数据的及时采集和整合。通过与企业内部的财务系统和其他相关系统进行数据集成，可以将来自不同来源的数据汇总到一起，从而实现财务成本核算数据的集中管理和整合。这可以使企业在成本核算方面更加精确和高效。

（2）成本分析与预测

大数据技术可以帮助企业实现成本数据的分析和预测。通过对大量的成本数据进行分析和挖掘，企业可以发现不同成本项目的支出情况和变化趋势，从而为企业制订成本控制策略提供参考。另外，通过对历史数据的分析和预测，企业还可以预测未来成本的变化趋势，从而为企业制订更加科学的财务计划和预算提供支持。

（3）成本核算的智能化

大数据技术可以帮助企业实现成本核算的智能化。通过自动化和智能化的成本核算系统，可以实现成本数据的自动采集、整合、分析和处理，从而大大提高成本核算的效率和精确度。另外，大数据技术还可以通过智能化的方式实现成本核算数据的实时监控和预警，帮助企业及时发现和解决成本管理中的问题。

（4）成本决策的支持

大数据技术可以为企业成本决策提供有力支持。通过对大量的成本数据进行分析和挖掘，可以发现成本支出的重点和优化空间，为企业成本决策提供有针对性的建议。例如，通过大数据技术分析不同成本项目的支出情况，企业可以找到成本支出较高的项目，进而优化成本支出的结构和方向。

3. 实现对企业成本控制的动态化监督

大数据技术应用于企业财务成本管理，能够实现对企业成本控制的动态化监督。具体表现在以下 4 个方面。

（1）成本监控的实时化

通过大数据技术，企业可以实现成本监控的实时化。企业可以建立实时监测系统，通过对企业成本数据进行实时监测和分析，发现成本异常波动和变化趋势。这可以帮助企业及时发现成本控制中的问题，并采取相应措施进行调整。

（2）成本分析的深度化

大数据技术可以帮助企业深入分析成本数据。通过对大量的成本数据进行分析和挖掘，企业可以发现成本支出的重点和优化空间。这可以为企业提供更加科学的成本控制策略，把握成本控制方向，帮助企业在成本控制方面更加高效和精确。

（3）成本控制的精准化

大数据技术可以帮助企业实现成本控制的精准化。通过大数据技术，企业可以深入了解不同成本项目的支出情况和变化趋势，发现成本控制中存在的问题和瓶颈，从而采取相应措施进行调整。这可以帮助企业实现成本控制的精准化，减少成本浪费和损失。

（4）成本控制的自动化

大数据技术可以帮助企业实现成本控制的自动化。通过自动化和智能化的成本控制系统，可以实现成本数据的自动采集、整合、分析和处理，从而大大提高成本控制的效率和精确度。另外，通过成本控制系统的智能化，可以自动识别和预测不同成本项目的支出情况和趋势，从而实现成本控制的自动化和智能化。

4. 增强企业业绩评价的数字化和客观性

将大数据技术应用于企业财务成本管理，能够增强企业业绩评价的数字化和客观性。具体表现在以下 4 个方面。

（1）数据可视化与分析

大数据技术可以帮助企业将成本管理数据进行可视化和分析，从而增强业绩评价的数字化和客观性。通过大数据技术，企业可以将成本管理数据以可视化的方式呈现，如使用图表、表格等方式展示成本数据和趋势。这可以帮助企业更加直观地了解业绩情况，以及成本管理方面存在的问题和瓶颈，为企业制订相应策略提供支持。

（2）数据挖掘与分析

大数据技术可以帮助企业进行数据挖掘和分析，从而增强业绩评价的客观性。通过对大量的业绩数据进行挖掘和分析，企业可以发现业绩变化的趋势和规律，从而为企业制订更加科学的业绩评价指标和标准提供支持。另外，大数据技术还可以帮助企业分析业绩和成本之间的关系，从而帮助企业更加科学地制订成本控制策略、把握成本控制方向。

（3）业绩预测和预警

大数据技术可以帮助企业进行业绩预测和预警，从而增强业绩评价的客观性。通过对历史数据和趋势进行分析，企业可以预测未来的业绩变化趋势，为企业制订业务计划和预算提供支持。另外，大数据技术还可以帮助企业实现业绩预警，及时发现业绩异常波动和变化趋势，从而采取相应措施进行调整。

（4）智能化业绩管理

大数据技术可以帮助企业实现智能化业绩管理，从而增强业绩评价的数字化和客观性。通过自动化和智能化的业绩管理系统，可以实现业绩数据的自动采集、整合、分析和处理，从而大大提高业绩评价的效率和精确度。另外，通过智能化的方式，可以实现业绩数据的实时监控和预警，及时发现业绩异常波动和变化趋势，从而帮助企业及时调整业务计划和提高业绩。

（五）大数据时代财务成本管理的有效对策

1. 建立信息系统

在大数据时代，企业需要建立一个财务成本管理信息化系统，通过利用系统功能弥补传统财务成本管理手段的不足，降低管理难度，从而提高管理效率。财务成本管理信息化系统由应用层、逻辑层和网络层构成。

在这三层中，逻辑层包含相关算法和数据库等过程。管理人员可以利用系统的功能进行财务数据统计、整理财务大数据、分析规律，为企业决策提供支持。

网络层主要负责提供数据传输渠道，通过光信号和电信号的转换实现通信功能。这有助于企业各部门之间的沟通，解决信息不对称问题，提高财务成本管理效率。

应用层功能丰富，是管理人员在日常操作系统过程中经常使用的部分。通过应用层，管理人员可以对数据进行存储、修改、调整或进行数据分析。这些系统的应用可以提高财务成本管理的便利性，使企业的财务成本管理满足大数据时代的要求。

2. 注重数据运用

（1）成本预测

在大数据时代，企业需要利用信息化系统进行成本预测，基于预测结果实现财务成本的优化控制，减少成本浪费，提高经济效益，充分发挥财务成本海量数据的价值。通常情况下，企业的财务成本具有一定的规律性。在企业业务类型和业务量保持不变的情况下，成本通常与当前市场环境变化存在一定关系。

即使业务发生变化，财务成本管理人员也可以利用过去的成本数据进行未来成本预测。例如，通过财务成本管理信息化系统整理以往财务成本变化规律，计算平均成本，了解成本波动特征。然后结合当前材料、人员等市场价格变化情况，计算未来成本。这样，在企业未来运行过程中，能够实现成本优化控制。

（2）决策制定

在大数据时代，企业可以利用大数据技术和信息化系统制定未来发展决策，为优化经营方案提供参考。首先，企业需要积累过去的财务成本数据，并将数据存储到系统中，形成大数据。接着，财务成本管理人员需要利用系统功能对数据进行统计和整理，运用系统内的算法将数据规律以图像形式呈现。通过观察图像，可以了解企业成本变动规律。总结低成本、高效益区间内的财务成本管理经验，以获取更完善的财务成本管理计划。

上述计划通常反映了企业过去单位时间内的财务状况。财务成本管理人员可以基于这些情况制订未来发展决策，确保进一步降低成本，提高企业经济效益。

（3）成本控制

成本控制涉及全过程控制，而非仅限于某一阶段。在大数据时代，企业可以利用财务成本信息化系统改进成本控制方法。例如，在确定项目预算后，企业可为项目执行提供资金，项目需将成本控制在预算范围内。

由于项目执行时间较长，长期内成本控制具有一定难度。因此，企业财务成本管理人员可以将项目分解为不同阶段，按时间划分，并确定每个阶段的成本。接着，利用财务成本管理信息化系统实时监测成本使用情况。在项目执行过程中，项目负责人需要每天将资金使用信息传输到系统中，财务成本管理人员可利用这些信息预测未来成本变化趋势，判断是否在预算范围内。如存在超预算风险，须立即调整项目方案，优化成本控制效果。

3. 优化管理方法

企业财务成本管理内容丰富，主要包括战略成本管理、生命周期管理和供应链管理。这三种类型都可以通过大数据技术实现。

（1）战略成本管理

战略成本管理是以实现企业战略目标为目的，通过减少实现目标所需成本的过程进行的管理。在大数据环境下，企业可利用大数据技术分析内部和外部信息，结合多种信息进行企业战略定位，确定成本动因，同时分析作业链和价值链。

通过分析结果，判断战略成本的大致总量，并从实现战略目标的多个流程出发，尽可能缩减成本，实现战略成本优化控制，提高企业财务成本管理水平。需要注意的是，在战略成本管理过程中，企业应确保内外部信息收集准确，全面客观地了解自身资源总量和实力，以准确评估竞争力，科学制定战略目标，确保以较低的成本实现战略目标。

（2）生命周期管理

企业经营过程由多个周期组成，从产品角度进行分析，可分为引入期、成长期、成熟期和衰退期。在不同阶段，企业需采用不同的财务成本管理手段来优化控制成本，尽可能减少成本浪费，开源节流，提高经济效益。为实现这一目标，企业需应用大数据技术。

首先，在产品引入期，企业可利用大数据技术分析市场环境，了解产品市场定位、价格、市场饱和程度以及竞争对手状况，从而粗略确定引入成本。其次，在产品成长期，企业可利用大数据技术分析当前市场中的产品类型和功能，基于用户需求确定产品未来发展方向。再次，在产品成熟期，企业可借助大数据技术预测产品未来发展趋势，判断是否及时退出市场，避免过多成本投入，从而实现成本优化控制。最后，在产品衰退期，企业需通过大数据技术分析竞争对手状况和用户喜好，最终决定退出市场或根据用户喜好进行产品创新。

（3）供应链管理

供应链管理是从产品原材料采购到生产、销售及售后各环节相互结合形成的闭环。在企业财务成本管理过程中，针对供应链进行管理已成为大数据背景下企业应关注的重点。如何在供应链的不同阶段控制成本是企业需要考虑的主要问题。

从产品原材料购买角度分析，企业可借助大数据技术对市场中的材料进行比较，评估材料质量和单价，从中选择性价比高的材料用于生产。在生产环节，企业可通过大数据技术优化生产流程，降低生产成本。在销售环节，企业可利用大数据分析消费者行为和市场趋势，制订合适的定价策略和营销手段，以提高销售额和利润。在售后环节，企业可通过大数据分析客户反馈，不断改进产品质量和服务，降低售后成本。

总之，在大数据时代，企业需要建立财务成本管理信息化系统，注重数据运用，优化管理方法，以实现财务成本管理的高效与优化。

二、大数据时代下的全面预算体系

（一）大数据时代预算管理与传统预算管理

1. 传统预算管理的不适应性

自 20 世纪 20 年代传统全面预算管理在美国杜邦和通用汽车等公司得到应用以来，作为一种标准操作程序，一直为现代工商企业的成熟和发展提供重要支撑。然而，随着经济全球化的发展和行业竞争的加剧，企业组织的核心已逐渐从财务控制转变为战略管理。在这种情况下，基于授权和问责的适应性组织需要全新的管理程序，而过于僵化的传统预算程序和命令控制型文化显然会妨碍企业的发展，甚至成为管理的障碍。

为应对这种现象，1998 年 1 月，"国际高级制造业协会"专门成立了一个研究论坛——"超越预算圆桌会议"（BBRT）。BBRT 认为预算是阻碍公司有效运作的主要障碍，并提出了一套"超越预算"的原则和方法，以构建新的组织管理控制系统。

传统预算管理为何受到如此严厉的批评？关键在于企业环境发生了巨大变化，而现今大多数公司所采用的预算方法与早期相比并无明显改进。在早期，公司经营环境与现在的环境截然不同。那时，市场由供应方主导，不需关注顾客需求。此外，当时各地区的业务活动相对有限，财务环境稳定，因此全球化问题尚不存在，商业运作的核心是控制。

然而，如今的经营环境发生了巨变。全球化带来了各行业范围内的激烈竞争，顾客的选择不再受限，他们可以自由获取信息。当前的经营环境不够稳定，变化速度过快，人们也尝试从控制时代转向授权时代。在当前的经济环境下，预算往往在刚刚制订完成时就显得过时了。越来越多关于传统预算的批评不断涌现，包括通用公司前总裁杰克·韦尔奇对预算的强烈反感。他曾表示："预算是美国公司的祸根，根本不应该存在。"财务专家麦克·詹森也认为，基于传统预算进行评价和奖惩实际上是"花钱让员工说谎"。这些实践界和理论界的顶尖人物的批评表明，预算在新的经济环境中确实已经显现出一定程度的不适应，具体表现在以下 4 个方面。

（1）战略体现力度不足

预算是战略与执行之间的桥梁，需要反映和支持战略。然而，传统预算在战略体现方面存在 3 个问题。

首先，预算缺乏足够的灵活性。在不断变化的环境中，规划型战略需要向明茨伯格提倡的适应型战略转变。战略管理的重心已经转向保证在多变环境中的灵活性和尽可能消除发展过程中的不确定性。为应对战略模式的转变，预算模式亦需创新。然而，传统预算模式往往在年度较早时期就开始制订次年度预算，强调预算的刚性。尽管存在预算调整这种使预算具备柔性的手段，但除非外部环境发生巨大变化，预算调整不会轻易使用。而且，烦琐的申报、研讨、批准流程往往导致战机丧失。

其次，预算目标通常是内向型的，忽视竞争对手，不利于竞争战略的贯彻落实。传统预算目标制定往往关注自身，而非关注市场前景和竞争对手。实际上，一个企业的市场地位取决于与竞争对手的相对优势，纵向历史对比有时是无意义的。

最后，过度关注财务数字的预算，忽略非财务数字的预算。预算是计划的数字化形式，但多年来实务界一直有把预算等同于财务预算的倾向，原因就在于非财务指标很难与财务指标建立数量联系，而且非财务指标内部之间也缺乏这种联系。这种数量关系的缺乏使得有着"提起来是一串儿，连起来是一片儿"要求的传统预算将非财务指标排除在主流之外。战略需要体现在企业多个层面，如人力资源、内部流程、客户服务等。正因如此，传统预算在战略体现方面并不十分得心应手。

（2）预算功能之间的矛盾

传统预算管理同时满足两方面需求：通过计划与预测合理分配资源，实现组织各环节的平衡，有效降低资源使用成本；以及根据组织战略制定预算目标体系，通过评价激励保证目标实现。然而，研究与企业实践表明，预算的这两种功能可能相互抵消。

首先，用于资源配置的预算要求准确性，注重客观实际，而业绩目标应是"紧的但可通过努力实现的"（tight but achievable），这样才能激发员工的积极性。如果预算同时承担考核评价功能，那么预算侧重点将转向主观要求、客观实际。

其次，当预算用于资源配置时，需要随着环境变化而不断调整，强调预算的柔性。但考核目标一旦确定，就必须保证其严肃性，除非内外部环境发生重大变化，否则目标不会轻易更改。因此，在基于预算进行考核时，需要保持一定的刚性要求。

在产品经济时期，厂商的支配力较强，消费者的选择余地较小，企业的内外部环境相对稳定。在这种情况下，预算的资源配置功能与考核评价功能的矛盾并不突出，预算在这两方面都能发挥良好作用。然而，随着技术进步和市场竞争加剧，消费者的主导地位日益凸显，企业经营环境变得不稳定。在这种背景下，若预算同时用于资源规划和考核评价，功能不协调的问题将变得更加明显。

（3）预算宽松现象

当预算作为业绩评价标准时，在制订预算目标的过程中，董事会与经理人之间会通过博弈确定一个预算目标作为考核基准。经理人在预算目标的博弈中更注重实现目标的可行性，力求在尽可能多地占有资源的条件下，实现较低的预期目标。这导致了所谓的"预算宽松"现象。

"预算宽松"不仅存在于股东与经理人的博弈中，还存在于各管理层级之间。预算目标的确定实际上是一个讨价还价的过程，涉及各方面权力和利益的调整。这种现象不仅削弱了预算功能，还破坏了组织内部的诚信文化。

（4）耗时、耗力

全面预算涉及业务、资金、人力资源等多方面，其复杂性导致预算工作耗时耗力。研究显示，年度预算占用管理者全年时间的 20%，每亿美元销售收入需要 25000 个预算工作日（人员数 × 工作时间）的支持。

尽管 ERP 等管理信息系统已大大降低了预算技术层面的工作量，但在确定预算目标的过程中，上下级之间的博弈和沟通过程仍然既耗时又耗神。

2. 大数据应用与预算管理之间的关系

（1）大数据为企业提供了更多的信息和资源

运用大数据可以全面提升企业的预算管理体系，从根本上改变企业获取信息的方式、分析信息的手段、传递信息的途径及处理信息的方法。虽然大数据并未改变全面预算的流程，但它促使基础数据及数据来源发生了根本性的变化，使全面预算编制更加多元化。在大数据时代，全面预算管理可以利用互联网对企业的大数据进行存储、抽取、分析等一系列操作，也可以利用云会计服务平台，对比同行业的数据信息以形成企业的行业数据、历史执行、对标数据等重要基础数据。

（2）大数据确保全面预算的管理和实施

首先，大数据提升企业预算编制水平。在大数据云会计服务端，企业的所有经营数据、财务数据都能得到整合和处理，并分析出更合理、切合实际的预算计划。同时，企业在编制全面预算时利用大数据云系统，也能提升效率，充分发挥系统作用。

其次，大数据优化企业全面预算的流程，实现相互结合的作用，建立起企业的宏观系统规划，加强有效的控制，完善统一的云数据处理中心。

最后，大数据与全面预算相互促进。大数据推动企业建立全面预算的数据中心，而企业也推动大数据云会计的进一步发展和应用。全面预算帮助大数据更有效地运作，为其提供更多的数据来源，两者之间是相辅相成、相互结合、相互实现的关系。

（二）大数据时代下预算管理的发展

1. 大数据时代企业预算管理的框架

（1）财务

在构建企业全面预算管理框架时，财务作为一个关键因素，以财务视角为出发点讨论企业预算具有实际意义。大数据为企业提供了强大的技术支持，这项技术能够全面了解企业的整体状况、财务状况和发展状况等，生成具体的数据和信息。企业管理者可以借助这些数据和信息来制订发展目标。

大数据技术在整合市场和政策动态等因素时更具客观性，对管理者的决策产生了巨大影响。全面预算的合理性和准确性基于具体的数据，大数据平台的预算分析为制订正确决策提供了客观和明确的依据，有助于企业优化资源整合和提高资源利用效率。

（2）客户

在制定企业目标时，需要充分考虑多方面因素，其中客户是一个关键因素，对企业目标的构建和实现产生重大影响。客户需求和行为趋势对企业经营方向有显著影响，因此在确定全面预算管理目标时，通常需要掌握客户需求和行为趋势，充分考虑客户满意度。

企业产品需具有独特性，应针对目标客户，兼顾产品质量、成本和其他需求，从而构建客观目标。客户心理需求可通过大数据技术获取，目前大数据技术的一个显著作用便是捕捉客户喜好，许多企业正是利用这一优势逐步发展壮大。大数据具有强大的计算和分析能力，能为企业提供客观的客户喜好和需求数据，进而根据这些数据不断调整发展方向、优化产品，赢得更多客户。

（3）内部运营

企业内部运营与全面预算管理关系密切，它们都属于内部运营内容。内部运营涉及企业经济效益和社会效益目标，在利用大数据技术分析资源时，需要综合考虑多种因素。企业当前的经营状况影响未来经营方向，直接决定整体销售策略。因此，在编制预算管理框架时，需要重视内部运营内容。内部运营涉及企业资金运作问题，对企业产能提升具有显著意义。

（4）学习与成长

尽管大数据技术为企业经营发展提供了有力支持，但企业仍须重视内部控制体系建设。企业的核心资源是员工，他们为企业创造价值，企业也需要为员工支付相应报酬。员工认为报酬与付出相当时，才会愿意为企业发展和壮大作出贡献。这涉及员工的考核问题，企业希望员工的综合能力和素质不断提高；同样，员工也期望企业给予相应的回报。

基于这种供需关系，利用大数据技术构建学习培训计划，既为员工创造学习和自我提升的空间，也为企业研发新产品、争取更多竞争机会创造条件。借助大数据技术，企业可以更加精确地评估员工绩效，制订个性化的培训计划，从而提高员工的专业技能和综合素质。通过这种方式，企业能够在激烈的市场竞争中立于不败之地，实现持续、稳定的发展。

2. 大数据时代预算管理的发展趋势

在大数据时代，虽然"互联网＋"和大数据并未改变企业管理的本质，但它们从根本上更新了信息获取、分析、传递和处理等方式。对于企业全面预算管理而言，尽管管理流程从战略目标分解到预算调整，再到分析和考核等方面并未发生变化，但大数据推动了基础数据和数据来源的根本性变化，使企业全面预算编制的数据更加丰富和多元。

（1）更准确的预算控制

在现有的企业预算管理模式下，企业信息数据之间的动态联系通常较少，财务人员常常不堪重负地处理大量数据，使预算管理无法充分发挥其预期作用，难以为企业经营决策提供有效指导。此外，由于缺乏有效的企业数据共享平台，预算管理的各个环节都需要人工信息传递和手工编制，无法实现及时控制，容易导致预算执行与实际情况出现偏差。

然而，在大数据时代的全面预算管理中，可以利用互联网对企业大数据进行抽取和处理，形成企业行业数据、历史执行、对标数据等各项重要数据基础，从而全面提升预算编制的精确性和科学性。通过整合后的大数据，重新构建预算分析来源并融入对标分析内容，能够为企业管理决策提供更全面的数据支持。

（2）个性化与动态化的预算编制

在大数据时代，传统的企业管理模式已无法满足经营生产需求。基于大数据的全面预算管理通过将企业海量数据利用云端汇聚到相关部门，实现预算编制个性化、预算分析科学化和预算控制精准化。企业可以充分结合自身需求和现有资源，有效利用市场中的海量数据，有针对性地为不同部门编制预算，将各部门有效连接起来，构建动态、实时、个性化的预算管理。

同时，在预算管理执行过程中，如遇到经营条件、政策法规、市场环境等变化导致预算执行结果出现偏差，可有效调整预算。利用企业和企业在云端存储的大量信息数据资源，合理编制预算调整方案，进行有效控制。

（3）预算分析的事前转变

企业预算管理工作需要定期对预算执行情况进行分析和总结，以找出提升经营管理效率的途径。然而，传统的预算分析模式通常是事后分析和事前预测，分析的数据多为已经发生的事实。这种情况下，在数据出炉后再进行事后分析，无法及时捕捉市场动态。而在大数据环境下，企业预算分析可以实现对未知市场状况的预测。随着企业业务的进行，各项数据被汇总到云端，分析出实际数与预算数之间的差距。通过与其他企业的对比，形成预算分析报告，从而提高预算分析的科学性和准确性。

3. 大数据时代预算管理系统的构建

（1）基础体系构建

企业全面预算管理是一项系统工程，要实现高效的全面预算管理，必须在大数据应用的基础上稳步发展，完善企业自身预算基础管理体系。企业应结合自身特点和预算管理水平，打下坚实的基础，逐步完善全面预算管理工作。通过结合互联网技术，构建企业全面预算管理体系，设立各个预算管理模块，并制订严格的管理制度。

在这个过程中，基础数据显得尤为重要。如果基础数据的准确性、透明性较差，数据不集成、不对称，整个预算管理工作都将受到影响。在大数据环境下，企业全面预算管理工作所涉及的各类经营生产活动都可以基于大数据应用，因此企业可以构建大数据管理中心，负责日常大数据的筛选、采集和分析等工作。同时，参与企业全面预算管理工作系统，为企业提供必要的大数据支持。此外，利用软件即服务层，促进企业全面预算管理工作流程的标准化，构建大数据时代企业全面预算管理体系。

（2）预算编制体系构建

预算编制包括预算目标设定和预算方案制订。预算目标设定是企业开展全面预算管理工作的基础，直接决定预算工作导向的正确性。预算目标设定应以企业战略目标为基础，利用大数据管理中心分析企业内部运营和外部市场环境情况，定量或定性地分析企业各个经营生产环节应达到的水平。

预算方案制订需要企业各个部门根据自身情况制订各自的方案，并在此基础上进行协调和整合。在制订预算方案的过程中，企业可以利用云计算分析海量数据，基于大数据环境实现预算编制组织结构的优化。结合云计算平台的信息共享和集成，实现对数据的深入分析，从而提升预算编制方案的精确性，实现编制流程的紧密性。

（3）预算执行体系构建

基于大数据的云环境，预算审批和执行控制流程变得更加透明。利用云平台，能够将预算审批的各项职责落实到人，通过对各个流程的分析和风险预测，展开相应程度的监管，提升预算控制的有效性。在大数据基础上，企业预算执行控制也更为便捷。

在企业各个部门开始预算执行工作时，大数据中心对所有预算执行数据进行收集，并进行分析和监控。一旦发现与原本预算存在差异，及时分析差异原因并反馈，引导各个部门通过反馈信息进行有效调整。如果政策或市场大环境发生变化，大数据管理中心会及时将变动情况反馈给预算管理和执行部门，并进行适当调整。如果数据差异较大，出现突发事件，大数据管理中心会及时发出预警。

（4）预算评价体系构建

预算评价体系是对预算执行效果的分析和评价，对保证预算执行效果具有重要意义。预算评价体系构建具体包括预算执行过程评价和预算执行结果评价。预算执行过程评价体系构建指在企业预算执行过程中，大数据管理中心对企业的每项活动过程数据进行实时全面采集，进而在预算考评工作中利用各项数据来评价预算具体执行效率。例如，结合预算执行期间各类突发事件处理数据，分析企业在面对危机时的应变处理能力、调整能力等，并为后续企业全面预算管理工作提供数据支持。

预算执行结果评价体系构建指企业具体可以应用平衡计分卡构建评价体系，基于财务、客户、运营和成长4个方面展开评价。将执行结果与预算目标进行对比分析，同时与竞争企业、行业平均数据展开差异分析，得出执行效果评价；在云平台动态数据监控与更新之下，确保员工评价、部门评价、企业评价等三部分全面考核，提升预算评价的客观性与真实性。

4. 大数据时代构建全面预算管理体系应注意的问题

在大数据时代，构建全面预算管理体系需要注意以下8个问题。

（1）数据采集和整合问题

在构建全面预算管理体系时，需要充分利用大数据技术，从不同的数据源采集数据，并进行整合和分析。需要建立数据采集和整合的规范和流程，确保数据的质量和准确性。同时，需要借助大数据分析工具和技术，提高数据分析的效率和精度。

（2）预算制订和执行问题

在构建全面预算管理体系时，需要根据企业战略和目标，制订出符合实际的、可行的预算方案。同时，需要建立预算执行的体系和机制，包括预算执行责任、预算执行流程和预算执行监控等方面。需要进行动态监控和管理，及时发现和纠正偏差，保证预算的准确性和有效性。

（3）预算调整问题

在构建全面预算管理体系时，需要及时调整预算，以适应市场和企业发展的变化。需要建立预算调整的流程和机制，包括预算调整的时机、调整的范围和调整的流程等方面。需要借助大数据技术和成本管理工具，对预算调整进行预测和分析，以便更好地适应市场的变化和企业的需求。

（4）预算评估问题

在构建全面预算管理体系时，需要建立全面的预算评估体系，对预算管理的效果进行评估和分析。需要制订评估的指标和方法，包括成本效益、质量效益、时间效益和风险效益等方面。需要借助大数据技术和成本管理工具，提高预算评估的效率和精度。

（5）信息安全问题

在构建全面预算管理体系时，需要加强对信息安全的保护，防止敏感信息的泄漏和损失。需要建立信息安全的体系和机制，包括安全管理、安全技术和安全培训等方面。需要借助大数据技术和成本管理工具，提高信息安全的保护水平和管理效率。

（6）预算管理文化问题

在构建全面预算管理体系时，需要建立良好的预算管理文化，推动企业全员参与预算管理和成本控制。需要加强对预算管理的宣传和培训，提高员工对预算管理的认识和重视。需要营造全员参与、持续改进的预算管理文化，实现预算管理的可持续性和效益。

（7）智能化技术应用问题

在构建全面预算管理体系时，需要充分利用智能化技术，提高预算管理的效率和精度。可以利用人工智能、机器学习、数据挖掘等技术，进行大规模数据分析和预测，以便更好地指导预算制订和调整。可以借助智能化成本管理工具，实现成本的实时监控和预警，避免成本超支和浪费。

（8）人才储备问题

在构建全面预算管理体系时，需要注重人才储备和培养。需要建立完善的人才储备机制，吸引和培养预算管理、成本管理等方面的专业人才。需要加强对员工的培训和提升，提高员工的专业素养和创新能力。同时，需要加强对人才的激励，留住人才，以保证预算管理和成本控制的可持续性、稳定性。

综上所述，构建全面预算管理体系需要注意多个方面的问题，包括数据采集和整合、预算制订和执行、预算调整、预算评估、信息安全、预算管理文化、智能化技术应用和人才储备等方面。企业需要根据实际情况和发展需求，建立完善的全面预算管理体系，提高预算管理的效率和精度，实现企业成本控制和发展的可持续性。同时，需要不断推进预算管理的数字化、智能化和全员参与，以适应大数据时代的发展趋势和市场需求。

第四章 大数据时代财务管理革新路径与未来趋势

第一节 大数据时代财务管理革新之原因

一、财务管理模式改变的需要

在大数据时代，企业需要进行财务管理革新，以适应市场和业务的变化。其中，财务管理模式的改变是重要的原因之一，下面从 5 个方面具体阐述。

（一）从传统的财务报表到实时数据分析

传统的财务管理模式主要依靠财务报表进行决策和管理。但是，在大数据时代，企业可以利用大数据技术和云计算技术，实现实时数据分析和预测。企业可以通过大数据分析工具，对企业的财务数据、销售数据、生产数据等进行分析，实现对企业的实时监控和决策支持。这种模式的改变可以提高财务管理的效率和精度，避免因财务报表滞后导致的决策偏差和错误。

（二）从被动管理到主动管理

传统的财务管理模式主要是被动管理，即只是根据过去的数据和财务报表进行管理和决策。但是，在大数据时代，企业可以利用大数据技术和成本管理工具，实现成本控制的实时监控和预警。企业可以通过大数据分析工具，对成本的使用情况进行分析，实现对成本的实时监控和预警。这种模式的改变可以让企业更加主动地进行财务管理，及时发现并纠正成本的浪费和超支。

（三）从单一维度到多维度管理

传统的财务管理模式主要是基于单一维度的管理，即只是关注企业的财务数据和财务指标。但是，在大数据时代，企业可以利用多维度的大数据分析工具，实现对企业各个方面的数据和指标进行分析。企业可以通过大数据分析工具，对销售数据、生产数据、市场数据等多个维度进行分析，实现对企业多方面的实时监控和决策支持。这种模式的改变可以提高财务管理的综合性和全局性，更好地指导企业的战略和业务发展。

（四）从粗放管理到精细管理

传统的财务管理模式主要是粗放管理，即只是关注企业的整体财务状况和财务指标。但是，在大数据时代，企业可以利用大数据技术和成本管理工具，实现成本控制的精细化管理。企业可以通过大数据分析工具，对成本的使用情况进行精细化的分析和管理，实现对企业成本的精细监控和控制。这种模式的改变可以提高财务管理的精细性和准确性，实现成本的最小化和效益的最大化。

（五）从人工操作到智能化管理

传统的财务管理模式主要依靠人工操作进行管理和决策。但是，在大数据时代，企业可以利用智能化技术和大数据分析工具，实现智能化管理和决策。企业可以利用机器学习和数据挖掘技术，对大数据进行分析和预测，实现对企业财务数据、销售数据、生产数据等的智能化管理和决策支持。这种模式的改变可以提高财务管理的智能化程度，提高财务管理的效率和精度。

综上所述，财务管理模式的改变是大数据时代企业财务管理革新的重要原因之一。在大数据时代，企业需要从传统的财务报表到实时数据分析，从被动管理到主动管理，从单一维度到多维度管理，从粗放管理到精细管理，从人工操作到智能化管理，逐步改变财务管理的模式，提高财务管理的效率和精度，实现企业的可持续发展和竞争优势。

二、财务管理任务改变的需要

（一）从简单的数据统计到数据分析和决策支持

传统的财务管理任务主要是简单的数据统计和报表编制，主要关注财务数据的整理和处理。但是，在大数据时代，企业需要从简单的数据统计转向数据分析和决策支持。企业需要利用大数据技术和数据分析工具，对企业的财务数据、销售数据、生产数据等进行分析和挖掘，实现对企业的实时监控和决策支持。这种转变可以提高财务管理的精度和效率，帮助企业更好地理解和把握市场动态和客户需求，提高企业的竞争力。

（二）从固定预算到灵活预算

传统的财务管理任务主要是制订和执行固定的预算和计划，主要关注预算的合理性和执行情况。但是，在大数据时代，企业需要从固定的预算转向灵活的预算。企业需要利用大数据技术和预算管理工具，实现对预算的动态调整和实时监控，根据市场和业务的变化，及时调整预算和计划。这种转变可以提高企业对市场和客户需求的反应速度和精度，降低企业成本和风险，提高企业的灵活性和竞争力。

（三）从管理到战略

传统的财务管理任务主要是管理和执行，主要关注财务数据和指标的准确性和合规性。但是，在大数据时代，企业需要从管理转向战略。企业需要将财务管理与战略管理相结合，利用大数据技术和数据分析工具，对市场和业务进行分析和预测，制订和实施更加科学和合理的财务战略，推动企业可持续发展。这种转变可以提高财务管理的战略性和前瞻性，帮助企业更好地应对市场和竞争的挑战，保持企业的竞争优势。

（四）从单纯的成本控制到价值创造

在过去的财务管理模式下，财务部门的任务是控制成本、降低风险和确保合规。而在大数据时代，财务管理需要更加关注价值创造。财务部门需要在企业经营过程中发挥更积极的作用，帮助企业发现价值创造的机会，并协助企业进行创新和转型升级。

三、顺应国际市场大数据化发展

随着全球经济的快速发展，各国企业之间的竞争也日益激烈。在这样的背景下，大数据技术和数据分析工具已经成为企业在市场竞争中获取优势的关键因素之一。

许多国际企业已经开始利用大数据技术和数据分析工具来进行财务管理，并在这方面取得了显著的优势。这些企业通过大数据技术和数据分析工具，能够更全面、深入地了解市场和客户需求，预测市场趋势，制订更加科学的财务管理策略，提高企业的市场竞争力和盈利能力。

另外，随着国际市场的不断开放和融合，企业之间的竞争不再局限于本地市场，而是面向全球市场。这意味着企业需要更加关注国际市场的发展趋势和需求，需要借助大数据技术和数据分析工具来进行市场研究和分析，以制订更加符合国际市场需求的财务管理策略，提高企业的市场竞争力和国际化程度。

在这样的背景下，企业如果不能及时适应和应用大数据技术和数据分析工具，就会逐渐失去在国际市场上的竞争优势。因此，企业需要紧密跟随国际市场大数据化发展的步伐，不断加强自身的大数据应用能力和水平，以应对国际市场的挑战和机遇。

总之，顺应国际市场大数据化发展已经成为企业财务管理革新的必然趋势。企业应该积极推动财务管理的大数据化转型，通过大数据技术和数据分析工具，实现对财务数据和市场需求的深入分析，制订更加科学和有效的财务管理策略，提高企业的市场竞争力和盈利能力。

第二节　大数据时代财务管理革新之路径

伴随大数据技术在企业中的普及应用，企业逐渐积极开发基于互联网的业务，整个经济活动和交易方式都逐步实现了网络化。在这个过程中，经济活动的开展和交易过程都采用数字化形式进行记录和存储。

对于众多传统企业而言，虚拟市场环境使其面临的外部环境变得日益复杂多变。在这种发展背景下，企业财务管理人员需要积极适应不断变化的外部环境，实现工作模式的转型和创新。然而，在财务管理创新过程中，企业也会遇到一些挑战，如安全性问题、有效性问题及法律风险等。除了外部环境对企业财务管理工作产生影响外，内部环境同样在很大程度上影响着财务管理工作的创新。例如，部分企业员工长期存在认知偏差，认为企业财务管理创新工作应由企业管理者负责，而基层员工仅需完成手头工作。这样的观念导致许多员工对财务工作缺乏积极性，无法充分利用大数据技术实现预期管理效果。

另外，在财务管理实现信息化的过程中，各种传统纸质凭证逐渐数字化，尽管操作变得更加便捷，但同时也增加了信息处理难度。若相关工作人员操作不够熟练，可能导致数据丢失，甚至受到舞弊思想影响，造成信息数据被恶意篡改和破坏，给企业长远发展带来严重影响。

因此，在大数据背景下，企业财务管理工作的创新受到思想观念、管理制度、员工素质、相关技术及工作模式等多方面因素的影响。大数据时代下，企业财务管理的决策数据和知识获取方式、决策参与者、决策组织、决策技术均发生了重大变革。财务管理应跳出传统框架，对财务、业务及企业所在市场环境进行综合分析，并提出具有洞察力的建议，以实现财务管理价值的提升。在大数据时代，财务管理目标更加强调战略导向，这就要求企业进行相应的革新。

一、财务管理战略与模式革新

在如今世界，每一秒钟都产生着海量的数据。一些企业正利用大数据赢得竞争优势，而许多企业却只是停留在数据表面的探索，没有形成有效的战略。实际上，只有将大数据转化为有价值的洞见的企业，才能不断发展壮大。那些对大数据探索和数据分析停留在表面的企业最终将落后。所有具有前瞻性的企业，无论规模大小和行业，都需要制订可靠的大数据战略。

（一）财务管理与企业战略转型

基于大数据的新型企业管理理念正快速发展，这将为企业带来新的、更高的商业价值。因此，在企业从关注微观层面转向宏观层面，从传统以产品为中心的管理模式转向基于服务的、与其他元素协同发展的新型管理模式的过程中，财务战略也必须相应转变。转变方向包括聚焦提升企业附加值，强化基于数据的管理模式，旨在使财务管理战略更加科学合理，提升企业竞争力和管理效率。下面，我们将分阶段分析财务管理的发展，并论述财务管理与企业战略转型的关系。

1. 财务与会计一体化阶段

从中华人民共和国成立开始到 20 世纪 70 年代末，财务与会计并没有明显的区分。在这一时期，会计对于计划经济时期的中国来说显得更为重要。由于国家进行收支的统一管理，清晰的账务记录至关重要，且可能涉及政治风险。在这个阶段，财务管理主要服务于内部控制和成本管理。

如图 4-1 所示，在这个阶段，财务管理被视为会计的一个分支。

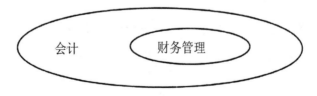

图 4-1　财务与会计一体化阶段示意图

2. 专业分离阶段

经历了近 30 年的财会一体后，随着改革开放的到来，企业的经营目标发生了重大改变。随着市场经济的确立，企业更加关注自身的经营成果。在这一背景下，财务的地位和角色发生了转变，从一个单纯的"管家婆"身份，成为内部管理和外部参谋的新角色。

同时，财务组织也经历了一系列变化，一个显著的特点是在 20 世纪 80 年代的十年里，财务管理成为一门独立的学科，企业内部也逐步实现了财务管理部和会计部的独立设置。这样的变革使得专业人员专注于专业事务。财务管理领域逐步拓展，包含诸如预算管理、成本管理、绩效管理等方面，而会计则涵盖核算、报告、税务等内容。

后来，另一个专业领域——资金管理，也在许多大型企业中被单独划分出来。可以看到，很多企业在财务管理部和会计部之外设立了资金部。

从上述变化中，不难发现基于专业分离的趋势开始在财务组织中出现，我们将这个阶段称为"专业分离阶段"，如图 4-2 所示。

图 4-2 专业分离阶段示意图

（3）中级阶段：战略、专业、共享、业财四分离阶段

从 20 世纪 90 年代开始，直至 2015 年左右，财务领域经历了快速创新和积极变革的阶段，这一阶段具有很高的技术含量。实际上，战略、专业、共享、业财四分离的概念最早是由咨询公司从国外引入并流行起来的。如图 4-3 所示，财务组织有两个三角形的变化，左边的正三角形里基础作业比重很大，右边的倒三角形里管理支持比重很大。在这种思想的引导下，国内许多企业开始开展财务共享服务中心和业财一体化的建设。这两大项目带来的直接影响就是基础作业被分离到了财务共享服务中心，而业务财务队伍则成为财务组织的一个重要配置。

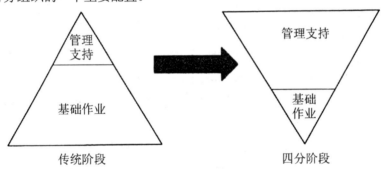

图 4-3 传统阶段到四分离阶段的职能转变示意图

在市场上流行的说法中还有三分离的概念，这一概念没有将专业财务与战略财务分离，统称为"战略财务"。但在实践中，战略财务和专业财务之间确实存在一定的差异，分离后更为清晰。战略财务主要关注集团或总部的经营分析、考核、预算、成本管理等领域，而专业财务则关注会计报告、税务、资金等内容。

财务共享服务中心相当于会计运营的大工厂，而业务财务则是承接战略财务和专业财务在业务部门实施的地面部队。如图 4-4 所示，战略、专业、共享、业财四分离的出现使得财务组织的格局上升到了一个新的层次。

可以说，目前国内大中型企业的财务建设基本上都是按照这种模式进行的，并且取得了不错的成效。

图 4-4　战略、专业、共享、业财四分离阶段示意图

（4）高级阶段：外延扩展阶段

高级阶段的财务组织发展到一定程度后，开始寻求更多的创新和突破，以适应技术和概念日新月异的社会环境。从这个角度来看，财务人员并非人们想象中的保守，反而具有一定的自我突破的决心。高级阶段在前面四分离的基础上进一步拓展了财务工作内涵的外延，我们称之为"外延扩展阶段"。

到了高级阶段，财务组织需要具备一定的创新能力。自 2016 年以来，社会的技术进步加速，移动互联网不断发展，人工智能开始崛起，大数据概念普及，套装软件厂商纷纷布局云服务。作为财务人员，仅仅持观望态度显然是不够的。

如图 4-5 所示，在高级阶段，财务战略开始研究如何利用大数据进行经营分析，一些公司在财务体系中分离出数据管理部或数据中心。专业财务对管理会计的重视逐渐加强，管理会计团队在财务组织中呈现出独立的趋势。业务财务变得更加多元化，不同公司的做法也各不相同，有的公司基于价值链配置业务财务，有的公司则基于渠道配置业务财务。财务共享服务中心在进入成熟期后，开始向深度服务或对外服务转型，如构建企业商旅服务中心、承接服务外包业务、提供数据支持服务等，财务共享服务中心还开始采用基于机器作业的智能化应用。财务信息化在财务组织中变得日益重要，部分企业已经设立了独立的财务信息化部门。随着智能时代的到来，财务信息化部门逐步演变成财务智能化团队，负责推动整个财务组织沿着智能化道路前进。

图 4-5　外延扩展阶段示意图

（二）财务管理功能定位重构

在大数据时代，企业应当逐步构建新的财务管理功能定位，对原有的财务功能定位

进行重置。一般而言，目前阶段我国大部分的财务管理角色都依赖于财务报告、交易处理、账务处理等基本性财务管理内容。

然而，在大数据时代，面对大数据在财务管理中的多方向应用和多模式开发，企业的竞争和发展越来越需要数字化融合下的财务数据支撑，以便调整管理内容的平衡和构建激励要素。在这一大数据支撑下的财务管理系统中，应全面实现财务管理功能的重新定位，突出强调财务管理不仅是基本的财务账目处理和财务报告制订的主要职责，还应将企业发展的决策、企业日常经营交易处理，企业项目的设立推进，企业自我战略调整和改革创新等都纳入数据化时代实施财务管理的内容。

在大数据时代，企业财务管理的职能变化应更加突出，不仅局限于业务输出和财务报告输出，而是在会计核算、交易处理、资金结算报表编制等方面实现共享财务；在财务分析、财务预测、财务规划、激励评价等方面，实现业务财务均衡化；在会计体系构建、资本管理搭建、资源有效配置、决策支撑、价值升值等方面实现财务管理的战略支撑。只有这样，财务管理在大数据时代才能实现多样化的功能发挥，从而为市场多元化和企业功能多元化提供有效的价值顾问。

（三）商业模式革新

大数据时代，企业价值链不断延伸，企业应朝更符合客户需求的方向发展。企业盈利必须依赖于为客户提供更多的价值。大数据时代不仅为企业财务战略的执行奠定了客观基础，还促使企业进行商业模式创新，让客户更愿意参与到企业的改变和创新中来。在不断创新的过程中，企业和客户共同享受大数据带来的便利，企业获得更多的利益，客户享受到更多的实惠，实现企业的良性循环，最大程度地满足客户需求。

如何利用大数据的优势对商业模式进行创新以获取持久的盈利能力，已成为落实企业既定财务战略的最关键问题之一。商业模式（Business Model）最早出现在 1957 年贝尔曼（Bellman）和克拉克（Clark）发表在《运营研究》期刊上的《论多阶段、多局中人商业博弈的构建》一文中，但这一概念当时并未引起学术界的关注。

20 世纪 90 年代末期，商业模式成为一个独立的研究领域，2003 年以后相关的研究进入高潮期。近年来，商业模式在我国经济学界和管理学界成为研究热点。企业如何利用大数据对商业模式进行创新以获取持久盈利能力，已成为落实企业既定财务战略的最关键问题之一。

1. 大数据为商业模式创新带来的机遇

在大数据时代，企业商业模式的变革将围绕大数据的获取、存储、分析和使用等环节展开。如何高效地开发和利用具有海量、高速和多样性特点的大数据，成为企业商业模式变革的关键所在。

利用数据的方式在商业模式中主要有 3 种：一是将数据作为竞争优势；二是利用数据改进现有产品和服务；三是将数据作为产品本身。当大数据被正确使用时，企业可以获得新的洞察力，发现运营活动中的障碍以促使供应链合理化，并通过更好地理解客户以便开发新的产品、服务和商业模式。

在整个行业中，率先使用大数据的企业将创造新的运营效率、新的收入流、差异化竞争优势和全新的商业模式。商业模式涉及企业在市场中与客户、供应商和其他商业合作伙伴之间的商业合作关系，从而为企业带来盈利机会和盈利空间。

随着经济全球化、一体化、信息化、市场化和生态化的不断加深，企业传统商业模式面临巨大挑战，商业模式创新势在必行。只有为具有不同需求特点的客户提供满足其个性需求的产品和服务，企业才能创造更大价值。商业模式创新意味着改变要素内涵及要素间的关系。在大数据背景下，可以从价值主张、企业界面、客户界面和盈利模式4个方面变革商业模式。

结合大数据情境，关键资源和关键活动这两个关键要素具有6大特征，即免费可得数据、客户提供数据、追溯／生成数据、数据聚集、数据分析、数据生成。大数据是一项重大的管理变革，不仅催生了许多基于大数据的新创企业的出现，也动摇了现有企业的价值创造逻辑。

在大数据时代，由于企业生产方式的变化，企业获取利润的条件和空间都随之发生了变化。企业可以近似精确地了解到市场主体的消费需求和习惯，能够预测到客户的需求及其变化，甚至做到比客户更了解他们的需求，这有助于促进企业在提供标准化服务的能力和条件基础上创造个性化的新附加值，这是大数据时代企业利润最重要的源泉。新型商业模式运行框架如图4-6所示。

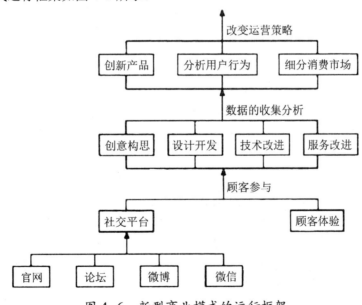

图4-6　新型商业模式的运行框架

2. 大数据时代下商业模式创新的特点

综合来看，大数据背景下商业模式创新具有以下2个特点。

一是大数据基础之上的商业模式创新更注重从客户的角度出发看问题，视角更为宽泛，着重为客户创造相应价值。同时，商业模式创新即使涉及技术，也多与技术的经济方面因素、与技术所蕴含的经济价值及经济可行性有关，而非纯粹的技术特点。

二是大数据基础上的商业模式创新更为系统，不受单一因素的影响。它的改变通常是大量数据分析的结果，需要企业作出大的调整。这是一种集成创新，包含公益、产品及组织等多方面的改变和创新。如果只是某一方面的创新，则不构成模式创新，而是单一方面的技术或其他创新。

基于商业模式和大数据创造的竞争优势如图4-7所示。

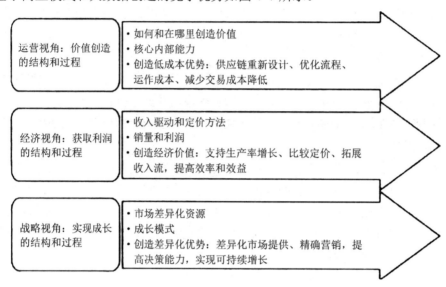

图4-7　基于商业模式和大数据创造的竞争优势的视角

3. 大数据时代下商业模式创新机制

战略决策是战略管理中极为重要的环节，它决定着企业的经营成败，关系到企业的生存和发展。在动态、不确定的环境下快速制订正确的战略决策，确保企业获取竞争优势，仅凭决策者的学识、经验、直觉、判断力、个人偏好等主观行为进行决策是远远不够的，还要依赖大量来自企业外部的数据资源。数据是所有管理决策的基础，基于数据的决策分析能实现对客户的深入了解和企业竞争力的提升。因此，大数据环境下的企业战略决策不仅是一门技术，更是一种全新的商业模式。

在管理实践中利用大数据对商业模式进行分析的过程，就是利用大数据对现有的繁杂信息进行二次处理的过程。产品（或价值主张）、目标客户、供应链（或伙伴关系）及成本与收益模式是商业模式的核心构成要素。针对商业模式中的市场提供、企业、客户和盈利模式4个界面，其创新框架机制是从价值和战略两个维度思量的。在价值维度，商业模式的创新就是企业对自身所处的价值系统的不同环节的直接调整或整合。大数据能够对价值发现、价值实现、价值创造3个阶段产生直接的影响，从而引发商业模式创新。

商业模式是战略的具体反映，战略是商业模式的组成部分，商业模式和企业战略形成互补关系。企业战略是商业模式的具体实施，其阐释了商业模式应用市场的方式，以此区别竞争对手。利用大数据技术可以对现有数据进行重组和整合，根据大数据的实际运用价值，对企业的战略及其价值系统进行改造调整。

4. 大数据时代下企业商业模式创新的实施策略

为了在大数据时代下实施有效的商业模式创新，企业应采取以下策略。

（1）建立数据驱动的决策文化

企业应鼓励员工在决策过程中充分利用大数据，从而提高企业的决策效率和准确性。

（2）投资于数据基础设施和技术

为了支持商业模式创新，企业需要投资于数据存储、处理、分析的相关技术和基础设施。

（3）培养数据科学家和分析师

企业需要招聘和培养具备大数据处理、分析、解读能力的专业人才，以便更好地利用大数据进行商业模式创新。

（4）保护数据安全和隐私

在利用大数据进行商业模式创新的过程中，企业应确保数据安全和用户隐私得到充分保护。

（5）实施敏捷的商业模式创新

企业应持续关注市场变化，通过实施敏捷的商业模式创新，快速响应客户需求和市场变化。

二、财务管理观念与体系革新

（一）树立正确的财务管理观念

1. 树立数据驱动的财务管理观念

在大数据时代，数据已经成为企业决策和管理的重要驱动力。企业在财务管理中也应该将数据作为重要的决策依据，从数据分析和应用的角度出发，更好地掌握企业财务状况，实现精细化管理。企业应该注重数据质量，对财务数据进行精细化管理，确保数据的真实、准确、完整和及时。同时，企业也应该注重数据分析和应用，充分利用大数据技术和数据分析工具，实现对财务数据的深度挖掘和应用，以支持企业决策和管理。

2. 树立战略管理与财务管理融合的观点

在大数据时代，财务管理和企业战略紧密关联，财务管理需要与企业战略融合，以支持企业战略的实现。企业应该制订财务战略，将财务管理与企业战略紧密结合起来，以实现企业长期发展目标。同时，企业也应该在财务管理中注重成本控制和效率提升，优化企业财务运作，降低企业成本。企业在制订财务战略和财务目标时，应该考虑到大数据时代的变化和挑战，结合大数据技术和应用，实现财务管理与企业战略的协同发展。

3. 树立合规管理观念

在大数据时代，企业在财务管理中也需要注重合规管理观念。企业应该注重遵守财务法规和相关政策，确保企业财务运作的合法性和规范性。企业也应该注重内部控制，建立完善的内部控制体系，加强对企业财务运作的监督和管理，避免出现财务舞弊等问题。企业应该建立全面、系统的风险管理体系，识别并评估各种风险因素，制订有效的风险控制措施。这样可以帮助企业更好地管理财务风险，避免因为财务风险而导致的经济损失。

4. 树立创新管理观念

在大数据时代，创新已经成为企业发展的重要推动力。企业在财务管理中也需要树立创新管理观念，不断探索和实践新的财务管理模式和方法。企业可以结合大数据技术和应用，开展财务创新，实现财务管理的数字化、智能化和自动化。同时，企业也应该注重人才培养，培养具备创新精神和财务专业能力的人才，为财务创新提供强有力的人才支持。

5. 树立战略风险管理观念

在大数据时代，企业财务管理还需要注重战略风险管理观念。企业应该加强对战略风险的识别和评估，及时采取相应的措施进行应对，避免因战略风险而导致企业财务损失。同时，企业还应该加强对外部环境和市场变化的分析和预测，及时调整财务战略和财务目标，以应对市场和环境变化带来的风险和挑战。

6. 重视企业文化

在大数据时代，企业财务管理也需要注重企业文化的建设。企业应该倡导诚信、责任、创新、协作的企业文化，促进员工的财务意识和责任意识，建立和完善员工的激励机制和考核体系，推动员工参与财务管理和风险控制，提高财务管理效率和效果。

综上所述，大数据时代企业财务管理需要树立正确的财务管理观念，包括数据驱动、战略管理与财务管理的融合、合规管理、创新管理、战略风险管理和企业文化的重视等方面。只有注重这些方面，才能够更好地适应大数据时代的变化和挑战，实现财务管理的数字化、智能化和自动化，提高财务管理效率和效果，为企业的长期发展奠定坚实的基础。

（二）创新财务管理组织结构

1. 重构财务管理组织结构

企业应该重构财务管理组织结构，以更好地适应大数据时代的变化和挑战。企业可以将财务部门和 IT 部门合并，成立财务信息化部门，实现财务信息化和 IT 技术的融合。同时，企业还可以设立数据分析部门和预算管理部门，强化数据分析和全面预算管理。此外，企业还可以设置财务风险管理部门，加强对财务风险的识别和控制。

2. 建立数字化财务管理平台

企业应该建立数字化财务管理平台，实现财务管理的数字化、智能化和自动化。企业可以选择适合自己的财务管理软件和数据平台，实现财务信息的实时采集、分析和处理。同时，企业还可以利用云计算和大数据技术，实现财务管理的自动化和智能化。此外，企业还可以开展基于大数据的风险评估和预测，实现财务风险管理的数字化和智能化。

3. 强化数据分析能力

企业应该强化数据分析能力，以更好地利用大数据技术进行财务管理。企业可以加强对员工的培训，提高员工的数据分析能力。同时，企业还可以招聘数据分析专家，建立专业的数据分析团队，实现对数据的深入挖掘和分析。此外，企业还可以采用人工智能和机器学习等技术，提高数据分析的效率和准确性。

4. 推行数字化会计核算

企业应该推行数字化会计核算，实现会计核算的数字化和自动化。企业可以利用大数据技术和云计算技术，实现会计信息的实时采集、处理和分析。同时，企业还可以建立数字化会计核算系统，实现会计核算的自动化和智能化。此外，企业还可以建立财务共享服务中心，实现会计核算的共享和协同，提高财务管理的效率和准确性。

5. 加强财务管理的合规性

企业应该加强财务管理的合规性，确保企业的财务管理符合法律法规和规范要求。企业可以建立合规管理部门，加强对财务管理的监督和管理，确保财务管理的合规性和透明度。同时，企业还可以加强对数据隐私和信息安全的保护，遵守相关法律法规和标准要求，保障企业和客户的利益和权益。

6. 推进数字化全面预算管理

企业应该推进数字化全面预算管理，实现全面预算管理的数字化和智能化。企业可以建立数字化全面预算管理平台，实现全面预算管理的自动化和智能化。同时，企业还可以加强对预算管理的培训，提高员工的预算管理能力。此外，企业还可以开展基于大数据的预算分析和优化，实现全面预算管理的数字化和智能化。

（三）完善相关体系及制度

在企业财务管理创新过程中，完善相关体系和制度具有至关重要的作用。这不仅为整个创新工作提供了基础保障，同时还起到了指导和引导的作用。因此，企业需要根据财务管理发展的需求，逐步完善体系和制度。

首先，建立基于大数据的管理制度至关重要。企业应更新和调整现有的管理制度，将人机交互、大数据管理等相关条款纳入其中，从而规范和完善整个工作流程。

其次，建立部门协作机制至为重要。财务管理创新需要积极适应大数据时代的发展特点，抓住机遇。企业应搭建财务部门与其他部门之间的联系平台，确保信息传递及时，为财务管理相关工作的高效运作打下坚实基础。企业需要利用各种规章制度和硬性要求，加强财务信息数据的内部共享，促使各部门形成紧密协作，使企业各项战略计划和部署更加贴近实际需求。

最后，加强风险管理体系建设颇为关键。在大数据背景下，企业财务管理转型正处于探索阶段，面临复杂的外部环境。因此，建立风险预警体系，确保及时发现并处理财务风险变得尤为重要。企业应根据实际情况制订相应的识别指标和预防措施，确保财务活动所面临的风险能够得到准确识别和反映。同时，企业应建立相应的风险防范机制，对预警机制进行合理配置，实现事前、事中和事后的全面分析和有效控制。

三、财务管理技术与方法革新

在大数据时代，企业拥有海量的交易、运营、财务管理及供应商数据等，这些数据中蕴含着无法估量的信息资源。因此，利用大数据分析对企业发展起到越来越重要的作用，同时也对企业财务管理技术与方法的创新产生引导。在激烈的市场竞争中，企业的财务数据成为关键的竞争资源。大数据时代的变革为财务管理技术和方法的创新提供了必要的平台。

通过财务管理技术与方法的创新，企业能够实时追踪最新状况，为客户提供高度针对性的个性化方案。同时，企业应实时收集客户对企业的评价，针对自身存在的问题进行优化改进，使自身在健康的内外部环境下灵活调配财务资源。

财务管理技术与方法的创新还有助于企业在市场竞争中创造更多的机会，实现更大的商业价值。例如，运用大数据技术分析消费者行为和喜好，帮助企业更准确地制订市场策略和产品定位。通过大数据驱动的预测分析，企业能更有效地预测市场趋势和需求变化，从而提前做好资源配置和财务规划，确保自身具备应对市场变化的能力。

此外，企业还可以利用大数据分析对内部财务流程进行优化，降低成本，提高运营效率。通过对财务数据的深入挖掘，企业可以发现潜在的成本节约点、资金周转率、收益率等关键指标，并通过改进管理策略实现财务优化。

（一）大数据时代财务管理应用先进技术

在大数据时代，企业应用先进技术可以提高财务管理的效率和准确性。以下是一些先进技术的应用建议。

1. 人工智能技术

人工智能技术可以帮助企业实现智能化的财务管理，包括数据分析、决策支持、自动化处理等方面。企业可以应用人工智能技术实现以下功能。

（1）数据分析

人工智能技术可以帮助企业快速分析和处理海量数据，实现数据挖掘、预测分析、机器学习等方面的功能，帮助企业了解市场和业务变化，作出更加准确的决策。

（2）决策支持

人工智能技术可以帮助企业作出更加智能化和准确的决策，包括风险管理、预算管理、投资决策等方面。

（3）自动化处理

人工智能技术可以帮助企业实现自动化处理，包括财务报表的自动化生成、预算管理的自动化处理、审计的自动化检测等方面，提高工作效率和准确性。

2. 区块链技术

区块链技术可以帮助企业实现去中心化的财务管理，提高数据的安全性和可靠性。企业可以应用区块链技术实现以下功能。

（1）数据共享

区块链技术可以帮助企业实现数据共享和交换，保障数据的安全性和可靠性，提高数据的使用价值和效率。

（2）交易管理

区块链技术可以帮助企业实现交易管理的自动化处理和跟踪，包括发票管理、付款管理、订单管理等方面。

（3）资产管理

区块链技术可以帮助企业实现资产管理的透明化和安全性，包括财务资产、知识产权、股权等方面。

3. 云计算技术

云计算技术可以帮助企业实现财务管理的数字化和智能化，提高财务管理的效率和可靠性。企业可以应用云计算技术实现以下功能。

（1）数据存储

云计算技术可以帮助企业实现数据的安全存储和备份，保障数据的可靠性和恢复能力。

（2）应用部署

云计算技术可以帮助企业实现应用部署的自动化和弹性扩展，提高应用的可靠性和响应能力。

（3）资源共享

云计算技术可以帮助企业实现资源共享和利用，包括计算资源、存储资源、网络资源等方面，提高资源利用效率、降低成本。

（4）移动化管理

云计算技术可以帮助企业实现财务管理的移动化，包括移动应用的开发和部署、移动设备的管理和安全性保障等方面，提高企业的工作效率和灵活性。

4. 大数据分析技术

大数据分析技术可以帮助企业深入挖掘和分析数据，了解市场和业务变化，作出更加准确的决策。企业可以应用大数据分析技术实现以下功能。

（1）数据清洗

大数据分析技术可以帮助企业对海量数据进行清洗和过滤，提高数据的准确性和可用性。

（2）数据挖掘

大数据分析技术可以帮助企业深入挖掘和分析数据，发现潜在的市场机会和业务变化，提高企业的市场竞争力。

（3）预测分析

大数据分析技术可以帮助企业进行预测分析，包括市场趋势、产品需求、供应链变化等方面，提高企业的决策准确性和及时性。

（4）实时监控

大数据分析技术可以帮助企业实现实时监控和反馈，包括财务报表、成本控制、风险管理等方面，提高企业的管理效率和准确性。

企业可以根据自身的需求和实际情况，选择合适的技术进行应用。但是需要注意的是，技术本身只是工具，想要合理应用和管理技术，还需要企业建立合理的管理体系和流程，同时也需要有足够的人才和团队支持。只有充分发挥技术和人才的作用，才能实现财务管理的数字化和智能化。

（二）大数据时代财务报告方法革新

传统的财务报告模式采用的是分期报告模式，分为年报和中报，以"四表一注"为主干，其中"四表"主要指资产负债表、利润表、现金流量表和股东权益变动表，"一注"指的是财务报表附注。

该种报告模式能够对资产、负债、利润和现金流量等财务信息进行确认，并有效地反映经济信息，发挥其监督作用。但是，随着大数据时代的到来，人们对于财务信息的需求发生了重大变化，传统的财务报告模式受到巨大冲击。

1. 大数据时代传统财务报告模式面临的挑战

（1）数据来源和精度

传统财务报告主要依赖于企业内部的会计和财务系统，数据来源相对集中和单一。而在大数据时代，数据来源变得更加广泛和多样化，同时也更加复杂和不稳定，需要采用更为精准、高效的数据采集和处理技术，以确保数据质量和准确性。具体分析如下：

1）数据来源的变化

传统财务报告主要依赖于企业内部的会计和财务系统，数据来源相对集中和单一。然而，在大数据时代，企业面临着海量数据的涌入，数据来源变得更加广泛和多样化。大量的外部数据来源，包括社交媒体、网络新闻、市场调研、客户反馈等，都需要被整合进财务报告中。这对传统财务报告模式的数据采集和处理能力提出了更高的要求。

2）数据精度的提升

在传统财务报告中，数据处理的质量和精度通常由人工处理和审核完成。但是，在大数据时代，海量数据的处理需要更为精准和高效的技术支持。由于数据的来源和类型的多样化，数据的准确性和精度面临更多挑战。传统财务报告模式需要整合先进的数据挖掘和机器学习技术，以实现更高水平的数据处理和精度。

3）数据处理的时间压力

大数据时代下，企业需要更加快速地反应市场和业务变化，及时调整经营策略和预测风险，因此需要更加快速、实时的财务报告和分析。但是，在传统财务报告模式中，数据的处理需要耗费大量的时间，以进行大量的数据处理和核对。因此，传统财务报告模式需要借助大数据处理技术，实现更高效的数据处理速度，以及更快速的数据分析和报告。

4）数据质量的保障

在大数据时代，海量数据的来源和处理过程，可能会存在一定的数据质量问题，包括数据缺失、数据错误、数据噪声等。传统财务报告模式需要确保数据的质量和准确性，以避免在财务决策中出现误差和不准确的情况。因此，传统财务报告模式需要采用先进的数据质量管理技术，以保障数据质量和数据准确性。

（2）报告速度和时效性

随着业务规模的扩大和经济全球化的趋势加速，企业需要更快速地了解其财务状况以作出决策。传统的财务报告往往需要一定时间才能编制和发布，这种滞后性使企业的决策可能会受到影响，因为它们无法立即获取到最新的财务数据。

在大数据时代，企业需要更快速地编制和发布财务报告，以使企业管理层和其他利益相关者能够更快速地了解企业的财务状况。此外，大数据技术的应用使企业能够更快速地收集和处理财务数据，从而更快地生成和发布财务报告。这样可以帮助企业更及时地作出决策，并更好地满足监管和市场需求。

然而，更快速的财务报告不仅需要更快的数据处理速度，还需要更高的数据准确性和质量。大数据时代的财务报告要求企业具有更高水平的自动化和数字化能力，以减少人工错误和数据处理滞后的风险。另外，企业需要采用更加先进的报告工具和技术，如数据可视化工具、报表自动化工具、智能算法等，以提高报告的准确性和时效性。

（3）报告结构和内容

传统的财务报告主要侧重于公司财务状况的简明描述，而不是对公司业务表现和前景的全面评估。在大数据时代，越来越多的企业和投资者需要更全面和深入的财务报告，以更好地了解公司的业务表现和前景，进而作出更有利的决策。

在报告结构和内容方面，大数据时代的财务报告应该更注重企业的战略、业务和风险管理方面的内容。这样可以帮助企业管理层更好地了解其业务表现和风险状况，进而制订更具针对性的策略和决策。此外，在大数据时代，企业还需要更加注重对财务报告的数据可视化和解释性，以帮助投资者更好地理解报告内容。

同时，传统财务报告往往忽略了非财务因素对企业绩效的影响。在大数据时代，随着社交媒体、消费者评论和其他非结构化数据的增加，企业需要更全面地考虑这些非财务因素的影响。因此，财务报告的内容应该扩展到非财务数据，以提供更全面的企业表现和前景。

（4）报告方式和沟通

随着大数据时代的到来，传统的财务报告模式在报告方式和沟通方面也面临着挑战。传统的财务报告通常是以书面形式呈现给投资者和其他利益相关者，但在大数据时代，人们更加倾向于使用数字和可视化方式来呈现财务数据。

在报告方式方面，大数据时代的财务报告需要更多地采用数字化和可视化方式来展示数据，以便投资者和其他利益相关者更容易理解和分析财务数据。例如，使用图表、图形和交互式数据可视化工具，可以帮助企业更清晰地呈现其财务数据和业务表现。此外，使用在线平台或移动应用程序可以更加方便地向投资者和其他利益相关者提供实时数据和分析。

在沟通方面，传统的财务报告往往是一种单向的沟通方式，企业向投资者和其他利益相关者提供信息，而不考虑他们的反馈和意见。在大数据时代，企业需要更多地采用双向沟通方式，与投资者和其他利益相关者建立更紧密的联系，以获得反馈和建议，进一步优化企业的财务表现和决策。例如，企业可以使用在线平台或社交媒体与投资者和其他利益相关者交流，并建立实时的反馈机制。

另一个挑战是如何确保财务数据的准确性和保密性。在数字化和可视化方式下，企业需要更加注重数据的安全和保密性，以避免敏感数据泄露和潜在的安全风险。

2. 大数据时代财务报告创新路径

（1）建设网上实时财务报告系统

随着大数据技术的发展，传统的财务报告模式已经难以满足企业管理的需求，需要通过创新来适应新的环境。建设网上实时财务报告系统是一种创新的路径，它可以解决传统财务报告面临的诸多挑战，提高财务报告的效率和准确性，其优势具体如下所述。

1）提高报告速度和时效性

网上实时财务报告系统可以实时更新数据，降低了数据收集和整理的时间和成本，可以快速生成财务报告，提高了报告的速度和时效性。

2）提高报告精度和准确性

由于实时更新数据，网上实时财务报告系统可以大大降低人工误差，减少数据采集和处理过程中的漏洞和错误，从而提高了报告的精度和准确性。

3）提高报告结构和内容的灵活性

网上实时财务报告系统可以根据企业的具体需求和要求，灵活地调整报告的结构和内容。企业可以根据自身的特点，调整报告的内容和展示方式，使报告更具针对性和可读性。

4）提高报告方式和沟通的效率

网上实时财务报告系统可以通过互联网和移动设备实现远程访问和沟通，方便了管理层和相关人员随时随地了解企业的财务状况，快速作出决策和调整。

网上实时财务报告系统的构建思路如图 4-8 所示。

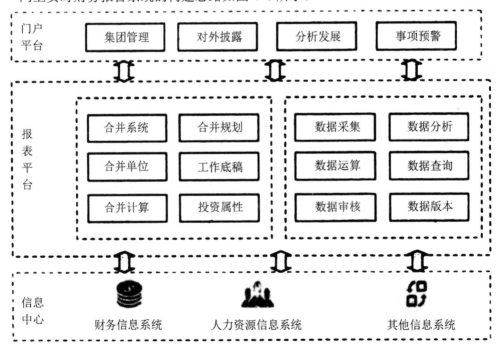

图 4-8　网上实时财务报告系统的构建思路

（2）构建交互式按需财务报告模式

1）交互式按需财务报告的概念和优势

交互式按需财务报告是指根据用户的需要和要求，利用大数据技术提供动态、个性化、多维度的财务信息报告。这种报告模式与传统的财务报告相比，具有以下3个优势。

一是提高信息透明度。传统的财务报告以文字和数字的形式呈现，对于一般读者来说难以理解，同时也容易出现信息不全、错误等问题。而交互式按需财务报告通过可视化手段，以图表、地图、视频等形式展示财务信息，使读者更容易理解和掌握信息，提高了信息的透明度。

二是提高信息实时性。传统的财务报告以年度、半年度等周期为单位，无法及时反映企业的财务状况和经营情况。而交互式按需财务报告采用实时数据更新的方式，使读者能够及时了解企业的最新情况，有助于作出更准确的决策。

三是提高信息的个性化。传统的财务报告只能提供企业整体的财务信息，难以满足不同读者的不同需求。而交互式按需财务报告可以根据读者的不同需求和背景，提供定制化的财务信息报告，使读者能够更准确、更全面地了解企业的财务情况。

2）交互式按需财务报告的技术实现

实现交互式按需财务报告需要借助大数据技术，主要包括以下4个方面。

一是数据收集和处理。企业需要收集和整理大量的财务数据，并通过数据清洗、转换等方式将其转换为可供分析和展示的数据。

二是数据分析和挖掘。通过数据分析和挖掘技术，对企业的财务数据进行多维度的分析和挖掘，从而发现企业的财务状况、经营情况等重要信息。

三是可视化展示。通过图表、地图、视频等多种形式，将财务信息以可视化的方式进行展示，使读者能够更容易理解和掌握信息。

四是交互式查询。为了满足不同读者的需求，交互式按需财务报告需要提供交互式查询功能。读者可以根据自己的需求和背景，选择不同的查询条件，获取定制化的财务信息报告。

以上技术需要借助于大数据技术，包括数据存储、分析、挖掘、可视化等方面。同时，还需要具备一定的算法和模型，如数据挖掘算法、机器学习算法、自然语言处理算法等，以实现更加智能化的交互式财务报告。

3）交互式按需财务报告的实践案例

交互式按需财务报告已经在一些企业和机构中得到了应用。例如，雷军的小米科技，利用大数据技术和交互式报告，可以实现不同用户对于财务信息的个性化展示和查询。这样做，可以满足不同用户对于企业财务信息的不同需求，提高信息传递的效率和透明度。又如，上海证券交易所的互动易，提供了交互式的财务信息查询和展示功能。用户可以根据自己的需求和背景，选择不同的查询条件和展示方式，获得定制化的财务信息报告。这样做，可以提高用户的使用体验，增强用户对于财务信息的理解和信任度。

（3）加强网络财务报告模式中的风险防控

1）网络财务报告的风险和挑战

①资料真实性难以保证

网络财务报告需要通过网络进行传输和披露，容易受到网络攻击和篡改，资料真实性难以保证。

②信息安全风险较高

网络财务报告需要通过互联网进行传输和存储，容易受到黑客攻击和数据泄露等信息安全风险。

③技术水平要求高

网络财务报告需要涉及信息技术、网络安全等多个领域的知识和技能，企业需要具备一定的技术水平和专业知识。

④用户接受度不高

一些用户对网络财务报告的接受度不高，因为他们对网络安全等问题存在疑虑，同时也可能无法理解网络财务报告中的专业术语和数据分析。

2）加强网络财务报告模式的风险防控

针对上述风险和挑战，企业可以采取以下措施加强网络财务报告模式的风险防控。

①强化信息安全保护

企业应加强信息安全保护，采取一系列措施，如采用加密技术、实施访问控制、定期备份数据等，以防止黑客攻击和数据泄露等安全问题的发生。

②提高数据真实性

企业应采取一系列措施，如采用数字签名、时间戳等技术，确保财务报告中的数据真实可靠，防止数据被篡改。

③增强用户教育

企业应加强用户教育，让用户了解网络财务报告的优势和使用方法，提高用户对于网络财务报告的接受度和理解能力。

④提高技术水平

企业应加强技术培训和人才引进，提高技术水平和专业知识，以确保网络财务报告的质量和安全。

⑤加强监管和审计

政府和行业协会应加强监管和审计，对网络财务报告的披露和使用进行监管、审查，以确保信息真实可靠和安全可控。

（三）大数据时代数据集成管理方法革新

现代企业财务管理的创新必须要重视数据集成管理建设，构建与企业经营实际相契合的系统平台，如图 4-9 所示，尤其是要注重各功能模块接口的衔接，不仅要将财务管理中各功能模块衔接，还要实现财务工作与业务模块的衔接，如客户关系管理、订单管理等。

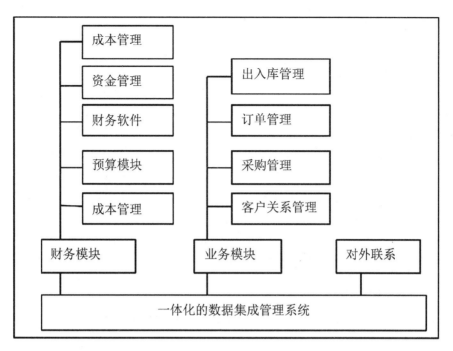

图4-9 企业一体化数据集成管理系统

1. 数据集成管理建设的概念和意义

数据集成管理指将来自多个数据源的数据进行整合和管理的过程。在企业财务管理中，数据集成管理是将来自不同系统、不同部门的财务数据整合到一起，进行有效的管理和利用。数据集成管理建设的意义在于以下3个方面。

（1）提高数据质量

企业的财务数据来自多个不同的系统和部门，需要进行整合和清洗，才能够保证数据的质量和准确性。

（2）提高数据利用率

数据集成管理可以将不同系统、不同部门的数据整合到一起，使得企业能够更好地利用这些数据，支持决策和业务发展。

（3）提高管理效率

数据集成管理可以减少数据处理的时间和人力成本，提高财务管理的效率和准确性。

2. 数据集成管理建设的关键技术

数据集成管理建设需要借助多种关键技术，包括以下4个方面。

（1）数据清洗技术

通过数据清洗技术，对来自不同系统的数据进行规范化和标准化，以保证数据的准确性和一致性。

（2）数据集成技术

通过数据集成技术，将来自不同系统的数据整合到一起，形成一个统一的数据仓库，以支持企业的决策和业务发展。

（3）数据挖掘技术

通过数据挖掘技术，对财务数据进行分析和挖掘，发现潜在的经营风险和机会，支持企业的决策和业务发展。

（4）数据安全技术

数据集成管理建设需要采取一系列数据安全技术，如数据加密、权限管理等，以保证数据的安全性和可控性。

目前，数据集成管理建设已经在一些企业中得到了应用。例如，中国移动财务管理平台采用数据集成管理技术，对来自不同系统的财务数据进行整合和管理。通过数据分析和挖掘，支持企业的决策和业务发展。同时，该平台还采用了数据安全技术，以保证财务数据的安全性和可控性。

四、财务管理内部控制革新

（一）加强数据管理

随着大数据时代的到来，财务管理内部控制也需要进行革新和升级。其中，加强数据管理是非常关键的一环。

一方面，企业需要建立完善的数据管理体系，确保数据的准确性、完整性、可靠性和安全性。这需要企业制订合理的数据收集、存储、处理和分析流程，建立数据标准和规范，确保数据来源真实可靠，避免数据被篡改或泄漏。同时，企业还需要加强对数据的监控和审核，及时发现和纠正数据异常或错误，保证数据的有效性和可信度。

另一方面，企业需要加强对数据的分析和应用，提高财务管理的效率和准确性。企业可以通过大数据技术，对海量的财务数据进行深度挖掘和分析，发现潜在的财务问题和机会，提升财务管理决策的精准度和科学性。同时，企业还可以利用大数据技术实现对业务流程和风险的实时监控，及时发现和处理异常情况，保证财务管理的安全和可靠性。

（二）优化内部流程

除了加强数据管理外，优化内部流程也是财务管理内部控制革新的重要方向之一。企业可以通过以下4个方面来实现内部流程的优化。

1. 精简审批流程

企业可以对各个审批环节进行梳理，去掉无用的审批环节，同时简化审批流程，缩短审批时间。

2. 引入自动化技术

企业可以通过引入自动化技术，如自动化财务系统和工作流程管理系统等，实现财务数据的自动收集和处理，提高财务管理效率。

3. 加强风险管理

企业可以通过建立风险管理制度和风险评估机制，对潜在的财务风险进行预警和控制，避免财务风险对企业的不利影响。

4. 加强内部控制的培训和教育

企业可以通过培训和教育，增强员工的内部控制意识，增强员工对内部控制的重视程度，进一步提升内部控制的有效性和实效性。

通过优化内部流程，企业能够实现财务管理效率的提升，同时提高内部控制的有效性和实效性，从而降低企业的财务风险，提升企业的财务管理水平和竞争力。

（三）加强管理财务审核工作

加强管理财务审核工作是财务管理内部控制革新的重要方向之一，它能够有效地提升企业财务管理的水平和内部控制的有效性。具体来说，企业可以通过以下4个方面加强管理财务审核工作。

1. 建立审核制度

企业应建立完善的审核制度，明确审核流程和审核标准，规范审核工作的操作流程。在制订审核制度时，要充分考虑企业的实际情况和特点，确保审核制度的科学性和实用性。

2. 建立审核人员的职责和权限

企业应明确审核人员的职责和权限，确保审核人员在审核过程中能够独立、客观地进行审核工作。同时，企业还应该建立审核人员的管理和考核机制，鼓励审核人员在审核工作中积极发挥作用，提升审核工作的质量和效率。

3. 加强审核工作的监督和管理

企业应加强对审核工作的监督和管理，确保审核工作的及时性、准确性和完整性。同时，企业还应建立审核工作的反馈机制，及时了解审核工作的情况和问题，及时进行调整和改进。

4. 应用信息技术

企业可以通过应用信息技术，如财务审批系统、财务管理软件等，实现财务审核工作的自动化和信息化，提高审核工作的效率和准确性，减少人工操作带来的风险。

（四）落实相关法律法规

财务管理内部控制是企业管理中的一个重要环节，其目的是保障企业的资产安全、提高管理效率和监督工作的合规性。在大数据时代，加强内部控制显得尤为重要。除了优化流程和强化数据管理外，落实相关法律法规也是至关重要的一步。

首先，企业应对财务管理相关法律法规进行全面了解和学习，确保企业行为符合相关法律法规的规定。例如，会计法、税法、公司法等，都对企业的财务管理提出了具体要求和规定。企业要落实相关法律法规，应当制订相应的制度和流程，确保企业的财务管理活动合规。

其次，企业需要建立健全内部控制制度，确保各个环节的内部控制都得到有效落实。包括内部审计、财务预算、资金管理、采购管理、库存管理等方面。企业要通过制度和规章制度来规范行为，避免出现不合规的问题。

此外，企业还应当加强对外部风险的防范。除了加强内部控制之外，企业还应当积极应对外部风险，避免因为外部因素造成的财务风险。例如，企业应当加强对外部供应商的管理，避免因为供应商的财务问题造成企业的风险。

（五）落实工作人员职责

在财务管理内部控制革新中，落实工作人员职责也是非常关键的一个方面。财务管理工作需要由专业的财务人员来完成，他们应该具备相应的知识和技能，清楚自己的工作职责，遵守相关的制度和规定，确保财务管理工作的高效性和准确性。

为了落实工作人员的职责，企业可以采取以下措施。

1. 建立明确的岗位职责

每个财务人员都应该有明确的岗位职责，包括工作范围、工作目标、工作流程等，确保每个人清楚自己的工作职责，做到各司其职，相互配合。

2. 制定绩效考核机制

企业可以制定绩效考核机制，根据工作任务和完成情况对工作人员进行考核，鼓励优秀人员，惩罚不良行为，提高工作效率和质量。

3. 加强培训和教育

企业可以定期组织培训和教育，提高工作人员的知识和技能水平，使其更好地适应大数据时代的财务管理工作。

4. 建立内部审计制度

企业可以建立内部审计制度，对财务管理工作进行审计，及时发现和纠正问题，提高工作质量和效率。

5. 强化监督管理

企业应该建立健全的监督管理机制，对工作人员的工作进行监督和管理，及时发现和解决问题，确保财务管理工作的正常开展。

五、财务管理中人员地位的革新

在大数据背景下，企业财务管理模式的创新离不开优秀人才的支持。随着知识经济时代的到来，人力资本逐渐成为资本的重要组成部分，在企业的发展和创新的过程中起着越来越关键的作用。每一个企业的成长都逐步依赖于人才，特别是在大数据驱动的数据经济中，企业发展非常依赖人力资本对数据资源的有效开发和利用。因此，要实现财务管理内部控制创新，必须强调人力资本在财务管理中的重要地位和作用。

在企业财务管理过程中，除了将企业财务要素中的资本、土地、劳动力视为关键资本，还要重视人力资本要素，尤其是将知识性人力资本要素作为基本的企业财务管理内容。人才是推动数据开发、提高数据知识产权保护，以及打造知识密集型产业的核心力量。

在大数据时代，企业价值不仅体现在有形资产上，更体现在无形的知识资产和智力资产上。这些资产是推动企业转型发展和实现创新创造的核心力量。因此，在实施企业财务管理的过程中，我们应该将人力知识资本作为重要的资本要素纳入财务管理，确保这一类知识性要素在企业财务管理中形成新的数据支撑。这样，我们可以构建以人为本的共创共享型企业财务管理体系，使之成为财务管理转型创新发展的重要方向。

为了满足大数据时代财务管理的基本需求，企业应从多个角度加强财务管理队伍的建设。

一方面，增设与大数据相关的岗位，针对数据信息的收集、分析和管理等工作，引进专业人才进行财务数据的整体管理。根据岗位需求，让人才既能掌握大数据技术，又能对新时期的财务管理工作有深刻理解，利用大数据技术和相关管理平台实现财务数据信息的合理开发、管理、维护和应用。加强综合性人才队伍的建设，提高财务管理部门复合型人才的比例。

另一方面，现有的财务管理人才不仅要加强自身的财务管理能力，还要不断提升大数据意识和相关技能。制订精细化、全面化、针对性的人才培养方案，以适应大数据时代对财务管理工作提出的新要求。全面增强财务管理人员的大数据意识，提升其相关能力，既确保数据安全，又提高数据的应用价值。

总之，在大数据时代，财务管理部门作为企业的核心部门，需要认识到大数据的特点和发展趋势，并将大数据技术与财务管理工作有机融合，实现财务管理的整体创新与转型。从管理战略、思想观念、管理模式、相关制度、技术应用及队伍建设等多个角度出发，实现财务管理的创新，为企业的发展奠定良好基础。

为实现这一目标，企业需要重视培养大数据人才，加强与高校和研究机构的合作，引进、培养更多优秀的财务和大数据专业人才。同时，加大对财务管理部门在大数据应用方面的投入，提高人才队伍的整体素质和技能水平。

最后，企业还应建立一个以人为本、激励为导向的激励机制，充分调动财务管理人员的积极性和创造性，促使他们在大数据时代更好地为企业的发展作出贡献。通过建立健全的制度、培养优秀的人才、实现科技与人才的深度融合，企业可以更好地适应大数据时代的挑战，实现财务管理的创新和转型。

第三节　大数据时代财务管理革新之趋势

为适应大数据背景下企业的数字化智能管理要求，财务管理模式应当适应社会信息化发展趋势，以帮助企业更好适应市场发展，为企业创造更有效的价值。综合前文分析，不难看出，随着社会信息化程度不断提高和大数据技术的发展，未来的财务管理将会呈现出以下趋势。

一、人工智能与机器学习的应用

随着大数据时代的到来，企业面临着海量数据的挑战。传统的财务管理方法已经无法满足企业在数据分析和决策方面的需求。因此，人工智能（AI）和机器学习（ML）技术的应用成为财务管理的重要趋势。此处将深入探讨人工智能和机器学习在财务管理方面的应用。

（一）财务预测

人工智能和机器学习可以帮助企业对未来的财务状况进行预测。利用历史财务数据，结合 AI 和 ML 技术，可以建立预测模型，对未来的财务状况进行预测和分析。这不仅可以帮助企业在制订预算和计划方面作出更明智的决策，还可以帮助企业识别和解决潜在的风险和机会。

（二）欺诈检测

欺诈是财务管理中的一个重要问题，能够造成企业的巨大损失。人工智能和机器学习可以帮助企业识别潜在的欺诈行为。利用 AI 和 ML 技术，可以建立欺诈检测模型，通过对历史数据的分析，识别潜在的欺诈行为。这可以帮助企业及时发现并阻止欺诈行为的发生，保护企业的财务利益。

（三）风险管理

风险管理是财务管理中不可或缺的一部分。人工智能和机器学习可以帮助企业进行风险管理。利用 AI 和 ML 技术，可以建立风险管理模型，对不同的风险进行识别、评估和管理。这可以帮助企业在决策方面更加谨慎和明智，减少风险和损失。

（四）成本控制

成本控制是财务管理中的一个重要问题。人工智能和机器学习可以帮助企业降低成本和提高效率。利用 AI 和 ML 技术，可以对企业的成本进行分析和优化，找到成本的优化点，从而实现成本控制和效率提升。

（五）智能记账

传统的记账方式需要大量的时间和人力。人工智能和机器学习可以帮助企业实现智能记账。利用 AI 和 ML 技术，可以对财务数据进行自动化处理，实现自动记账和分类，大大减少人工操作的工作量。智能记账不仅可以提高记账的准确性和效率，还可以帮助企业及时获取财务信息，方便管理和决策。

（六）数据分析

人工智能和机器学习可以帮助企业进行数据分析。利用 AI 和 ML 技术，可以对海量的财务数据进行处理和分析，帮助企业发现潜在的业务机会和风险。同时，数据分析还可以帮助企业评估业务绩效，优化决策和战略。

（七）智能投资

人工智能和机器学习可以帮助企业实现智能投资。利用 AI 和 ML 技术，可以分析市场数据和企业财务数据，找到最有价值的投资机会。同时，智能投资还可以帮助企业降低投资风险，实现更加稳健的投资回报。

二、移动化办公的趋势

移动化办公已经成为大势所趋，企业的财务管理也需要跟随这一趋势进行变革，实现移动化的财务管理工作流程，包括审批、记账、报销、查询、报表、支付、共享等，可以提高工作效率和工作质量。

（一）移动审批

传统的审批流程需要面对烦琐的手续和纸质文档。移动化办公可以帮助企业实现审批的移动化。通过手机或平板电脑等移动设备，审批流程可以实现线上操作，提高审批效率和准确性。同时，移动审批还可以方便企业管理层对各部门的财务流程进行实时监控和管理。

（二）移动记账

传统的记账方式需要在电脑前操作，而移动记账可以帮助企业实现随时随地记账。通过手机或平板电脑等移动设备，可以实现智能记账、报销等操作，方便企业管理层及时了解财务信息，作出更加明智的决策。

（三）移动报销

传统的报销方式需要填写纸质报销单和票据等，然后通过传真或快递等方式进行报销审核。移动化办公可以帮助企业实现报销的移动化。通过手机或平板电脑等移动设备，可以直接拍摄票据等材料进行报销，极大地提高报销效率和准确性。同时，移动报销还可以方便企业管理层实时监控和管理财务流程。

（四）移动查询

传统的查询方式需要在电脑前进行操作，而移动查询可以帮助企业随时随地查询财务信息。通过手机或平板电脑等移动设备，可以实现财务信息的随时查询，方便企业管理层随时了解财务信息，作出更加明智的决策。

（五）移动报表

传统的报表需要在电脑前进行操作，而移动报表可以帮助企业随时随地进行报表分析。通过手机或平板电脑等移动设备，可以实现财务报表的随时查询和分析，方便企业管理层了解财务状况，及时进行决策调整。

（六）移动支付

传统的支付方式需要面对烦琐的手续和纸质凭证。移动支付可以帮助企业实现支付的移动化。通过手机或平板电脑等移动设备，可以实现便捷的支付操作，方便企业管理层及时处理各种财务支付，提高支付的效率和准确性。

（七）移动共享

移动化办公可以帮助企业实现信息的共享。通过手机或平板电脑等移动设备，可以方便地分享财务信息、报表等文件，实现信息的共享和协同处理。这不仅可以提高企业的工作效率，还可以促进企业内部信息的共享和协同合作，进一步提高企业的竞争力和创新能力。

三、可视化分析工具的广泛应用

可视化分析工具可以帮助企业将复杂的财务数据以图形化的方式呈现出来，使企业的财务管理人员可以更直观地了解财务数据，快速发现问题和机会，作出更为准确和明智的决策。

（一）数据可视化

可视化分析工具可以将数据以图形和图表的方式呈现，使数据更加直观、易于理解和分析。数据可视化不仅可以帮助企业及时了解财务数据，还可以帮助企业识别和解决潜在的风险和机会。同时，数据可视化还可以帮助企业进行数据探索和发现，促进企业内部的创新和改进。

（二）业务智能

可视化分析工具可以帮助企业实现业务智能。通过可视化分析工具，可以对海量数据进行分析和挖掘，发现潜在的业务机会和趋势。业务智能还可以帮助企业评估业务绩效，优化决策和战略。

（三）预测分析

可视化分析工具可以帮助企业进行预测分析。通过历史数据的分析和预测模型的建立，可视化分析工具可以帮助企业预测未来的财务状况和趋势，并为企业的决策提供更加可靠的依据。

（四）实时监控

可视化分析工具可以帮助企业进行实时监控。通过可视化分析工具，企业可以实时了解财务状况、业务情况等各种信息，及时作出决策调整。实时监控还可以帮助企业发现潜在的风险和机会，减少损失和提高效益。

（五）交互式分析

可视化分析工具可以帮助企业实现交互式分析。通过可视化分析工具，企业管理层可以通过交互式分析探索和发现数据，自主进行数据分析和挖掘，提高分析的效率和准确性。交互式分析还可以帮助企业发现潜在的业务机会和趋势，从而促进企业内部的创新和改进。

（六）移动化应用

可视化分析工具可以帮助企业实现移动化应用。通过可视化分析工具的移动化应用，企业管理层可以随时随地进行数据分析和决策，提高决策的时效性和准确性。移动化应用还可以帮助企业管理层实时了解财务状况、业务情况等各种信息，及时作出决策调整。

（七）多维度分析

可视化分析工具可以帮助企业进行多维度分析。通过可视化分析工具，可以对财务数据、业务数据等多个维度进行分析和挖掘，发现潜在的业务机会和趋势。多维度分析还可以帮助企业评估业务绩效，优化决策和战略。

四、财务管理与业务管理的深度融合

财务管理在企业中的地位越来越重要，大数据时代，企业需要将财务管理与业务管理深度融合，实现财务数据与业务数据的互通和协同，为企业提供更为精准和全面的决策支持。

（一）数据集成

财务管理和业务管理的深度融合需要对各种数据进行集成。数据集成可以对财务数据和业务数据等各种数据进行整合和统一，实现数据共享和数据交换。数据集成还可以帮助企业构建一张综合性的数据图谱，方便企业管理层全面了解企业的财务状况和业务状况。

（二）业务智能

财务管理和业务管理的深度融合可以实现业务智能。通过数据的整合和分析，企业可以实现对财务和业务的深度分析和挖掘，发现潜在的业务机会和风险。同时，业务智能还可以帮助企业评估业务绩效，优化决策和战略。

（三）绩效管理

财务管理和业务管理的深度融合可以实现绩效管理。通过数据的整合和分析，企业可以实现对业务绩效的评估和监控，发现问题和改进点。绩效管理还可以帮助企业管理层制订和优化绩效考核和激励制度，提高员工的工作积极性和创造性。

（四）风险管理

财务管理和业务管理的深度融合可以实现风险管理。通过数据的整合和分析，企业可以实现对财务和业务风险的监控和识别，及时采取措施降低风险。风险管理还可以帮助企业制订和优化风险管理策略，提高企业的风险管理水平。

（五）成本管理

财务管理和业务管理的深度融合可以实现成本管理。通过数据的整合和分析，企业可以实现对各项成本的监控和管理，发现问题和改进点。成本管理还可以帮助企业制订和优化成本管理策略，降低企业的运营成本和管理成本。

（六）战略管理

财务管理和业务管理的深度融合可以实现战略管理。通过数据的整合和分析，企业可以实现对企业战略的制订和优化，发现潜在的业务机会和趋势。战略管理还可以帮助企业管理层制订和实施战略计划，提高企业的竞争力和创新能力。

（七）数据驱动的决策

财务管理和业务管理的深度融合可以实现数据驱动的决策。通过数据的整合和分析，企业可以实现对财务和业务的深度了解，为企业管理层提供可靠的数据支持，帮助企业管理层作出更加准确、科学和有效的决策。

第五章 大数据时代下财务风险管理

第一节 大数据时代的财务数据风险

一、数据完整性风险

数据完整性风险指数据在传输、存储和处理过程中被篡改、破坏或丢失的风险。在财务管理中，数据完整性风险会导致财务数据的不准确和不完整，进而影响企业的决策和管理。数据完整性风险具体表现为以下 3 个方面。

（一）数据篡改

企业中的财务数据可能被未经授权的人员或组织篡改。攻击者可能会利用漏洞或弱点修改数据，进而导致财务数据的不准确和不完整。

（二）数据丢失

财务数据可能会在传输或存储过程中丢失。例如，硬盘故障或意外的断电等原因可能导致数据丢失，进而影响财务数据的完整性和准确性。

（三）数据破坏

企业中的财务数据可能会受到病毒、恶意软件等恶意攻击，导致数据损坏或被破坏。一旦数据受到破坏，可能会影响企业的决策和管理。

消除数据完整性风险的关键在于保证数据传输、存储和处理的安全性。企业需要采用加密技术、安全认证和访问控制等措施，确保数据传输、存储和处理过程中的安全性，保证财务数据的完整性和准确性。

二、数据保密性风险

数据保密性风险指财务数据被未授权的人员或者组织所访问、篡改、泄漏的风险。财务数据的保密性是企业管理的重要方面，一旦财务数据泄露，不仅会对企业的财务状况造成影响，还会损害企业的声誉和客户信任。数据保密性风险具体表现为以下 3 个方面。

（一）数据泄露

企业中的财务数据可能被未经授权的人员或组织访问、窃取、泄露。攻击者可能会利用漏洞或弱点获取数据，进而导致财务数据的泄漏。

（二）数据篡改

未授权的人员可能会对财务数据进行篡改，导致数据的不准确和不完整，影响企业的决策和管理。

（三）内部人员不正当使用

企业中的内部人员可能会不正当使用财务数据，如泄露给竞争对手、用于个人目的等，进而影响企业的利益和声誉。

消除数据保密性风险的关键在于采取严密的安全措施，包括授权管理、访问控制、身份认证和数据加密等，同时应加强员工的安全意识和培训，确保财务数据的保密性和安全性。

三、数据准确性风险

数据准确性风险指财务数据由于人为错误、系统故障或数据质量问题等原因导致的不准确和错误的风险。在财务管理中，数据准确性是决策的重要基础，一旦数据不准确或者错误，会对企业的决策和管理造成严重的影响。数据准确性风险具体表现为以下3个方面。

（一）数据采集错误

数据在采集过程中可能会出现错误，如数据输入错误、数据漏采或重复采集等问题。这些错误可能会导致财务数据的不准确和不完整。

（二）数据处理错误

数据在处理过程中可能会出现错误，如数据清洗不完整、数据转换错误或数据计算错误等问题。这些错误可能会导致财务数据的不准确和不完整。

（三）数据传输错误

数据在传输过程中可能会出现错误，如网络故障、数据丢失或数据损坏等问题。这些错误可能会导致财务数据的不准确和不完整。

消除数据准确性风险的关键在于采取有效的数据质量管理措施，包括数据采集、数据清洗、数据处理和数据分析等，同时采用数据质量评估和监控机制，保证财务数据的准确性和可信度。

四、数据一致性风险

数据一致性风险指财务数据在不同系统或应用中出现不一致的情况。在财务管理中，不同的部门或者应用程序可能会对财务数据进行不同的处理，导致数据不一致。数据一致性风险具体表现在以下3个方面。

（一）数据源不一致

企业在使用不同的系统或数据源来处理数据时，相同数据的值可能会不一致，导致财务数据的不一致性。

（二）数据处理过程中数据丢失或重复

在数据处理过程中，数据可能会丢失或重复，导致财务数据的不一致性。

（三）数据计算错误

在数据计算过程中，可能会出现计算错误，导致财务数据的不一致性。

消除数据一致性风险的关键在于采用数据一致性管理技术，保证不同部门和应用程序使用的数据一致。数据一致性管理技术包括数据同步、数据集成和数据共享等措施，确保数据的一致性和完整性。

五、数据可靠性风险

数据可靠性风险指财务数据所反映的业务事实与实际业务不符合的风险。在财务管理中，财务数据的可靠性是决策的重要依据，一旦数据可靠性不高，会对企业的决策和管理造成严重的影响。数据可靠性风险具体表现为如下 3 个方面。

（一）数据来源不可靠

数据来源不可靠是数据可靠性风险的一个重要表现。如果数据来源不可靠，财务数据就会不可靠。

（二）数据处理过程中数据被篡改

在数据处理过程中，数据可能会被篡改，导致财务数据的不可靠性。

（三）数据存储和传输过程中数据丢失或损坏

在数据存储和传输过程中，数据可能会丢失或损坏，导致财务数据的不可靠性。

消除数据可靠性风险的关键在于建立完善的数据收集、记录、处理和分析机制，同时加强内部控制和审计工作，确保财务数据的可靠性和真实性。

六、数据安全性风险

数据安全性风险指数据在存储、处理、传输和使用过程中遭到恶意攻击和黑客入侵的风险。在财务管理中，数据安全性是保障财务数据不受非法攻击和窃取的重要保障。数据安全性风险具体表现为如下 3 个方面。

（一）未经授权的访问

未经授权的访问是数据安全性风险的一个重要表现。如果财务数据遭到未经授权的访问，可能会导致数据泄露和篡改等安全问题。

（二）数据篡改

在数据处理过程中，数据可能会被篡改，导致财务数据的安全性受到威胁。

（三）数据丢失或损坏

在数据存储和传输过程中，数据可能会丢失或损坏，导致财务数据的安全性受到威胁。

解决数据安全性风险的关键在于采用多层次、多维度的数据安全防护机制，包括防火墙、入侵检测、数据加密、安全监控等技术措施，同时加强员工的安全意识和培训，确保财务数据的安全性和完整性。

第二节　企业风险管理中大数据的具体应用

一、企业风险管理中大数据应用的基础理论

（一）大数据下的企业风险管理内涵

总的来说，风险指企业在各项财务活动过程中，由于各种难以预料或无法控制的因素，导致企业实际收益与预期收益发生偏差的可能性。基于财务的谨慎性原则，提及风险，人们通常首先想到的是损失和失败。风险管理已成为现代企业财务管理的关键内容，企业面临的风险复杂性不断增长，不确定性将成为企业必须应对的常态。

经济波动、资源紧张及政治和社会变动均为企业带来不确定、不稳定的经营环境，而研发失败、营销不力、人事变动等内部风险同样不容忽视。风险管理与内部控制紧密相关，智能化风险管理系统可对企业各项业务进行监控、指标检测及预警、压力测试，并针对不同类型的风险事件进行处理，实现事前、事中的风险控制及事后的管理监测。

与此同时，大数据技术也提升了企业风险管理的洞察能力和前瞻性。内部控制旨在确保战略目标的实现、提高经营管理效率、保证信息质量真实可靠、保护资产安全完整，以及促进法律、法规的有效遵循。企业董事会、管理层和全体员工共同实施明确的权责、有效的制衡和动态改进的管理过程。内部控制是一个持续发展、变化和完善的过程，它需要各层次人员共同实施。在形式上，内部控制表现为一整套相互监督、相互制约和相互联系的控制方法、措施和程序，这些控制方法、措施和程序有助于及时识别和处理风险，促使企业实现战略发展目标，提高经营管理水平、信息报告质量、资产管理水平和法律遵循能力。

实现内部控制的真正目标需要管理层人员的真抓实干，防止串通舞弊。在大数据时代，企业面临着繁杂、复杂的数据流，数据的有效利用已成为企业的一种竞争优势。数据集成是通过各种手段和工具将已有的数据集合起来，并按照一定的逻辑关系对这些数据进行统一的规划和组织，如建立各种数据仓库或虚拟数据库，实现数据资源的有效共享。随着分布式系统和网络环境日益普及，大量的异构数据源被分散在各个网络节点中，而它们之间往往是相互独立的。为了使这些孤立的数据能够更好地联系起来，迫切需要建立一个公共的集成环境，提供一个统一的、透明的访问界面。

数据集成所要解决的问题是将位于不同异构信息源上的数据合并起来，以便提供这些数据的统一查询、检索和利用。数据集成技术屏蔽了各种异构数据间的差异，通过集成系统进行统一操作。企业需要根据数据驱动的决策方式进行决策，这将极大地提高企业决策的科学性和合理性，有利于提高企业的决策和洞察的准确性，进一步为企业的发展带来更多的机会。

内部环境是企业实施内部控制的基础，包括企业治理结构、机构设置及权责分配、内部审计、人力资源政策、企业文化等内容。在大数据时代，企业需要关注内部环境的优化，以更好地应对各种风险。通过加强内部控制，企业可以有效地识别潜在风险，并

采取相应的措施进行预防和应对。这有助于提高企业的抗风险能力，促进企业持续、稳健地发展。

总之，在大数据时代下，企业风险管理的内涵得到了进一步拓展。企业需要充分利用大数据技术来加强风险管理和内部控制，提高决策的科学性和合理性，以应对不断变化的市场环境和潜在风险。在此基础上，企业还需要不断优化内部环境，以更好地支持企业实现战略目标，促进企业的可持续发展。

（二）大数据下财务风险理论的发展

过去，财务核心能力主要包括财务决策、组织、控制和协调。当企业在这些方面的能力超过竞争对手时，便可在竞争中取得明显优势。然而，随着时间的推移，企业环境的多变性和不稳定性加剧了企业之间的竞争。因此，企业除了具备传统的财务能力外，还需要拥有强大的识别能力及对风险的预知能力。如今，财务风险防范的重点已经转向预警和控制，成为当代企业亟待关注的问题。

财务风险管理者在大数据分析方法的研究中应关注基于大数据的商业分析，以实现商务管理中的实时决策方法和持续学习能力。传统的数据挖掘和商业智能研究主要关注历史数据的分析，而在大数据时代，企业需要实时地对数据进行分析处理，以便获取实时的商业洞察。例如，在大数据环境下，企业可以实时监控和预警市场关键业绩指标（KPI），及时发现问题，迅速作出调整，并构建新型财务预警机制，有效规避市场风险。

在当前大数据背景下，企业所面临的数据范围不断扩大，数据之间的因果关系链更加完整。财务管理者可以在数据分析过程中更全面地了解公司的运行现状和潜在问题，及时评估公司的财务状况和经营成果，预测当前经营模式的可持续性和潜在危机，并为决策提供解决问题的方向和线索。同时，财务管理者还需对数据的合理性、可靠性和科学性进行质量筛选，及时发现数据质量方面的问题，避免因数据质量不佳导致错误决策。

1. 传统财务风险及预警

公司所面临的风险主要包括商业风险和财务风险，以及由此导致的损失。商业风险源于预期商业环境的变化导致公司利润或财务状况的不确定性；财务风险则涉及公司未来财务状况的不确定性所产生的利润或财富方面的风险，主要包括外汇风险、利率风险、信贷风险、负债风险、现金流风险等。过量交易的公司往往面临较高的现金流风险。过度投资于库存、应收款和设备可能导致现金耗尽（现金流变为负值）或贸易应付款增加。

因此，过量交易是与现金流风险和信贷风险相关的风险类型。对风险的识别与防控无疑是企业财务管理的核心和灵魂。财务理论中关于风险的核心观点和内容应包括以下3点。

（1）财务理论中所指的"风险"主要来源于数理分析中的"风险性和不确定性"事件。尽管有时财务理论强调"风险性"和"不确定性"之间的差异，但在"主观概率"引导下，两者往往被视为等同。

（2）财务理论主要关注如何降低企业面临的具体风险，如流动性风险（偿付能力）等。

（3）在风险防范对策方面，财务理论提供的解决方法主要包括对资本结构进行适当水平的动态调整，以及借鉴证券投资理念中的投资组合思想。

巴菲特认为，学术界对风险的定义存在本质错误，风险应指"损失或损害的可能性"，而不是用贝塔值衡量的价格波动性。贝塔值虽然可以精确地衡量风险，但并不能准确反映企业间内在经营风险的巨大差异。显然，这样的财务管理理论在风险与风险管理理念、内容和技术方面存在不足，仅从数理角度去表达、计算和探讨风险防范是不够的。

2. 企业财务风险管理理论的重构与发展

在大数据时代，财务风险管理理论需要在以下 3 个方面进行重构和发展。

第一，对财务风险概念的重新定义。财务风险是一个多角度、多元化和多层次的综合概念。一个现实的、理性的财务风险研究理论应建立于对风险要素、风险成因、风险现象等不同财务风险层次的理解和研究基础之上。

第二，风险防控策略的重构。企业需要特别关注各类风险的组合和匹配。例如，格玛沃特（Ghemawat）指出，当经济处于低迷期时，企业需要在投资导致的财务危机风险与不投资带来的竞争地位损失之间进行权衡。而在经济萧条期，如果企业过度强调投资带来的财务风险，那将以承受不投资导致竞争地位下降的风险为代价。因此，企业需要根据对经济环境的判断，平衡投资财务风险和投资竞争风险。

第三，风险评估系统的重构。企业应减少对防范风险金融工具的依赖。在大数据背景下，财务管理理论应以实用为原则，围绕如何建立更加有效的评估企业经营风险状况的预警系统进行深入探讨。具备强大的风险预测能力是防范风险的关键。

企业应开发基于大数据的多维度情景预测模型，以对控制企业经营风险进行评估。预测模型可以用于测试新产品、新兴市场、企业并购的投资风险。预测模型将预测分析学、统计建模和数据挖掘等技术结合起来，利用这些技术来评估潜在威胁与风险，从而实现项目风险的控制。例如，万达集团基于大数据的预测模型既是预算管控的优秀工具，也是风险评估与预防的有效平台。

3. 信贷风险分析的应用前景

以 2008 年美国金融危机为例，该危机起源于房地产抵押贷款，导致雷曼兄弟、房利美、房地美、美林和贝尔斯登等金融巨头相继破产或被并购。如果在危机之前建立了大数据风险模型，及时对金融行业的系统性风险及其宏观压力进行评估，这场波及全球的金融危机或许能够避免，或至少可以减轻因房贷风险溢出而引发的多米诺骨牌效应。

假如在 2008 年之前，华尔街就已经建立了大数据财务风险模型，那么雷曼兄弟等金融巨头可能就能更准确地对客户群进行预风险分析。同时，如果美联储和美国财政部能更早关注宏观经济流量和金融市场变量的风险，并运用大数据分析技术制订金融危机预案，切断风险传递，那么危机就不会给全球经济带来如此严重的冲击。

总之，公司应建立风险防控机制，通过大数据风险预测模型进行分析和诊断，及时规避市场风险，尽可能减少经济损失。长期以来，信贷风险一直困扰着商业银行，无论信贷政策多么详尽、监管措施多么到位、信贷员们如何尽职，坏账问题依然难以避免，大型违约事件仍然层出不穷。准确且有价值的大数据信息为银行的信贷审批与决策提供了新的视角和管理工具，信贷风险的难点在于提前获得企业出事的预警。

过去，银行关注的是信用分析，从财务报表到管理层表现，基于历史数据推测未来。但自从社交媒体诞生后，微信、微博等社交网站，以及搜索引擎、物联网和电子商务平台等，都为信贷分析提供了一个新维度。这些平台收集了人们之间的人脉关系、情绪、兴趣爱好、购物习惯等生活模式及经历，为银行提供了非常有价值的参考信息。银行依据这些更加准确且丰富的数据，完成对客户的信用分析，并根据实时变化情况相应调整客户评级，作出风险预判。如此一来，信贷决策的依据不再仅仅是滞后的历史数据和烦琐的规定，而是充分参考实时变化的数据。信贷管理从被动转为主动，从消极变为积极，信用分析方面从僵化的财务报表拓展至对个人行为的全面分析，大数据为信贷审批与管理开创了全新的模式。

此外，金融机构在采用大数据分析的同时，也要注重数据安全与隐私保护。企业应遵守相关法律法规，确保合规采集、存储和使用客户数据，以维护客户信任和企业声誉；适时更新数据安全防护措施，预防潜在的网络攻击和数据泄露风险。

总的来说，借助大数据技术，金融机构可以更好地预测和应对市场风险，提升信贷审批与决策的效率、准确性，从而实现更高效的风险管理。通过不断优化和创新，大数据分析已经成为金融领域的重要趋势和发展方向，为传统金融行业带来了无可比拟的变革和机遇。

二、企业风险管理中大数据应用的具体实践

随着大数据技术的不断发展，越来越多的企业开始意识到大数据对企业风险管理的重要性。利用大数据技术，企业可以更加准确地评估风险，及时掌握市场变化和风险趋势，提高风险预警和防范能力。此处将详细介绍大数据在企业风险管理中的具体实践，包括风险评估、风险预测、风险监控和风险应对4个方面。

（一）风险评估

企业在进行风险管理时，首先需要对潜在的风险进行评估。评估风险需要分析各种数据来源，如企业内部数据、市场数据和行业数据等，以确定可能出现的风险并提前采取措施应对。利用大数据技术可以更加全面、准确地评估风险，提高风险管理的效率和精度。以下是大数据在风险评估方面的具体实践。

1. 利用大数据分析企业内部数据，评估风险

企业可以通过分析企业内部数据，评估潜在的风险。企业内部数据包括销售数据、财务数据、库存数据、客户数据等多个方面。利用大数据技术可以对这些数据进行自动化分析和挖掘，从而快速了解企业内部的运营状况、客户偏好等方面的信息，进而确定可能存在的风险。例如，分析销售数据可以了解销售额、销售渠道、销售趋势等，确定市场风险；分析财务数据可以了解收入、支出、利润等，确定财务风险；分析库存数据可以了解库存水平、物流状况等，确定供应链风险；分析客户数据可以了解客户偏好、反馈等，确定客户风险。

2. 利用大数据分析市场数据，评估风险

企业可以通过分析市场数据，评估市场风险。市场数据包括市场趋势、竞争格局、消费者需求等方面的信息。利用大数据技术可以对市场数据进行自动化分析和挖掘，从而快速了解市场变化和趋势，预测市场风险。例如，通过分析竞争格局，可以确定竞争对手的强度和市场份额，预测市场份额的变化；通过分析消费者需求，可以了解消费者的喜好和趋势，预测市场需求的变化；通过分析市场趋势，可以了解市场发展方向和趋势，预测市场的变化和风险。

3. 利用大数据分析行业数据，评估风险

企业利用大数据分析行业数据，可以评估风险并制定相应策略。通过收集、整合和分析大量行业数据，企业可以获取全面的市场洞察力和趋势信息，识别潜在的风险因素。大数据分析可以帮助企业发现行业竞争态势、消费者行为模式、供应链变化等关键因素，进而预测市场需求、制定产品策略、优化供应链等。同时，大数据分析还可以识别潜在的市场风险，如市场饱和度、政策变化、技术创新等，为企业提供及时的预警和决策支持。综合利用大数据分析行业数据，企业能够更好地了解市场环境、降低风险，并更好地应对变化，增强竞争力。

（二）风险预测

在企业风险管理中，风险预测是一个非常重要的环节。通过对大数据的分析和挖掘，企业可以更加准确地预测风险，制订相应的风险应对策略，避免或者减轻风险带来的影响。以下是大数据在风险预测方面的具体实践。

1. 利用大数据分析市场数据，预测市场风险

市场风险是企业面临的主要风险之一。通过利用大数据技术，企业可以对市场数据进行分析和挖掘，预测市场风险。例如，通过分析竞争对手的销售数据，了解市场份额和销售趋势；通过分析市场需求的变化，了解市场趋势和消费者需求；通过分析宏观经济数据，了解市场发展的潜力和趋势等。通过对这些数据的分析和挖掘，企业可以更加准确地预测市场风险，制订相应的市场营销策略，避免市场风险的影响。

2. 利用大数据分析供应链数据，预测供应链风险

企业利用大数据分析供应链数据可以预测供应链风险，提高供应链的韧性和效率。通过收集和整合供应链相关数据，如供应商数据、库存数据、物流数据等，企业可以运用大数据技术进行清洗、整理和分析，从而识别潜在的供应链风险。这包括供应商延迟交货、库存短缺、物流中断等问题。通过预测供应链风险，企业可以及早采取措施，如寻找备用供应商、调整库存策略、优化物流路径，以应对潜在的风险并保持供应链的顺畅运作。这样的预测和决策基于大数据分析的洞察力，有助于企业提高供应链的可靠性、灵活性和效率，降低运营风险并满足客户需求。

3. 利用大数据分析财务数据，预测财务风险

企业利用大数据分析财务数据，可以有效预测财务风险。通过整合和分析大量的财务数据，包括财务报表、资产负债表、利润表等，企业可以识别出潜在的财务风险因素，并进行风险评估和预测。大数据分析可以揭示出财务指标的趋势、关联性和异常变化，

识别出可能的风险信号。基于这些分析结果，企业可以及时采取相应的风险管理措施，包括调整财务策略、加强内部控制、优化资金管理等，以降低财务风险的发生概率和影响程度。通过利用大数据分析财务数据，企业能够更准确地评估自身的财务状况，及时发现并应对潜在的财务风险，为企业的可持续发展提供有力支持。

4. 利用大数据分析客户数据，预测客户风险

企业利用大数据分析客户数据，可以预测客户风险并做出相应的决策。通过收集和整合客户的历史交易数据、消费行为数据、社交媒体数据等，利用大数据分析技术进行客户画像和行为模式分析，可以识别潜在的客户风险。例如，通过分析客户的付款记录、逾期情况、购买偏好等，可以预测客户的信用风险和违约概率。这样的预测有助于企业制定合适的风险管理策略，如信用限制、定制化营销等，以降低风险并提高客户满意度。另外，通过大数据分析客户数据还可以发现客户的潜在需求和趋势，帮助企业进行精准营销和产品优化，提升市场竞争力。综上所述，利用大数据分析客户数据可以为企业提供客户风险预测和决策支持，从而实现更有效的客户管理和业务发展。

5. 利用大数据分析内部数据，预测内部风险

除了上述外部风险，企业还可能面临内部风险，如员工不诚信、管理失误等。通过利用大数据技术，企业可以对内部数据进行分析和挖掘，预测内部风险。例如，通过分析员工的绩效、行为和反馈，了解员工的诚信度和可信度；通过分析企业的管理制度和流程，了解管理的风险和漏洞；通过分析企业的工作环境和氛围，了解员工的工作满意度和离职率等。通过对这些数据的分析和挖掘，企业可以更加准确地预测内部风险，制订相应的内部管理策略，避免内部风险的影响。

总之，利用大数据技术进行风险预测，可以帮助企业更加准确地预测风险，及时采取相应的风险应对策略，降低风险对企业的影响。然而，企业在使用大数据进行风险预测时，需要注意数据的准确性、安全性和隐私保护等问题，避免数据泄露和滥用等风险。同时，企业还需要建立科学合理的风险管理制度和体系，将大数据技术与实际业务相结合，确保企业风险管理的有效性和可持续性。此外，企业还需要持续改进和优化风险预测模型，不断提高风险预测的准确性和精度，以更好地应对风险挑战。

（三）风险监控

风险监控是企业风险管理中非常重要的一个环节，通过对企业运营的各个方面进行实时监控，及时发现和预警潜在的风险，帮助企业采取相应的风险控制措施，降低风险对企业的影响。大数据技术在风险监控方面具有重要作用，以下是大数据在风险监控方面的具体实践：

1. 利用大数据分析企业内部运营数据，实时监控风险

企业内部运营数据是风险监控的重要来源。通过利用大数据技术对企业内部运营数据进行分析和挖掘，企业可以实时监控各个方面的运营状况，及时发现和预警潜在的风险。例如，通过分析生产线的设备运行数据，了解设备的稳定性和可靠性；通过分析员工的绩效和行为数据，了解员工的工作效率和诚信度；通过分析销售数据和客户反馈数

据，了解销售状况和客户满意度等。通过对这些数据的分析和挖掘，企业可以实时监控各个方面的运营状况，及时发现和预警潜在的风险。

2. 利用大数据分析外部市场数据，实时监控市场风险

外部市场数据也是风险监控的重要来源。通过利用大数据技术对外部市场数据进行分析和挖掘，企业可以实时监控市场风险，及时采取相应的措施。例如，通过分析竞争对手的销售数据和市场份额，了解市场竞争状况和趋势；通过分析消费者需求和反馈数据，了解市场需求的变化和趋势；通过分析宏观经济数据和政策变化，了解市场发展的潜力和趋势。通过对这些数据的分析和挖掘，企业可以实时监控市场风险，及时采取相应的市场营销策略，降低市场风险的影响。

3. 利用大数据分析网络安全数据，实时监控网络安全风险

随着企业信息化程度的提高，网络安全风险也日益凸显。通过利用大数据技术对网络安全数据进行分析和挖掘，企业可以实时监控网络安全风险，及时采取相应的网络安全措施。例如，通过分析网络攻击和入侵数据，了解网络安全状况和风险；通过分析网络访问和使用数据，了解网络使用状况和风险；通过分析网络运行数据，了解网络性能和稳定性。通过对这些数据的分析和挖掘，企业可以实时监控网络安全风险，及时采取相应的网络安全措施，保障企业信息安全。

（四）风险应对

企业面对风险时，需要采取相应的风险应对措施，以降低风险对企业的影响。大数据技术在风险应对方面也具有重要作用，以下是大数据在风险应对方面的具体实践。

1. 利用大数据分析历史数据，总结经验教训，优化应对策略

企业可以利用大数据技术对历史风险数据进行分析和挖掘，总结经验教训，优化应对策略。例如，企业可以通过分析历史灾害事件数据，总结灾害应对的成功经验和失败教训，制订更加科学合理的灾害应对策略；通过分析历史市场波动数据，总结市场应对的成功经验和失败教训，制订更加灵活有效的市场应对策略等。通过对历史数据的分析和挖掘，企业可以优化应对策略，提高应对效率和效果。

2. 利用大数据技术对实时数据进行分析，及时制订应对措施

企业面对突发风险时，需要采取快速、及时的应对措施。大数据技术可以帮助企业实时监控风险，及时制订应对措施。例如，在自然灾害发生时，企业可以通过利用大数据技术分析天气、水文、地质等数据，及时预警并制订应对措施；在市场波动剧烈时，企业可以通过利用大数据技术分析市场交易数据和舆情数据，及时调整市场营销策略和投资策略等。通过对实时数据的分析和挖掘，企业可以及时制订应对措施，减轻风险对企业的影响。

3. 利用大数据技术进行风险模拟，预测风险应对效果

企业在制订应对措施时，需要考虑不同应对措施的效果和风险。通过利用大数据技术进行风险模拟，企业可以预测不同应对措施的效果和风险。例如，在制订市场营销策略时，企业可以利用大数据技术进行市场模拟，预测不同市场营销策略的效果和风险；

在制订投资策略时，企业可以利用大数据技术进行投资模拟，预测不同投资策略的效果和风险等。通过风险模拟，企业可以更加科学地制订应对措施，提高风险应对的效果和准确性。

4. 利用大数据技术进行风险分析，建立风险预警机制

企业可以利用大数据技术对各种风险数据进行分析和挖掘，建立风险预警机制。例如，企业可以通过对市场、供应链、网络安全等方面的数据进行分析和挖掘，建立相应的风险预警机制，及时发现和预警潜在的风险。通过建立风险预警机制，企业可以提前预知风险，采取相应的风险控制措施，降低风险对企业的影响。

5. 利用大数据技术进行风险溯源，查找风险根源

企业面对风险时，需要查找风险根源，采取相应的措施进行根本性解决。通过利用大数据技术进行风险溯源，企业可以查找风险根源，采取相应的措施进行根本性解决。例如，在产品质量问题发生时，企业可以通过利用大数据技术对生产线设备数据、操作数据和质检数据等进行分析和挖掘，查找质量问题的根源，采取相应的措施进行根本性解决。通过风险溯源，企业可以更加深入地了解风险的本质和根源，采取相应的措施进行根本性解决，从而避免类似的风险再次发生。

第三节　大数据时代的财务风险管理体系构建

财务风险管理体系是企业在面对财务风险时，建立的一套科学合理的管理体系，包括财务风险评估、预测、监控、应对等方面的内容，旨在全面、准确地识别和应对财务风险，降低财务风险对企业的影响。此处将阐述在大数据时代下，如何构建财务风险管理体系。

一、确定财务风险管理体系的目标

企业在构建财务风险管理体系之前，需要确定财务风险管理的目标，即降低财务风险对企业的影响，保障企业的财务安全和稳定性。在确定目标的基础上，企业可以制订相应的财务风险管理策略和措施。

（一）确定财务风险管理的范围和内容

企业需要确定财务风险管理的范围和内容，包括需要管理的财务风险类型、管理的财务指标和关键流程、管理的风险控制点和关键风险事件等。通过明确财务风险管理的范围和内容，企业可以更加精细化地进行财务风险管理，提高管理的准确性和科学性。

（二）确定财务风险管理的目标和指标

企业需要根据财务风险管理的范围和内容，确定财务风险管理的目标和指标，包括财务风险的预防、识别、评估、控制、应对等方面的目标和指标。通过明确财务风险管理的目标和指标，企业可以更加清晰地了解财务风险管理的方向和重点，从而更加有效地进行财务风险管理。

（三）制订财务风险管理的策略和方案

企业需要制订财务风险管理的策略和方案，包括财务风险管理的组织架构和流程、财务风险管理的控制措施和方法、财务风险管理的应急预案等。通过制订财务风险管理的策略和方案，企业能够更加有效地落实财务风险管理的目标和指标，确保财务风险管理的科学性和可行性。

（四）建立财务风险管理的绩效评估体系

企业需要建立财务风险管理的绩效评估体系，根据财务风险管理的目标和指标，制订相应的评估指标和方法，对财务风险管理的效果进行监控和评估。通过建立财务风险管理的绩效评估体系，企业可以更加客观地了解财务风险管理的效果和问题，及时调整和改进财务风险管理的措施、方法。

二、制订财务风险管理体系的组织结构

制订财务风险管理体系的组织结构是构建科学、有效的财务风险管理体系的重要步骤。在大数据时代，企业需要根据自身实际情况和财务风险管理的目标、要求，制订适合自身的财务风险管理组织结构，明确财务风险管理的责任和职责，实现财务风险管理的有效性和高效性。

（一）设立财务风险管理委员会

财务风险管理委员会是财务风险管理的核心机构，负责制订财务风险管理策略、指导财务风险管理工作、审核和决策财务风险管理的重大问题等。财务风险管理委员会通常由企业高层领导和相关部门负责人组成，具体的组成和职责可以根据企业的实际情况进行调整、完善。

（二）设立财务风险管理部门

财务风险管理部门是负责实施财务风险管理的具体部门，包括财务风险识别、预测、评估、控制和应对等方面的工作。财务风险管理部门通常由专业的财务人员和风险管理人员组成，负责收集和分析财务数据、制订和执行风险控制措施、监控财务风险的变化和趋势等。

（三）设立财务风险管理工作小组

财务风险管理工作小组是负责具体的财务风险管理工作的小团队，通常由财务风险管理部门的相关人员组成，负责制订具体的财务风险管理措施和方案，执行风险管理工作，及时处理和应对财务风险事件等。

（四）设立财务风险管理信息中心

财务风险管理信息中心是负责财务风险数据收集、分析和管理的中心部门，包括财务数据分析师、风险模型开发人员、数据管理人员等。财务风险管理信息中心的任务是收集、整理企业内外部的财务数据和风险数据，制订相应的数据分析模型，为财务风险管理提供数据支持和决策依据。

三、制订财务风险管理的流程和标准

制订财务风险管理的流程和标准是构建科学、规范的财务风险管理体系的关键步骤。在大数据时代，随着企业数据量的不断增加和数据处理技术的不断提升，财务风险管理流程、标准的制订更加需要充分考虑数据的特性和处理方式，确保财务风险管理的科学性和高效性。

（一）制订财务风险管理的流程

制订财务风险管理的流程是为了确保财务风险管理的系统性和规范性，对财务风险管理的各个环节进行明确和规范。财务风险管理的流程可以分为以下 4 个环节。

1. 财务风险识别

收集、分析和识别财务风险，明确财务风险的类型、来源和影响。

2. 财务风险评估

对识别的财务风险进行评估，确定财务风险的影响程度和可能性。

3. 财务风险控制

制订和实施相应的控制措施和方法，降低财务风险的影响和可能性。

4. 财务风险应对

对财务风险的变化和趋势进行监控、应对，及时采取措施避免或降低财务风险的影响。

（二）制订财务风险管理的标准

制订财务风险管理的标准是为了确保财务风险管理的规范性和有效性，对财务风险管理的各个方面进行明确和规范。财务风险管理的标准可以包括以下内容。

1. 财务风险管理的流程和环节

明确财务风险管理的流程和环节，规范财务风险管理各个阶段的工作内容和方法。

2. 财务风险识别和评估的标准

制订财务风险识别和评估的标准、方法，确保财务风险的准确识别和评估。

3. 财务风险控制的标准

制订财务风险控制的标准和方法，明确控制措施和方法的执行方式、效果评估标准。

4. 财务风险应对的标准

制订财务风险应对的标准和方法，明确应对财务风险的流程和方式，确保应对措施的及时性和有效性。

除此之外，制订财务风险管理标准还需要考虑以下 3 个方面。

第一，制订数据采集和处理的标准和流程，明确数据采集的来源、格式和准确性，确保财务风险管理的数据基础可靠和完整。

第二，选择和应用适合的风险管理工具、系统，制订标准和流程，确保风险管理的工具和系统具有科学性和高效性。

第三，明确财务风险管理各个环节的责任和职责，确保财务风险管理的执行和监督能够得到有效的落实。

四、建立财务风险管理的信息系统

建立财务风险管理的信息系统是构建科学、高效的财务风险管理体系的关键一环。在大数据时代，企业需要利用先进的信息技术手段，建立起财务风险管理的信息系统，实现对财务风险的实时监控、预测和应对，确保财务风险管理的精准性和高效性。

（一）建立财务风险数据仓库

财务风险数据仓库是财务风险管理信息系统的核心，是汇集和管理财务风险数据的平台。企业可以采用大数据技术，对内部和外部的财务风险数据进行整合、清洗和分析，实现对财务风险数据的实时监控和分析，为财务风险管理提供数据支持和决策依据。

（二）构建风险分析模型

财务风险管理信息系统需要建立相应的风险分析模型，通过对财务风险数据进行分析和建模，实现对财务风险的预测和预警。企业可以采用机器学习、人工智能等技术手段，对财务风险进行模拟和预测，提前发现和防范财务风险。

（三）建立财务风险监控系统

财务风险监控系统是对财务风险数据进行实时监控和预警的平台。企业可以采用数据可视化技术，通过建立财务风险监控的大屏幕或监控平台，实时展示财务风险的变化趋势和预警信息，帮助自身及时发现并应对财务风险。

（四）实现智能决策支持

财务风险管理信息系统需要智能化的决策支持，通过数据分析和建模，为决策者提供准确、全面的财务风险分析和决策建议。企业可以采用数据挖掘和机器学习等技术，对财务风险数据进行分析和建模，实现对财务风险的深入理解和有效应对。

五、建立财务风险管理的培训和教育机制

在大数据时代，财务风险管理的培训和教育机制建设也是构建科学、高效的财务风险管理体系的重要组成部分。企业需要加强员工的财务风险意识和技能培养，提升员工对财务风险的认知和理解，为财务风险管理提供坚实的人才基础和支撑。

（一）制订财务风险管理培训计划

企业应根据自身的财务风险管理需求，制订财务风险管理培训计划，明确培训的目标、内容、方式和评估标准。培训计划应贴近实际，注重实践操作和案例分析，以提高员工的实际操作能力和应对财务风险的能力。

（二）设立财务风险管理专业岗位

企业可以设立财务风险管理专业岗位，明确财务风险管理的职责和权责，通过设置专业岗位，提高财务风险管理人员的专业素养和技能水平，增强财务风险管理的专业性和科学性。

（三）建立财务风险管理交流平台

企业可以建立财务风险管理的交流平台，为员工提供交流、学习和分享的机会，促进财务风险管理经验的沉淀和积累，提高员工的共同认知和理解。

（四）推行内部考核评估机制

企业可以推行内部考核评估机制，建立相应的考核评估标准和流程，对员工的财务风险管理能力进行定期的评估和反馈，为员工提供继续学习、不断提升的动力和方向。

第四节　大数据时代财务风险预警、管理新对策

一、大数据时代企业财务风险预警、管理中存在的问题

在当今时代，企业财务风险预警和管理系统已经在各类企业中得到了广泛应用。然而，由于我国信息化技术尚未完全成熟，导致预警和管理系统在实际应用过程中出现了一系列问题。在大数据背景下，企业财务风险预警和管理系统所面临的具体问题主要包括以下4个方面。

（一）企业管理层缺失风险预警和管理意识

目前，许多中国企业对潜在的财务风险因素认识不足。在实际的经营发展过程中，其更注重直接提升企业经济效益的部门，如产品销售部门。尽管大多数企业的产品销售体系已经相当健全，形成了科学的工作体系，但相较于此，对于企业财务风险防控的重视程度却相对较低。这是因为这部分工作无法为企业直接创造经济效益。这种忽视导致许多企业面临严重的财务风险，如果不能及时处理，这些风险可能演变为财务危机，对企业的经营发展产生重大影响。

在这种环境下，许多企业对财务风险预警和管理采取被动防守策略。在财务危机尚未爆发之前，企业往往保持宽松的财务管理机制，当危机出现，才会采取紧急补救措施。这往往导致企业经济效益的大幅度降低，市场核心竞争力也随之下滑。

（二）企业财务风险预警和管理系统设计不够科学

企业财务风险系统是实现财务风险预警和防控的关键部分。然而，从目前中国各企业的实际发展情况来看，许多企业的财务风险预警系统仍处于初级阶段。这主要源于企业对财务风险防控工作的不重视。

系统开发往往需要大量资金投入，但在许多企业经营者看来，这项无法直接创造经济效益的工作并不值得投入大量资金。因此，很多企业仍在使用成本较低的传统财务预警系统。部分有意构建先进财务风险预警系统的企业也因缺乏科学参考依据，无奈之下只能搁置这项工作，继续使用现有的企业财务风险预警系统。然而，现有的风险预警系统在信息处理速率方面存在不足，已无法满足中国企业的实际发展需求。

由于目前中国企业采用的财务风险预警系统本身的落后性，企业的财务风险预警和防控工作难以适应当前市场最新的发展形势，无法实现企业财务风险的全面防控，给企

业的经营发展带来难以估量的损失。

（三）缺乏对企业财务风险预警和管理系统工作的监督与优化

在使用企业财务风险预警和管理系统的过程中，许多中国企业没有根据实际的经营发展状况对现有系统进行全面监控和针对性的系统优化升级。实际应用中，企业对财务数据整理和收集的重视程度有待提高，从事此项工作的员工专业素质也存在问题，许多员工缺乏自主创新意识，需要借鉴其他企业的工作经验。

众所周知，不同企业的经营发展状况存在差异，积累的工作经验往往仅适用于原企业。若完全照搬其他企业工作策略，难以对本企业的财务风险预警起到实质性帮助。由于上述原因，在企业财务风险预警系统运作过程中，难以实现对系统工作的有效监督，许多员工在操作系统时出现大量不规范操作现象。

在这种情况下，企业难以根据预警系统提供的信息进行风险防控工作安排，财务危机发生概率未得到有效降低，企业正常生产经营活动仍受财务风险严重威胁，危机随时可能对经济效益造成重大打击。

（四）企业财务数据面临严重泄漏风险

随着中国互联网技术的高速发展，网络成为各类信息的重要载体。目前，中国企业在经营过程中产生的各项财务数据也以公共网络作为信息数据载体。然而，由于网络系统的公共性，企业财务信息面临极大泄漏风险。

对于企业而言，内部财务数据是最重要的商业机密，企业的发展决策和各项工作都可以通过财务数据展现。因此，一些企业为在市场竞争中占优势，采取不正当竞争手段。部分企业采取雇佣黑客等非法手段，从网络空间窃取竞争对手的财务数据信息，获悉对手的经营方向和发展计划，据此调整自身经营策略，打压竞争对手，谋求更多利益。

防范外部网络攻击是企业财务风险预警系统功能的重要部分，但由于网络空间的私密性不足，依赖传统的企业财务风险预警系统很难实现这项工作。在中国，许多企业的经营发展过程中，都曾遭受不同程度的网络攻击，企业的各项数据大量泄露，对企业经营发展造成极为恶劣的影响。对于目前中国众多企业而言，如何更好地抵御外部网络攻击，成为企业经营发展过程中必须解决的关键问题。

二、大数据时代背景下优化企业财务风险预警、管理问题解决路径

通过上述问题分析，我们可以发现，这些具体问题反映出的根本原因主要可以归结为3个方面。第一个方面是人的因素，包括企业对财务风险预警工作的重视程度，以及相关工作人员的专业素质；第二个方面是技术层面的不足；第三个方面是我国网络环境存在的巨大风险性，导致企业经营面临极大的外部威胁。针对以上问题，大数据时代下企业财务风险预警系统的优化需要从以下4个方面展开。

（一）全面提高各企业对财务风险预警的意识和重视程度

想要解决我国企业在财务风险预警和管理方面存在的问题，首先需要改变人们的观

念。任何工作的顺利开展都需要相关工作人员具备良好的思想基础。在前文问题论述中提到，我国许多企业在实际经营过程中对财务风险防控多采取被动防守策略，只有当财务危机出现时才会采取措施，防止企业财务危机对经营造成更大的影响，减少损失。针对这一问题，企业应制订积极的工作策略和方针。

企业可以在内部开展财务风险预警知识的培训，让员工充分认识到预警工作的重要性。具体执行过程中，培训活动需要全面覆盖企业内的各层员工，从管理层到基层员工。为避免培训活动对企业正常经营的影响，员工可以轮流参加培训，直至所有员工都接受过培训。新入职员工应在入职初期参与培训，培养财务风险预警意识。培训结束后，企业还需定期组织财务风险预警知识考核，以时刻提醒员工关注相关知识，并根据市场环境的变化进行知识更新。

（二）积极推动企业财务风险预警和管理系统的建设

目前，我国许多企业应用的财务风险预警和管理系统存在构建不够完善的问题。虽然这一问题与外部客观条件密切相关，但企业仍可采取措施，使财务预警系统的构建规避外部客观因素的影响，尽最大可能解决这一问题。

首先，企业可重新安排财务预算，适当增加财务风险预警和管理系统建设的资金投入，在原有系统基础上，进一步完善预警和管理系统的功能。同时，企业应积极与相关领域的高校展开合作，以获取更先进的财务风险预警系统构建知识，助力系统的完善。

高校不仅是人才培养基地，还是各项课题的重要科研基地。企业与高校合作，可以从高校获取先进的财务风险预警系统构建知识。我国学界对企业财务风险预警系统构建问题的理论研究成果相对较少，主要原因是高校在相关科研工作方面缺乏充分的资金支持。

为解决这一问题，企业在与高校建立合作关系后，可发挥资金优势，为高校在该领域的研究提供充足的资金支持，使高校研究工作更顺利地开展，从而获得更多的研究成果。这一策略本质上是利用企业的资金优势，以资金换取技术，帮助企业实现财务风险预警系统的完善，进一步促进企业经营发展。

（三）完善企业财务风险预警系统工作的监督升级机制

在我国企业实际应用财务风险预警系统的过程中，系统使用过程中的监督机制建设往往不尽完善。为应对这一问题，企业需要根据财务预警系统的实际运行状况，构建一套更加完善的工作监督机制，以防止操作失误对企业正常生产经营造成损失。

首先，完善监督机制的关键在于明确责任分工。企业应明确财务风险预警系统中各部门负责人的职责，并事先确定各部门工作人员负责的系统操作流程。在此基础上，企业需明确规定各部门的工作内容。当系统运行过程中出现问题时，企业方可根据具体情况迅速确定责任人并进行及时处理。

通过明确责任人并采取相应处理措施，可以对所有工作人员产生警示作用。此外，企业还需制订一套完善的工作监督制度，对各种系统操作行为作出明确规定，以便在处理工作人员问题时做到有据可依，消除其他员工的疑虑。

　　同时，在系统维护升级方面，企业可引入更多专业人才，以提高财务风险预警系统操作人员的整体专业素质。这些专业人才能在日常工作中为企业内员工提供更为丰富和先进的系统维护升级知识，从而提高企业整体员工的专业素质。在系统维护升级过程中，也需建立相应的监督机制，以确保工作在有序、规范的环境中进行。

（四）构建企业内部的局域网

　　在大数据时代，企业各项经营数据通常通过公共网络进行信息存储，这可能对企业信息安全造成极大威胁。为从根本上确保企业数据信息安全，建立企业内部局域网是解决这一问题的关键途径。

　　在财务风险预警和管理系统应用过程中，该系统往往也使用公共网络作为载体。不法分子可能利用这一机会从公共网络端口窃取企业财务数据。局域网的建设可以使企业各项数据不必同步到公共网络上，从而在一定程度上防止数据被非法窃取。

　　然而，仅依靠局域网建设并不能完全杜绝外部网络入侵。一些技术高超的黑客仍可能找到企业局域网安全防护中的漏洞，窃取企业财务数据。因此，在构建企业专用局域网的同时，企业还需建立一套网络攻击防范系统，为企业局域网提供更充分的保护。尽最大可能避免外部网络入侵，防止企业经营数据外泄，从而减少对企业正常生产经营的损失。

　　为实现这一目标，企业需要对内部网络安全维护工作人员进行专项培训。这样的培训活动将使这些工作人员对企业局域网的构建有更充分的了解。由此，企业局域网的建设可在不需要外部人员参与的情况下进行，既节省成本，又尽可能地防止企业局域网源代码外泄，降低安全风险。

　　随着大数据时代的到来，社会发展环境日趋激烈，各企业面临着全新挑战。在这一背景下，建立企业财务风险预警和管理系统对于应对市场潜在风险、促进企业可持续发展具有重要意义。这也是我国企业在现阶段提升自身核心竞争力的关键因素。

　　因此，企业应对财务风险预警给予更高的重视，加强企业内部工作人员在财务风险预警各方面的知识和能力培训，优化系统构建，并建立更为完善的企业数据信息保护机制。这将有助于推动企业健康、可持续的发展。

第六章 大数据时代企业财务管理典型案例

第一节 阿里巴巴财务管理之实例分析

一、阿里巴巴的大数据战略

前文中，我们对阿里巴巴应对大数据的战略进行了简单阐述，这里再具体予以分析。

在大数据环境下，阿里巴巴致力于深入挖掘数据层面，为客户提供更多的数据原料、半成品和成品服务。阿里巴巴集团已经将大数据纳入公司战略，并在内部推广"全员数据普及教育"，要求所有员工具备数据运营能力。

阿里巴巴的大数据战略旨在支持集团当前和未来的业务目标，如现有的电子商务平台、正在进行的小微金融服务和未来基于数据的宏观经济预测。另一方面，阿里巴巴的大数据战略得益于其强大的 IT 资产和基础设施支持。

首先，阿里巴巴拥有庞大的数据支持。在其电商平台上，平均有超过 1 亿消费者和数亿商品。阿里数据平台事业部的服务器上已存储了超过 100PB 的已处理数据，尽管其中许多是噪声数据。此外，阿里巴巴掌握着大量的消费者交易和信用数据，其中支付数据尤为珍贵。

其次，阿里巴巴拥有自主研发的 IT 架构支持。凭借有效的激励机制、创新和灵活思维，阿里的 IT 团队实现了具有自主技术知识产权的技术架构（如 Oceanbase），能够按需扩展、处理海量数据。阿里巴巴集团推出了"飞天计划"，拥有突破机房空间限制的先进跨机房 5k 集群、Apsara 分布式计算系统及数据委员会等架构。其中，开放数据处理服务（Open Data Processing Service，ODPS）是阿里巴巴自主研发的海量数据离线处理服务，ODPS 通过 restful API 提供针对 PB 级别数据的批量处理能力，主要应用于数据分析、海量数据统计、数据挖掘、商业智能等领域。ODPS 是阿里巴巴集团数据交换平台（DXP）的重要组成部分，阿里金融、淘宝指数、数据魔方等关键数据业务的离线处理作业都运行在 ODPS 上。

最后，阿里巴巴集团的云基础设施亦提供了支持。作为阿里巴巴集团的核心技术平台，阿里云拥有规模庞大的 5000 台"飞天"服务器集群。阿里巴巴的云服务为开发者和用户提供基础设施和云端服务，同时收集第三方网站、应用、硬件和用户数据。阿里云已经发展成为移动云、游戏云、金融云、电商云等专业行业服务提供商。特别值得一提的是，拥有 3 亿实名用户的支付宝数据都运行在阿里云上，余额宝也使用阿里云的云计算功能。

阿里巴巴集团的大数据战略与创始人马云曾提出的从平台到金融，再到数据的发展思路是一致的。阿里巴巴起初是一个电子商务平台，随后利用电子商务领域积累的数据拓展到金融行业。最终，阿里巴巴集团凭借其大数据优势，向外界提供数据服务，如利用大量消费数据进行"经济气象预测"，提前预知经济形势变化。阿里巴巴充分利用其数据资产和数据处理能力进行市场营销和宣传，表明自己拥有全球最大的商品、用户、交易数据库，以及全球最大的支付平台、信用体系和最安全高速的云计算平台。

二、阿里巴巴基于大数据的财务决策

（一）阿里巴巴集团打造大数据产业链的财务决策

自 1999 年成立以来，阿里巴巴集团已建立了领先的消费者电子商务、网上支付、B2B 在线交易市场和云计算业务，成为中国最大的网络公司。在大数据时代到来之际，阿里巴巴集团提出了大数据战略，并进行了适时的财务决策，加快了建立"数据"帝国的步伐。

1. 持续引进风险投资为产业链提供资金支持

风险投资主要是针对新兴的、迅速发展的、具有巨大竞争潜力的企业进行的权益性投资。风险投资为高新技术产业发展提供了更广泛的融资渠道，成为高新技术企业非常重要的资金来源。

阿里巴巴集团是高新技术企业运用风险投资的典型代表，在构建大数据产业链的过程中，持续利用风险投资获取资金支持。在创业初期，阿里巴巴集团获得了高盛提供的500 万美元"天使基金"，缓解了资金压力；2000 年，互联网行业陷入低谷时，阿里巴巴集团得到了软银的 2000 万美元风险投资资金，渡过了难关；2005 年，阿里巴巴集团引入了雅虎 10 亿美元的投资。风险投资在阿里巴巴集团的发展道路上发挥了重要作用，集团将这些资金主要用于技术研发和产业链的构建。

在提出大数据战略计划之后，阿里巴巴集团面临着产业链构建中的技术、资金、市场以及管理结构等多方面的挑战，企业的经营风险、技术风险、管理风险逐步增大。与此同时，产业链的构建需要大量资金作为基础。

2012 年 2 月，阿里巴巴集团从银团获得了 30 亿美元、贷款利率在 4% 左右的 3 年期贷款，银团成员包括澳新银行、瑞士信贷集团、星展银行、德意志银行、汇丰控股有限公司及瑞穗金融集团。

2012 年 9 月，阿里巴巴集团获得了来自中投、联合中信资本、国开金融等的 20 亿美元风险投资资金。这些资金注入企业，主要用于技术研发和创新、产业内资源的并购和整合、疏通产业链的现金流。在此基础上，阿里巴巴集团形成了丰富的大数据资源、先进的技术和专业的管理团队，同时实现了大数据的存储、分析、应用的连通和推广，加快了产业链构建的步伐。

2. 设立云基金以投资于产业链核心技术领域

从技术角度看，大数据与云计算的关系就像一枚硬币的正反面一样紧密相连，大数据产业链的构建必须依赖云计算技术。2009 年 9 月，阿里云作为阿里巴巴集团的子公司成立，专注于打造云计算平台，为集团大数据产业链的构建提供核心技术支持。

2011 年，阿里云公司正式对外提供云计算服务，云计算平台的稳定性和成熟度也在逐渐完善。阿里云计算所取得的卓越成绩与阿里巴巴集团创新性地使用云基金进行云计算投资是分不开的。

2011 年，阿里云公司与云锋基金联合启动总额达 10 亿元人民币的"云基金"。云基金的宗旨是支持开发者基于阿里云计算的云引擎开发应用、服务和工具，扶持、引导它们成为各自领域内的独立、杰出的公司。

阿里巴巴集团创立云基金，为云计算的开发和应用环节持续注资，提高了云计算的发展和应用速度，进而加快了大数据产业链的构建步伐。

在云基金的支持下，阿里巴巴集团加快了布局云生态圈的步伐，阿里云公司先后推出了弹性计算云服务、淘宝云服务、阿里云地图服务、阿里云 OS 等服务。同时，阿里巴巴集团还以云基金为支柱，协助云计算技术合作伙伴，支持它们转型为云开发商，从而丰富云计算产品和服务。

这样的做法使得阿里巴巴集团与产业链各环节企业之间的交流合作更加紧密，为技术创新和应用提供了强大动力。

3. 并购同产业优质企业，构建"大数据拼图"

2009 ～ 2013 年，阿里巴巴集团以 5.4 亿元人民币分两期收购中国万网。中国万网在互联网基础服务行业中具有明显的领先地位，并在产业布局、客户基础、技术地位等多方面都具有优势。合并中国万网，将对阿里巴巴集团在中小企业电子商务产业链上的布局产生重大推动作用。

2012 年 11 月，阿里巴巴集团以 4000 万美元投资陌陌，旨在获取其基于位置的群组社交功能。2013 年 5 月，阿里巴巴集团以 5.86 亿美元购入新浪微博公司发行的优先股和普通股，占微博公司全部稀释摊薄后总股份约 18%。阿里巴巴集团通过收购新浪微博和陌陌的股份，积累了丰富的社交数据。

2013 年 4 月，阿里巴巴集团收购虾米网，随之而来的是充足的音乐数据。2013 年 7 月，阿里巴巴集团投资穷游网，获得了大量在线旅游数据。

2014 年 4 月，高德控股有限公司正式与阿里巴巴集团达成并购协议，阿里巴巴将占高德截至 2014 年 3 月 31 日总发行在外股份的 28.2%。阿里巴巴入股高德后，将进一步加深双方在数据建设、云计算等多个方面的合作，为大数据产业链带来宝贵的地理数据。

2014 年 6 月，阿里巴巴集团宣布收购 UC 优视公司全部股份。截至 2014 年 5 月 7 日，阿里巴巴集团共持有 UC 公司 66% 的股份，累计投资金额超过 6.86 亿美元。UC 将持续为阿里巴巴的产业链提供移动浏览数据。

阿里的并购活动与大数据产业链的构建紧密相连，通过并购引入了海量数据，实现产业链上游的目标。通过资源整合为产业技术发展注入新活力，加速大数据处理和分析过程，确保产业链中游畅通无阻。同时，其并购活动还拓展了大数据应用范围，让更多企业和人员参与大数据蓝图，为大数据产业链下游的延伸奠定基础。

4. 优化组织结构，密切配合产业链整合

产业链构建过程中涉及新业务开发和原有业务创新。为顺应大数据产业链发展，阿里巴巴集团并购整合产业链内核心优质资源，集中投资于核心技术领域，努力开发并形成初具规模的大数据应用市场。同时，大数据产业是一个竞争激烈的领域，新技术、新市场、新业务及外部环境的变化都要求企业拥有更加灵活高效的组织结构来应对挑战。为了适应产业链构建过程中内外部环境的变化，阿里巴巴集团及时进行了组织结构的调整。

2012年，阿里巴巴集团设立首席数据官（CDO），以实现数据的集中管理和管控。2013年，阿里巴巴专门成立了数据委员会，为集团各个事业部提供数据支持。2013年9月，阿里巴巴集团成立了包括数据平台事业部、信息平台事业部、无线事业部、阿里云事业部在内的25个事业部。2014年，阿里巴巴集团对组织结构进行了重大调整，为大数据产业链的全面发展提供了组织上的支持和保障。

（二）思考与启示

1. 根据产业特点选择融资方式

高新技术产业是知识密集、技术密集的领域，企业应该根据产业的特点选择合适的融资方式来支持产业发展。高新技术产业具有高风险、高成长性的特点，而风险投资正是以追求高风险、高收益为核心特征，因此风险投资与高新技术产业的发展特色可以很好地相互匹配。所以，高新技术产业中的企业应该借鉴国内外成功经验，勇于引入风险投资，为企业的技术研发等提供强大的资金支持，从而促进企业的技术创新和提升企业核心竞争优势。

2. 创新投资模式，实现资金的优化配置

投资是企业财务决策的重要组成部分。如果融资是为企业发展提供资金支持，那么投资则体现了企业发展的方向。科学技术是大数据产业链的基础，因此对科学技术的大量投入是高新技术产业发展的必由之路。投资效果同时受到投资方式的影响。采用分次投资的方式时，企业需要站在产业发展的全局角度，调整每个发展阶段的投资规模和方向；采用集中投资的方式时，企业应专注于产业发展的某个阶段或某个核心技术，从而为该阶段或技术的进步提供持续的资金支持。

3. 构建产业联盟，打造密集型产业链

产业链的构建是一个长期且艰巨的任务，企业需要结合自身优势并利用外部资源，实现资源的优化配置，为产业的可持续发展奠定基础。整合产业内优质企业，构建产业联盟是企业成功构建产业链的关键因素之一。产业内的联盟可以为企业的发展带来先进的技术、管理经验、专业人才等各类资源，从而增强企业的竞争力，提升行业战略地位，实现企业打造密集型产业链的最终目标。

4. 实现内部管理机制和产业链的协同发展

随着产业链发展逐渐加深，企业的内部管理机制可能会与新业务和新发展因素不相适应。这时，调整组织结构和优化企业内部管理机制势在必行。产业链发展过程中涌现

出新业务、新技术的研发与应用。整个产业链构建过程中的巨大变化对组织结构提出了全新的要求，组织结构的优化调整应以产业链的发展为指导，以实现内部管理机制和产业链的协同发展。

三、阿里巴巴基于大数据的财务风险管控

（一）阿里巴巴集团财务风险管理问题及成因分析

1. 经营风险

自 1999 年阿里巴巴集团成立以来，其创建了淘宝、天猫、阿里巴巴等线上购物平台，接着拓展了阿里旺旺、支付宝等整合支付和筹资的金融平台，进一步发展了阿里云，投资华谊兄弟、滴滴打车、饿了么等生活娱乐行业的领军企业，并扩张至海外市场。在过去十几年的扩张和发展中，阿里巴巴集团主要业务逐渐从单一的电子商务拓展到金融、文化、医疗等多个领域，逐步构建了一个由大数据和互联网金融组成的业务生态系统。此外，阿里巴巴集团的业务生态系统还不断根据客户需求变化进行扩展和延伸。

不难发现阿里巴巴集团的业务生态系统以其丰富的业务种类、庞大的产业价值链、复杂的主体结构和多样化的经营模式而著称。这些特点可能导致与系统体系相关的经营风险，因此阿里巴巴集团的经营风险主要隐藏在其自身建立的业务生态系统中。

2. 筹资风险

在外部筹资方面，引入外部投资者是阿里巴巴集团上市前的主要资金来源，包括日本高盛、雅虎等。特别是 2005 年，雅虎以 10 亿美元现金及在中国的业务和品牌使用权交换了阿里巴巴集团 40% 的股份。融资完成后，马云团队仅拥有阿里巴巴集团 31% 的股份，而日本软银将持有其余 29% 的股份，马云团队完全失去了对阿里巴巴集团的控制权。

经历了这次筹资后，马云团队甚至差点被雅虎高管逐出阿里巴巴集团。由此可见，尽管引入投资者有助于实现企业融资目标，但同时也可能为企业未来发展中的控制权带来潜在危机。阿里巴巴集团于 2014 年 9 月在美国上市后不久，IPO 共筹集了 250 亿美元，为建立庞大的业务生态系统提供了充足资金。然而，由于外国 IPO 融资方式，阿里巴巴集团经常受到外国投资机构恶意做空的影响，进而影响其经营管理的稳定性。此外，严格的国外法律法规和陌生的资本环境也是阿里巴巴集团成功融资的主要障碍。

3. 投资风险

阿里巴巴集团在互联网行业拥有领先的市场地位、良好的市场趋势、巨大的市场规模和美好的市场前景，但在这种情况下容易产生盲目投资的风险。

目前，阿里巴巴集团正努力构建一个专注于流量、用户、价值链和大数据的业务生态系统。其涉足的业务领域包括电子商务、互联网金融、大数据处理，甚至生活、文化、体育和娱乐等多个方面。然而，其投资的有效性和结果仍存疑问。这主要是因为阿里巴巴集团的业务生态系统具有结构化和整体性，从而产生协同效应。如果企业中某一部分在市场上被竞争对手占据大部分份额，整个业务生态系统的影响力和作用将会大大降低。

因此，阿里巴巴集团使用大额资金投资于各行业排名靠前的顶尖公司，如滴滴、美团、饿了么、高德地图、华谊兄弟等。

然而，这种极端的投资策略具有固有的风险，且目前尚不清楚是否能实现多个投资领域的有效整合与协同合作。此外，这种策略对企业生态系统的风险可能会引发连锁反应。若在某一行业投资失败，或许会导致阿里巴巴集团面临重大企业危机。

（二）大数据时代阿里巴巴财务管理风险应对策略和防范措施

1. 提高对企业外部环境的关注度，构建大数据风险预警系统

由于企业财务管理面临的外部环境在不断变化，为了有效维护集团现金流的稳定性和有效性，避免现金流风险导致的经营和投资风险，阿里巴巴集团利用其庞大的数据资源和强大的数据处理能力，建立了大数据风险预警系统。

企业外部环境瞬息万变，尽管企业无法完全控制这些变化，但不能以此为借口放任自流。企业需要运用大数据技术加强对外部环境变化的研究，通过大数据风险预警体系，实时监控预警外部环境，主动识别风险，进而更好地防范财务风险，分析发展趋势，根据实际情况制订应对策略，并持续改进相关财务风险管理措施。

构建大数据业务生态系统需要企业关注外部环境，这既符合生态系统内在要求，同时也有助于获取更多外部数据资源。通过优化企业风险管理系统对外部环境的响应能力，可以防止因外部环境引起的财务风险。

2. 构建完善的信息安全管理制度，保证财务数据的安全

顺应时代的企业才能持续发展。企业必须紧跟时代的脚步，共同前进。如果企业选择原地踏步而不改革创新，那它将面临的只有失败，消亡在时间的进程里。因此，在大数据技术在现代社会里的不断发展与运用中，企业必须积极主动地构建完善的信息安全管理制度，提高有关人员在信息化管理安全方面的知识水平，确保对大数据平台的数据进行充分运用，及时采集和分析相关数据源，提高大数据使用效率。

对企业而言，财务数据是其命脉。一旦关键财务数据落入竞争对手手中，对企业而言将是一场灾难。考虑到这一点，阿里巴巴集团利用广泛的数据资源、先进的数据处理功能来整合和释放业务生态系统的内部资源技术、专业计算人员，并建立用户信用体系以消除内部障碍，从而减少内部资本的占用和空闲时间，尽可能消除此类障碍。为避免黑客攻击导致财务数据丢失的风险，企业必须加强财务风险管理系统的相关安全性措施。

企业需要实时监控并净化网络环境，确保其所处的环境是安全可靠的数据网络。通过这种方式，阻止企业相关财务数据机密的泄漏，确保企业的财务数据安全。为应对大数据时代的财务管理风险，阿里巴巴集团需持续优化其应对策略和防范措施，以确保企业在风险面前始终保持稳健发展。

第二节　亚马逊价值链成本管控之实例分析

随着行业界限逐渐模糊和互联网生态系统的不断完善，整合、重组业务流程以实现最低交易成本和自身成本优势已成为互联网核心企业的核心价值追求。因此，互联网企

业越来越重视价值链成本控制。

亚马逊最初是一家网上书店，在经过八年的发展后，成功地实现了从"烧钱"到"盈利"的转变，并建立了独特的以战略为导向、兼顾企业内外部价值链的成本管理体系。本书将对亚马逊价值链成本控制的创新措施进行深入分析和探讨，为我国互联网企业提供成本管控的新思路和新范式。

在 2016 财年，亚马逊的净利润达到了 24 亿美元，每股收益为 4.90 美元，而上一年的净利润仅为 5.96 亿美元，每股收益 1.25 美元，同比增长了 3 倍。在运营利润方面，亚马逊在 2016 财年达到了 42 亿美元，较上年同期的 22 亿美元增长了近 2 倍。此外，亚马逊在 2016 年的净销售额达到了 1360 亿美元，较上年的 1070 亿美元增长 27%。值得注意的是，在 2016 财年，汇率波动给亚马逊的净销售额带来了 5.5 亿美元的负面影响，若不考虑这一影响，亚马逊在 2016 财年的净销售额同比增长为 28%。

一、互联网企业价值链成本管控现状

在国际范围内，以企业战略为导向的价值链成本管理已逐渐成为现代互联网企业的新兴成本管理模式。这种模式以价值链为基础，从核心企业和核心流程出发，旨在满足客户价值需求的同时进行动态的成本管理，多层次地降低成本，从而提高企业竞争力并促进企业战略实现。从价值链的角度来看，我国互联网企业在成本管理方面主要面临以下问题。

（一）上下游关系处理不当，仓储物流环节控制较弱

稳定的上游供应渠道能确保企业及时获取优质货源，而下游客户或销售商的信任则是企业拥有价格优势和市场份额的源泉。然而，部分国内大型电商平台缺乏培养稳定供应商的意识，采购政策过于严苛，价格和支付环节过分严格，导致优质供应商流失。与此同时，许多企业仍然采用传统的库存管理方法，如定期订货、经济批量模型等，缺乏引入新的库存管理理念，也很少采用现代化的库存管理信息系统，使得仓储环节仍有很大的成本下降空间。在物流环节，国内电商企业主要依赖第三方物流体系，直接成本较高，而在销售服务环节的投入不足导致退货产生的物流费用、退货商品损坏滞销产生的经济费用及处理退货商品造成的各类隐性费用层出不穷。

（二）价格战此起彼伏，缺少战略联盟

当前，我国互联网企业提供的产品或服务趋于同质化，企业在价值链分析方面缺乏对竞争对手的了解，无法明确自身的优势和不足，从而过度依赖价格战术。这导致了营销成本的大幅增加，同时也削弱了企业的盈利能力。

（三）组织机构成本居高不下，信息化投入与收益不匹配

目前我国互联网企业的信息化仍然流于形式，大量的信息系统研发投入并没有伴随组织结构和决策方式的匹配转变，与原先降低成本提高效率的目标背道而驰。

二、亚马逊价值链成本管控分析

（一）亚马逊行业价值链成本管控

1. "无序"的仓储、"有序"的配送——通过规模效应降低物流成本

亚马逊物流模式的核心在于利用物流中心聚合订单需求，与大型物流企业对接，发挥规模效应。物流执行成本主要包括仓储和运输成本。在亚马逊成立初期，物流费用率曾占到总成本的20%，导致公司长期处于亏损状态。2002年，亚马逊完成了物流体系的整合，物流费用率降低到10%左右，毛利率提高了7个百分点，大规模的"物流中心"成为新物流模式的核心。

为实现降低物流成本的目标，亚马逊物流中心的仓储区采用了混沌仓储管理模式，在Bin系统和规范化货物管理流程的支持下实现商品、位置及数量的关联存储。这种"无序"的仓储方式有效利用了存储空间，降低了配货员的重复作业率，提高了提货准确性，缩短了商品出库时间，使订单处理效率提高了近4倍。

在配送环节，亚马逊开发了"Postal Injection"物流模式，将大部分物流外包给专业物流公司。这一模式充分利用了物流公司的经验和优势，降低了物流成本，使亚马逊将更多精力和资金投入核心业务。通过改进作业流程，采用"有序"的商品配送方式，加快了订货处理及送货速度，大幅度减小了缺货比率。

2. 预测式响应订单、实现最佳库存配比——通过战略联盟降低库存成本

优质的价值链管理关键在于预测客户需求并主动响应订单。亚马逊利用大数据分析技术预测商品需求，及时采购畅销商品。由于应付账款期限通常长于收款期限，快速的采购与销售有助于流动资金积累。

亚马逊通过实现信息传递自动化和订单传递流程标准化，确保货源充足及时，降低采购成本，缓解流动资金压力；与供应商的信息共享提高了供应商效率，降低了供应商成本，实现了共赢状态。价值链理念强调的是价值创造并非仅依赖单一企业或单一环节，而是在整个价值链条的每一个节点上实现紧密协作。对亚马逊而言，无论是预测式响应订单还是零库存管理模式的实施，都必须依托于与战略伙伴的密切合作。通过与供应商的系统对接，亚马逊实现了准确、实时地掌握商品销量，降低了断货概率，并消除了长尾图书在仓库中大量堆积的现象。

3. 个性的推荐系统、完善的反馈机制——通过精准营销降低销售成本

随着消费者观念从理性向感性转变，从趋同向差异发展，传统的广告和促销活动越来越难以改变消费者的主观判断，导致营销成本上升。因此，中小批量、多品种的混合生产替代了大规模、单品种的生产，基于互联网技术的精准营销模式应运而生。满足消费者个性需求并与消费者建立协作关系成为企业竞争优势的关键。

亚马逊是精准营销的典范，与市场建立了新型互动关系，通过为消费者建立数据库和信息档案，提供针对性的推广和销售。亚马逊的推荐行为贯穿消费者浏览、挑选、结算的全过程，其中"一键购买"和"虚拟导购"技术在个性化推荐系统中发挥关键作用。亚马逊系统记录消费者资料，再次购买时只需点击商品，系统自动完成后续程序，即"一

键购买"技术。

亚马逊还推出了"虚拟导购"服务，利用用户互动征集对某类商品精通的客户进行商品推荐。被选中的客户每销售一件商品可分得销售额的 3% ～ 7%。这一推荐机制使亚马逊广告投放精准有效，营销推广费用仅占运营总成本的约 10%。

完善的售后服务和反馈机制虽位于价值链末端，但消费者心态和行为的多变使其变得尤为重要。对于电子商务企业而言，管理成本的关键在于从两个方向着手：一方面通过优质的上游服务降低退货率，减少退货成本；另一方面通过完善的下游售后服务提升用户黏性。据统计，传统零售商的退货率通常在 25% ～ 40% 之间，而亚马逊仅为 0.25%。得益于这些优质服务，亚马逊吸引新顾客的成本逐渐降低，客户忠诚度不断提高。

（二）亚马逊内部价值链成本管控

1. 构建一体化信息系统，实现信息管理和业务管理的协同——规模经营摊销研发投入

对亚马逊来说，技术无疑是其核心竞争力所在。亚马逊一直保持稳步增长的研发投入，早早地预见到单纯的零售业务对价值创造的改进有限，因此将自身定位为一家科技型公司。截至 2014 年，亚马逊的技术研发费用占运营总费用的 35.59%，大量的技术研发投入带来了可观的营收，亚马逊的网络服务收入在 2012 年就已超过 10 亿美元。

2. 构建扁平化组织结构，满足网络销售和多变环境的需求——柔性组织降低管理成本

柔性组织形式具有以下特点：首先，组织边界虚拟化。虚拟化使组织边界日益模糊，"空壳组织"应运而生。这种组织内部高度信息化，大量的实体信息转化为数字信息，以减少实体空间。亚马逊成立之初就制订了网络"合伙人"计划，预期通过收购和联盟实现"变革管理"。组织间的这种联盟关系也是虚拟化的另一种表现。其次，组织结构扁平化。扁平化是管理层次减少和管理宽度扩大的过程。亚马逊的组织结构实行"小组制"，组内成员自我管理，直接的信息交流降低沟通和协调成本；同时各小组之间也分工合作，经过交叉培训的成员可获得综合技能，加快项目推进，提高工作效率。

（三）亚马逊竞争对手价值链成本管控

1. 成本领先战略下的多样化定价策略

亚马逊的定价策略主要集中在产品定价和运费两个环节。首先，在产品定价方面，由于采用网络销售模式，亚马逊采取具有吸引力的折扣策略，这也是亚马逊网站能吸引大量用户光顾的重要原因。其次，在运费定价方面，亚马逊采取按用户需求定价、促销定价及联卖定价等综合定价方法。根据重量、种类和消费者对到货时间的要求，收取不同的费用。此外，亚马逊还与全球最大的儿童用品零售店 TOYSRUS 签订了商店取货合约，顾客可以在不缴纳运费的情况下方便地收取图书。

2. 多元化战略下的多品类经营策略

多品类经营凸显范围经济效益，意味着通过增加产品种类或提供服务种类，将固定成本分摊到更广泛的基础上。一方面，新产品种类如服装、电子产品等与原先的商品利用相同的技术平台和运送设施。另一方面，在实施全球扩张战略中，亚马逊通过知识与经验的分享、品牌资源共享及多种要素的重复利用，节省了大量收购和并入成本。范围经济不仅可平摊成本，还可扩大客户群或提高新产品带来的总收益。亚马逊通过在网站上介绍其他种类产品信息来实现范围经济，潜在地增加每个给定客户的支出。例如，在亚马逊购物完成后，页面上会出现"购买此商品的顾客还购买了其他商品"的提示，利用协同过滤系统研究顾客的浏览和购买行为，引导其他类似顾客的消费行为。因此，通过扩大客户群或提供新产品扩大范围，都有助于降低企业成本。

3. 差异化战略下的多渠道推广策略

差异化战略是企业在面临价格竞争时采用的防御方式。为了打造亚马逊自有品牌，公司在广告和推销方面投入了较多资金。从公司首次开通网站起，每一笔交易完成后，亚马逊都会向顾客提供一定程度的补贴，平均单件商品的补贴率达到了 6.2%。正是由于这一策略，亚马逊品牌名声远扬，业务遍布全球，而大规模的经济活动也有助于分摊品牌成本。

三、思考与启示

第一，拓展企业价值链成本管理的领域，将成本控制从企业内部延伸至外部。

随着互联网技术的发展，企业成本管理范围得以扩大。过去，价值链成本管理主要关注产品设计和制造过程，但新兴的互联网商业模式促使制造业务实现外包。因此，企业内部价值链缩短并向外延伸至客户的客户和供应商的供应商，将外部价值链提升到同等重要地位。亚马逊的创新之处在于关注企业与供应商、客户之间的潜在利益关系，分析它们对企业成本结构和行为的影响；进一步分析企业与价值链联盟、竞争对手及其价值链联盟之间的差异，确定双方将采取的成本策略，从而实现成本控制。

第二，深入挖掘企业价值链成本管理内涵，将成本控制从操作层面提升到战略层面。

实施价值链成本管理时，企业应关注战略与战术的协同作用，将成本控制从操作层面提升至战略层面。这意味着成本控制应以战略为导向进行全面管理。亚马逊的任何以成本控制为目的的举措都遵循企业整体战略，而非仅仅为了降低短期成本而削减价值链环节。企业更加注重成本控制的联动性、全面性和长期性。互联网企业之间不存在通用的价值链成本管理模式，因此新兴电商企业应避免盲目模仿，而是须积极收集行业、竞争对手及上下游信息，掌握市场环境对企业管理行为的约束。在综合分析自身优劣势后，制订可行的战略及面向战略的成本控制措施。降低成本并非局部行为，也不仅仅是在供应商与顾客之间、作业与作业之间的简单转嫁，而是在整个价值链层面降低总成本。

第三，建立现代化信息系统，实现业务追踪和成本信息的有效共享。

在信息经济下，技术手段成为价值链成本管理模式的支持平台，价值越来越多地依赖于信息和知识。亚马逊作为一个兼具科技和销售特点的互联网公司，在企业内部及联盟企业之间实现了信息的无障碍传递和流动。以亚马逊为核心，内外部都拥有大量的历史业务信息、实时业务信息及成本数据。企业可利用大数据分析技术对这些信息进行分类、处理，得到不同主题的成本信息和决策支持信息，供各层级的决策者使用。

第四，利用成本信息优化价值链，构建价值联盟实现价值共创。

单个企业的资源有限，通过整合外部资源并建立联盟，企业可以在一定程度上避免收购成本，降低交易成本、如今，中国的互联网企业逐渐形成战略联盟，如阿里巴巴与物流企业的纵向联盟，腾讯与京东金融的横向联盟等。随着中国互联网行业的进一步发展，利用战略联盟实现成本优化的企业将会越来越多。中国互联网企业将从单赢转向多赢，整体成本结构将得到进一步优化，互联网生态圈也将得到更好的完善和巩固。

第七章　大数据时代下经济发展整体研究

第一节　大数据时代下的经济变革

随着大数据技术的不断发展和应用，经济领域正在发生深刻的变革。大数据技术为经济发展提供了新的动力和机遇，同时也带来了新的挑战和风险。本节将从多个方面探讨大数据时代下的经济变革。

一、数据经济时代的到来

随着大数据技术的迅猛发展，数据经济时代已经到来，成为经济发展的新引擎。数据经济的主要表现如下。

（一）数据驱动的创新模式

在数据经济时代，数据成为了创新和竞争的重要驱动力。数据驱动的创新模式通过分析和利用大数据，挖掘潜在的商业机会，开发新的产品和服务，改变传统产业的商业模式，推动经济结构的优化和升级。

（二）产业数字化和智能化

在数据经济时代，数字化产业和智能化产业成为经济发展的新方向。通过应用大数据技术，将传统产业数字化和智能化，实现产业的智能化和高效化，推动新一轮产业升级和转型。

（三）个性化定制和精准营销

在数据经济时代，数据可以帮助企业更加精准地了解消费者需求和偏好，实现个性化定制和精准营销，提高营销效果和客户满意度。

（四）互联网＋和共享经济

在数据经济时代，互联网＋和共享经济成为经济发展的新趋势。通过互联网和大数据技术，实现资源的共享和优化配置，提高资源利用效率和社会效益。

（五）新型数字货币和区块链技术

在数据经济时代，新型数字货币和区块链技术成为经济发展的新动力。通过区块链技术，可以实现交易的去中心化和安全化，推动数字经济的发展和创新。

二、产业升级和转型

随着大数据技术的迅猛发展，产业升级和转型成为大数据时代的重要趋势和表现。

（一）产业升级和转型的驱动力

大数据技术作为产业升级和转型的重要推动力量，具有以下 4 个方面的优势。

1. 数据驱动的智能化生产

通过应用大数据技术，可以实现企业的智能化生产，将生产过程中的数据进行实时分析和监测，提高生产效率和质量。

2. 数字化经营和创新

大数据技术可以帮助企业进行数字化经营和创新，通过数据分析和挖掘，发现潜在的商业机会，推动企业的产品和服务创新，提高企业的竞争力和市场份额。

3. 优化供应链和物流管理

通过应用大数据技术，可以实现供应链和物流管理的优化，实现物流过程的实时监控和分析，提高供应链的可靠性和效率，降低物流成本和资源浪费。

4. 改善客户体验和服务

通过应用大数据技术，可以更加深入地了解客户需求和偏好，提供个性化定制的产品和服务，提高客户满意度和忠诚度。

（二）典型产业升级和转型案例

1. 制造业升级和转型

制造业是经济发展的重要支柱，大数据技术可以帮助制造业实现智能化生产和数字化经营，提高生产效率和质量，优化供应链和物流管理，改善客户体验和服务。例如，中国的家电企业海尔集团通过应用大数据技术，实现了智能制造和数字化经营，推动企业的转型升级，成为全球领先的智能家电企业。

2. 零售业升级和转型

零售业是消费升级的重要推手，大数据技术可以帮助零售业实现个性化定制和精准营销，提高营销效果和客户满意度。例如，中国的电商巨头阿里巴巴通过应用大数据技术，实现了精准营销和供应链优化，推动了电商行业的快速发展和转型升级。

3. 金融业升级和转型

金融业是经济发展的重要组成部分，大数据技术可以帮助金融业实现智能化风控和个性化服务，推动金融业的创新和转型。例如，中国的蚂蚁金服通过应用大数据技术，实现了智能风控和个性化金融服务，成为全球领先的金融科技企业。

4. 医疗健康升级和转型

随着人口老龄化和医疗需求的增加，医疗健康产业成为经济发展的新引擎。大数据技术可以帮助医疗健康产业实现个性化诊疗和精准医疗，提高医疗效率和质量。例如，中国的平安好医生通过应用大数据技术，实现了个性化诊疗和在线医疗服务，成为中国领先的互联网医疗企业。

三、企业管理和决策革新

大数据时代下的经济变革，不仅带来了产业升级和转型的机遇和挑战，也在企业管理和决策方面带来了革新。

（一）企业管理的革新

1. 数据驱动的管理模式

大数据技术可以帮助企业建立数据驱动的管理模式，通过数据分析和挖掘，实现企业的精细化管理和优化，提高企业的效率和竞争力。

2. 组织扁平化和协作化

大数据技术可以帮助企业实现组织扁平化和协作化，通过数据共享和协同办公，实现信息的快速传递和决策的快速响应，提高企业的协同效率和灵活性。

3. 人才培养和管理创新

大数据时代的企业管理需要培养具有数据分析和技术创新能力的人才，推动企业的变革和创新，同时也需要创新管理模式和机制，激励人才的积极性和创造力。

（二）决策革新

1. 数据驱动的决策模式

大数据技术可以帮助企业建立数据驱动的决策模式，通过数据分析和挖掘，发现潜在的商业机会和风险，为决策提供有力的支持和依据。

2. 实时监测和预警机制

大数据技术可以实现企业决策的实时监测和预警，通过实时的数据分析和挖掘，及时发现和解决问题，降低决策的风险和误差。

3. 决策智能化和个性化

大数据技术可以帮助企业实现决策智能化和个性化，通过数据分析和挖掘，根据不同的决策需求和场景，提供个性化的决策方案和建议。

四、互联网和数字化经济的崛起

随着大数据技术的不断发展和应用，互联网和数字化经济成为了经济变革的重要表现之一。大数据时代下的互联网和数字化经济呈现出以下 4 个方面的崛起。

（一）电子商务的兴起

大数据技术的应用推动了电子商务的快速发展。互联网和移动互联网的普及，为电子商务的快速普及和发展提供了有力的支撑。基于大数据技术的精准营销、个性化推荐等功能，为电子商务的用户体验和效率提高提供了便利。

（二）云计算的普及

云计算作为大数据时代的一种重要技术，具有高效、安全、可靠、灵活等特点，得到了广泛的应用和推广。云计算提供的海量数据存储和高效的计算能力，为数字化经济的快速发展提供了支持和保障。

（三）智能制造的发展

大数据技术在智能制造中的应用，实现了制造业的高效、自动化和智能化，提高了生产效率和质量。基于大数据技术的数据分析和挖掘，实现了智能预测、智能调度、智能检测等功能，推动了制造业的转型升级。

（四）数字化金融的兴起

数字化金融的兴起，是大数据时代的又一重要表现。基于大数据技术的数据分析和挖掘，实现了金融业务的智能风控、智能投资等功能，提高了金融业务的效率和风险控制能力。数字化金融还为个人和企业提供了更加便捷、快速、安全的金融服务，促进了金融行业的创新发展。

（五）人工智能的应用

人工智能作为大数据技术的重要应用领域，正在逐步渗透到各个行业和领域。人工智能的应用，实现了更加智能化、高效化的生产和管理，为数字化经济的进一步发展提供了强有力的技术支撑。

总的来说，大数据时代下的互联网和数字化经济的崛起，推动了经济结构的变革和升级，为经济发展注入了新的动力。同时也给企业、政府和社会带来了全新的机遇和挑战。

五、面临挑战和风险

大数据时代下的经济变革表现虽然带来了诸多机遇，但也面临着风险与挑战。

（一）数据安全和隐私问题

随着大数据技术的不断发展和应用，数据安全和隐私问题越来越受到关注。在大数据时代，企业需要保护数据的安全和隐私，防范各种数据安全风险和数据泄露风险，加强数据风险管理和控制，构建完善的数据安全体系。

（二）数据膨胀和信息孤岛问题

大数据时代下，数据量的膨胀和信息孤岛问题成为制约因素。如何挖掘和利用海量数据，实现数据的快速传递和信息的高效共享，是企业在大数据时代下需要解决的重要问题。

（三）技术和人才瓶颈问题

大数据技术的应用需要具有相关技术能力和创新能力的专业人才，但大数据人才的短缺已成为发展的制约因素之一。同时，技术创新的速度也越来越快，如何保持技术的领先优势，不断推动技术创新和应用实践，是企业需要面对的挑战。

（四）法律和法规有待完善

大数据时代下，数据的应用和管理涉及诸多法律和法规的规定。但现有的法律和法规并未完全覆盖大数据应用的各个方面，这也给企业的数据应用和管理带来了不确定性和风险。

（五）数据分析能力和应用能力不足

在大数据时代下，企业需要具备数据分析和应用能力，才能更好地发挥大数据的作用。但目前，许多企业的数据分析和应用能力仍然不足，需要加强人才培养和技术创新，提高企业的数据分析和应用能力。

第二节　大数据时代下经济发展理论研究

一、大数据驱动的内涵

大数据的价值在很大程度上体现为其驱动作用。所谓大数据驱动的概念，即指大数据作为一种强大的推动力，能够显著提高各行各业的数据分析能力、科技创新能力和业务增值能力，从而有力地推动传统产业的转型与升级。大数据驱动是推动我国经济实现高质量发展的重要动力来源。

首先，大数据驱动应被视为一种具有广泛适用性的变革力量。就像交流电刚出现时，其作用仅限于照明，而即便是最具想象力的人也无法预测其后来的众多应用。大数据技术同样具有广泛的应用前景。大数据对经济发展的贡献不仅体现在大数据企业的收益或大数据产业的产值上，更应包括大数据在提升其他行业效率和质量方面的作用。这就像评价蜜蜂的贡献时，不仅要考虑蜜蜂酿造的蜂蜜，还要关注蜜蜂授粉对整个农业的巨大贡献。因此，在理解大数据驱动时，我们应将大数据视为具有宽泛性、基础性和通用性的驱动技术，类似于电力。

其次，大数据驱动可以作为其他生产要素的"倍增器"。得益于大数据要素的加入，其他要素的效果得以增强，从而推动国家实力的整体提升。一方面，随着大数据技术的深度应用，国家可以通过挖掘大量数据资源，创造巨大价值。借助云计算技术，我们可以将包含全部样本的庞大原始数据整合成具有内在逻辑关系的复杂数据，以挖掘更深层次的数据价值和发现一些潜在的规律。另一方面，随着大数据技术与各行各业的深度融合，以大数据技术为基础支撑的新一代信息技术与实体经济的深度融合已成为我国产业发展的主要趋势。同时，大数据需求的不断提升，推动了大数据服务型产业的形成，为我国经济社会发展注入新活力。

最后，大数据作为生产要素的"催化剂"，在生产要素总量不变的情况下，大数据的引入导致其他生产要素发生质变。大数据对其他生产要素的质变主要体现在以下 3 个方面：首先，对生产者的能力提升，在大数据驱动下，人们的分析能力得到加强，分工协作能力也得到提高，从而推动整体劳动技能的提升；其次，对生产工具的改进，大数据驱动使生产工具更智能、自动化和数字化，为传统生产设备带来质的提升；最后，对生产过程的优化，提高生产制造过程的智能化水平，加速推动供应链转型，促进生产流程的优化与重组。

二、经济高质量发展的内涵

由于人类社会一直处于不断变化的发展过程中，因此高质量发展这个范畴成为一个动态的概念。学术界对经济增长质量概念的理解可以分为两种观点：一种是从狭义角度来定义，将经济增长质量仅理解为经济增长效率；另一种是从广义角度来界定，把经济增长质量看作经济增长数量的重要补充，具有丰富内涵。此处从不同维度，对其内涵予以详细阐述。

（一）宏观和微观相结合的维度。

高质量发展是一个既包括宏观经济发展质量，也包括微观经济活动中产品质量、工程质量、服务质量的"大质量"的概念。这是因为，宏观经济的高质量离不开经济主体的高质量、技术的高质量及产品的高质量等微观高质量的支撑。近年来，我国技术进步取得显著成果，新技术加速向各领域扩散，为提升产品、工程和服务质量，推动产业发展质量整体提高，实现经济转向高质量发展阶段，创造了更加有利的条件。

要推动高质量发展，必须关注宏观与微观相结合、供给与需求相结合、公平与效率相结合、目标与过程相统一及质量与数量相统一的5个维度。

宏观与微观相结合的维度，意味着要在宏观层面深化供给侧结构性改革、加快实施创新驱动发展战略、完善有利于高质量发展的体制机制，积极建设现代化经济体系，提高全要素生产率。在微观层面，要完善产品和服务标准，实施品牌创建和精品培育工程，培育支撑高质量发展的科技、金融、人才等要素，发展壮大一批专注于质量和效益的创新型企业。

（二）供给和需求相结合的维度

供给与需求相结合的维度，强调高质量发展首先要解决供给问题，包括产业供给、产品供给、企业供给和要素供给质量提升等方面。

高质量发展要求对产业、产品、企业和要素4个层面的供给体系进行重构，加快发展高技术产业和战略性新兴产业，不断提高高端产业比重，推动高质量产品和服务快速涌现，培育壮大创新型企业，促进知识、技术、信息、人才、数据等高端要素蓬勃发展。同时，高质量发展也是顺应需求升级的必然结果，是高品质、高性价比的产品满足消费者高品位需求的过程。

推动高质量发展，必须从供给和需求相结合的角度，推动产品和服务质量不断提高，促进供需匹配吻合。要把握消费升级趋势，适应市场需求变化动态组织产品生产和供应，扩大更具创新性和更为个性化的产品供给，依靠创新促进供需匹配，推动高质量发展。

（三）公平和效率相结合的维度

公平与效率相结合的维度，指的是高质量发展是高效率、高附加值和更具可持续性、包容性的结合。从根本上看，实现高质量发展就是要解决公平和效率问题，核心要义是建立在更加公平基础上的高效率。

从公平角度看，高质量发展意味着要从不平衡不充分发展转向共享发展、充分发展和协同发展，实现产品服务高质量、投入产出高效率、发展技术高新化、产业结构高端化、发展成果共享化和发展方式绿色化。

当前我国经济发展不平衡不充分问题仍然突出，特别是东西部、城乡之间发展差距仍然较大。推动高质量发展，特别是将"三大攻坚战"作为高质量发展的重要内容，就是解决发展不平衡的重要举措。

从效率角度看，高质量发展要求以最少的要素投入获得最大的产出，实现资源配置优化。既表现为要素利用配置效率高，如投入产出效率高、单位 GDP 能耗低、产能利用率高、实现绿色低碳发展等，也表现为使微观经济主体得到恰当的激励，促进企业家与职工等各类微观经济主体之间的利益协同。

（四）目标和过程相统一的维度

目标与过程相统一的维度，强调高质量发展是发展目标与发展过程的统一。

从发展目标看，高质量发展有助于满足人民群众日益增长的多样化、多层次、多方面需求，提供更好更均衡的教育、更稳定的工作、更满意的收入、更可靠的社会保障、更高水平的医疗卫生服务、更舒适的居住环境、更优美的生态环境、更丰富的精神文化生活等。

从发展过程看，通过创新引领高质量发展是推动我国经济质量变革、效率变革和动力变革的根本途径，使发展动力由要素驱动向创新驱动转变，发展模式由粗放发展向集约发展、绿色发展和可持续发展更替的过程。而经济发展质量、效率和动力"三大变革"的根本目的也是实现高质量发展，这两者在本质上有机统一。要加快建立企业主体、市场导向、产学研深度融合的技术创新体系，不断创造经济发展新动力，激发高质量发展新动能。

（五）质量和数量相统一的维度

质量与数量相统一的维度，指出推动实现高质量发展必须牢固树立"质量第一、效率优先"的理念，将以往主要依靠增加物质资源消耗实现的粗放型高速增长，转变为主要依靠技术进步、改善管理和提高劳动者素质实现的集约型增长，增强发展"质"的含金量。同时，也要看到"质"和"量"是一对不可分割的变量，高质量发展是质和量的结合，量是质的基础，质是量比较的结果，数量和质量两者应该兼顾。

三、经济高质量发展的相关理论

（一）古典经济增长理论中的经济增长质量相关理论

研究经济增长质量问题的理论源头可以追溯到英国古典经济学时期。经济学之父亚当·斯密在其代表性著作《国富论》中，主要探讨了国民财富的增长，即经济增长。斯密系统地阐述了经济增长理论。

根据斯密的观点，经济增长主要受到 3 个因素的影响，即劳动分工、资本积累和市场规模扩张。他还关注了技术进步和对外贸易等因素对经济增长的重要作用。在技术进步方面，即使在要素投入保持不变的条件下，技术进步能够促进资源合理配置，从而提高生产效率和产出水平。在对外贸易方面，国际贸易有助于国际分工，同时使剩余产品实现价值，进而推动商品扩大生产并更好地保护消费者利益。

在经济制度方面，斯密关注了重商主义经济政策和不良政治制度对英国产业发展的阻碍作用，并将社会经济制度环境纳入经济增长的影响因素。总的来说，斯密对经济增长动力的分析涉及经济增长质量的主要影响因素，对现代经济增长理论的形成产生了深远影响。

18 世纪中叶，古典经济学的集大成者约翰·穆勒从收入分配角度讨论了国民收入不平等对经济增长的负面影响。他指出，当总产量达到一定水平后，立法者和慈善家应更关注收入分配的公平性，而非绝对产量的增长。如果普通民众无法从经济增长中获益，那么这种增长便失去了意义。因此，只有当经济发展成果得到全体国民共享时，才是有意义、有质量的增长。

20 世纪 40 年代，哈罗德和多马在凯恩斯的就业理论和收入决定论基础上，分别提出了相似的长期经济增长模型，统称为哈罗德－多马模型。该模型研究了产出增长率、储蓄率和资本产出比之间的相互关系，并引入自然增长率的概念，即在人口增长和技术进步条件下的国民收入增长率。哈罗德－多马模型指出，只有在实际增长率等于潜在增长率且等于自然增长率的前提下，才能实现充分就业，保证经济的长期均衡增长，并提高经济增长质量水平。然而，这种经济均衡是不稳定的，经济无法自动纠正实际增长率与潜在增长率之间的偏差，反而可能导致更大的偏差。

哈罗德－多马模型的另一个弱点是没有考虑技术进步、资本折旧、制度变迁等现实影响因素，因此既不稳定，也不现实。尽管如此，在分析社会主义经济增长过程和如何提高经济增长质量方面，它仍具有重要的借鉴意义。

（二）新古典经济增长理论中的经济增长质量相关理论

美国经济学家索洛（Solow）是新古典经济增长理论的创始人之一。20 世纪六七十年代，以索洛为代表的经济学家开创了经济增长要素分析法。索洛突破了古典经济增长理论中长期占据主导地位的"储蓄转化为投资是经济增长的决定性因素"的观点，首次提出"技术进步对经济增长具有重要贡献"的观点。

索洛将技术进步单独列为一个因素，并认为它是经济增长中最有意义、贡献最大的一个因素。他将劳动、投资和技术进步综合考虑，并在其发表的论文中构建了相关模型，区分了技术进步引起的产出增长和人均资本引起的产出增长。

事实上，技术进步引起的人均产出增长可以看作经济增长质量提高的部分。从某种程度上说，技术进步对人均产出贡献越大，经济增长质量水平也越高。

尽管新古典经济增长模型引入了技术进步率，使资本积累过程收敛于经济增长，从而实现经济持续增长，避免了哈罗德－多马模型的"刃锋上的均衡"，但技术进步仅仅作为经济模型中的一个外生变量，该理论并未对技术进步的来源给出任何经济解释。因此，它既不能解释各国人均收入和经济增长率之间的巨大差异，也无法解释导致技术进步率变动的各种机制。

虽然技术进步是一个外生变量，且致使技术进步的因素难以确定，但对技术进步整体测算的研究仍构成了经济增长质量理论的研究主线，对后来的研究提供了很大的启发。

（三）内生经济增长理论中关于经济增长质量的相关理论

内生经济增长理论是 20 世纪 80 年代以来的一个重要发展，它试图解决新古典增长模型中技术进步率作为外生变量的问题。内生经济增长理论的核心观点是：技术进步是经济增长的关键驱动力，而技术进步本身是由人力资本、知识资本、研发投入等内生因素驱动的。

保罗·罗默（Paul Romer）是内生经济增长理论的代表人物之一。罗默认为，经济增长是由新知识的创造和传播驱动的，而新知识的产生又依赖于研究与开发（R&D）投入、人力资本的积累和知识的传播。罗默提出了一种内生技术进步的增长模型，强调创新和知识的扩散对经济增长的重要作用。

内生经济增长理论关注经济增长质量的研究，强调提高人力资本和知识资本的积累，以及创新和知识扩散对经济增长质量的影响。从这个角度来看，内生经济增长理论为提高经济增长质量提供了理论支持和政策建议。

总结起来，经济增长质量的研究已经在古典经济增长理论、新古典经济增长理论和内生经济增长理论中得到了深入探讨。这些理论为我们理解和提高经济增长质量提供了重要的理论依据和启示。

四、大数据驱动经济高质量发展的相关理论

（一）STS 理论

STS（科学技术与社会）理论是一种以科技、社会和历史之间相互作用为研究对象的交叉学科理论。该理论强调科技、社会和历史之间的相互作用关系，探讨科技的社会和文化方面的影响以及科技与社会互动的历史进程。在大数据时代，STS 理论提供了重要的理论支持，为大数据驱动经济高质量发展提供了理论基础。

1. STS 理论探究科技与社会的相互作用

STS 理论认为，科技与社会是相互作用的，科技的发展和应用受到社会的影响，同时科技也会对社会产生影响。在大数据时代，大数据技术的发展和应用也受到社会和文化因素的影响。例如，大数据技术的应用需要充分考虑数据隐私、数据安全、数据伦理等问题，这些问题都与社会和文化因素密切相关。

2. STS 理论强调科技与社会互动的历史进程

STS 理论认为，科技与社会的相互作用是一个历史进程，不同的历史时期和社会背景下，科技与社会之间的相互作用方式也不同。在大数据时代，大数据技术与社会的相互作用也是一个历史进程。随着大数据技术的发展和应用，社会对于数据隐私、数据安全、数据伦理等问题的认识和要求也在不断提高。

3. STS 理论研究科技的社会和文化方面的影响

STS 理论认为，科技的发展和应用不仅会对经济和技术方面产生影响，同时也会对社会和文化产生影响。在大数据时代，大数据技术的应用也对社会和文化产生了影响。例如，大数据技术的应用加快了信息的传播速度，改变了人们获取和传播信息的方式，

也对人们的价值观和行为方式产生了影响。

4. STS 理论探讨科技与社会的权力关系

STS 理论认为，科技与社会的相互作用还存在着权力关系，科技可以被用来掌握和扩大社会和政治的权力，同时也可以被用来反抗和对抗社会和政治的权力。在大数据时代，大数据技术的应用也存在着权力关系。企业和政府可以利用大数据技术来掌握和扩大社会和政治的权力，同时也存在着滥用数据权力、侵犯个人隐私等问题。因此，在大数据技术的应用中，需要加强监管和管理，保障个人权利和社会公平。

（二）技术决定论与社会建构论

大数据驱动经济高质量发展的理论基础不仅仅是 STS 理论，还包括技术决定论和社会建构论。这两个理论在不同的层面上阐述了大数据与经济发展之间的相互关系。

1. 技术决定论

技术决定论认为，技术发展是社会变革的基础。在大数据时代，大数据技术的发展推动了经济领域的数字化转型、智能化升级和创新能力的提升。大数据技术的出现和应用，促进了数字经济和新经济的发展，推动了传统行业的转型升级，同时也改变了人们的生活方式和消费习惯。

技术决定论强调技术因素在经济发展中的决定作用，但也存在着技术推动经济发展的局限性。虽然大数据技术的发展为经济发展带来了新机遇，但也存在着技术应用的风险和挑战，如数据隐私和安全问题，数据误用和滥用问题等，需要在技术创新的同时，加强技术的监管和规范。

2. 社会建构论

社会建构论强调社会因素在技术发展中的影响和作用。在大数据时代，大数据技术的应用离不开社会和政治环境的支持和推动。政府和企业的战略规划、政策支持、人才培养等都是大数据技术发展的重要因素。同时，大数据技术的应用也会不断地推动社会的变革和转型，从而进一步影响大数据技术的发展。

社会建构论认为，技术的应用和发展不仅受技术因素的影响，同时也受到社会和政治环境的制约和影响。在大数据时代，社会建构论可以帮助人们更好地认识大数据技术与社会之间的相互关系，推动大数据技术的应用和发展更加符合社会的需求和利益。

（三）巴斯德象限理论

巴斯德象限理论是一种将技术、市场、政策和文化等因素相互作用的综合理论，对大数据驱动经济高质量发展的理论和实践有重要意义。

1. 技术

技术因素是大数据驱动经济高质量发展的基础。在巴斯德象限理论中，技术被视为经济发展的动力源泉，与市场和政策相互作用，产生了复杂的影响和变化。在大数据时代，数据的产生和处理能力的提升推动了新技术的涌现，如人工智能、区块链、云计算等。这些新技术的应用，使得企业的业务模式、产品设计和服务方式等发生了重大变化，从而推动经济高质量发展。

2. 市场

市场因素是大数据驱动经济高质量发展的重要影响因素。在巴斯德象限理论中，市场与技术相互作用，推动市场的发展和变化。在大数据时代，大数据技术的广泛应用使得市场需求的变化和变革加速，从而推动经济高质量发展。例如，大数据分析技术的应用，能够帮助企业更好地把握市场需求，制订更加符合市场的产品和服务策略，提升市场竞争力。

3. 政策

政策因素在巴斯德象限理论中也扮演着重要角色。政策因素与市场和技术相互作用，影响政府政策的制订和实施，从而影响经济的发展。在大数据时代，政府政策的制订和实施，对于大数据技术的应用和经济高质量发展的推进起着重要作用。政策的支持和引导，能够推动大数据技术的应用和产业的发展，提高企业的技术创新和竞争力。

4. 文化

文化因素在巴斯德象限理论中也是一个重要的影响因素。文化因素与技术、市场和政策相互作用，影响人们对大数据技术的接受和应用。在大数据时代，文化因素的变化对于经济高质量发展也具有重要影响。例如，大数据时代下的新消费文化，以及人们对于数据隐私和安全的关注，都会对大数据技术的应用和经济发展产生影响。因此，文化因素也应该被纳入大数据驱动经济高质量发展的考虑之中。

总体来说，巴斯德象限理论认为，技术、市场、政策和文化等因素相互作用，推动经济的发展和变化。在大数据时代，这些因素的作用和影响更加复杂和深远。因此，要想通过大数据驱动经济高质量发展，需要对这些因素进行深入的分析和研究，找到它们之间的关联和影响，进而制订出相应的战略和政策。

在大数据时代，各种新技术、新业态不断涌现，经济发展的速度和规模也在不断扩大。巴斯德象限理论的应用，能够帮助企业和政府更好地把握这些变化和机遇，找到适合自身发展的路径和策略，进而推动经济高质量发展。

（四）赋能理论

赋能理论是一种重要的理论基础，可以帮助我们更好地理解大数据如何驱动经济高质量发展。

赋能理论认为，新技术和新应用会为各种经济活动、社会现象赋予新的能力和价值。在大数据时代，大数据技术的应用，可以为企业和政府等各种主体赋能，帮助其更好地理解市场和客户需求、优化产品和服务、提高生产效率和质量、增强竞争力和创新力，进而推动经济高质量发展。

具体来说，大数据在赋能企业方面有以下4个方面的表现。

1. 数据驱动的决策

通过大数据技术分析海量的数据，帮助企业了解市场和客户需求，优化产品和服务，制订更加精准和有效的决策，提高企业的竞争力和创新力。

2. 数据驱动的营销

通过大数据技术分析客户行为和偏好，精准定位目标客户，实现个性化营销，提高营销效率和 ROI。

3. 数据驱动的生产管理

通过大数据技术优化生产流程，实现物料、工人和设备的优化调度和协同，提高生产效率和产品质量。

4. 数据驱动的风险管理

通过大数据技术分析各种风险因素，及时发现和处理潜在风险，降低企业运营和投资的风险。

赋能理论还指出，大数据技术的应用不仅可以赋能企业，还可以赋能个人和社会。例如，在教育领域，大数据技术可以帮助学生个性化学习、评价和推荐，提高教育质量和效率。在医疗领域，大数据技术可以帮助医疗机构实现精准诊断和治疗，提高医疗服务的质量和效率。

总的来说，赋能理论为我们理解大数据如何驱动经济高质量发展提供了一个有力的理论基础。通过运用大数据技术，企业和政府等各种主体可以更好地把握市场机遇和客户需求，优化生产和管理流程，提高效率和质量，促进创新和竞争，推动经济高质量发展。

第三节 大数据时代下经济发展作用机制研究

一、大数据对经济增长质量的影响

大数据以其庞大的数量为优势，更接近事物的本质，分析大数据有助于揭示客观规律。在经济发展中运用大数据，可以优化资源配置和提高资源利用效率，从而有助于实现增长方式的转变及提高经济发展的质量和效益。

（一）大数据提高资源配置优化效率

毕达哥拉斯曾经提出"数是万物的本源"的思想，认为世界万物归根结底都是由某种数量关系决定的。大数据是通过捕捉、分析和挖掘网络数据痕迹的技术或服务。具有高效的收集和计算能力，以及数据收集和统计的自动化特性。海量数据纵横交错、相互关联、相互印证，使得经济发展过程中的内外诱因和隐含引申的因素得以真实记录，通过智能化挖掘可以展现经济发展在时间和空间上的特性，反映出海量数据背后的特点和规律，进而在问题和对策间建立逻辑关系。

大数据是一种思维和方法，这种思维和方法基于信息的量化和互联。在经济发展中运用大数据，可以优化资源配置，更好地把握经济发展规律，改善与加强宏观调控，提高经济发展的质量和效益。

传统经济依赖于劳动等具有较强地域属性的生产要素，结合资本形成生产中心，通过产品的流动实现要素流动，改善资源配置效率，促进经济增长。而在新经济时代，一般劳动的可替代性不断上升，数据作为生产要素，在生产中扮演越来越重要的角色，生产过程轻资产化成为趋势。

（二）大数据降低交易成本

在传统经济中，由于信息不对称的存在，企业之间、企业和个人之间存在很高的交易成本。这个交易成本的存在，决定了企业的边界，也决定了产品差异定价的程度。在新经济时代，信息收集、存储、传播的成本大幅度下降，且规模经济作用明显，这使得企业之间的交易成本大幅度下降。这种现象对交易的发生产生了分配效应和福利效应两个方面的影响。

首先，大数据降低了现有交易的成本及交易匹配的成本，促进了现有交易的发生，这便是分配效应，体现在交易主体之间的收益再分配。其次，大数据降低了交易发生的信息门槛，降低了搜寻成本，匹配了大量新的交易，这是福利效应，创造了许多原本无法发生的交易，从而提高了资源配置效率。

大数据主要用于解决复杂问题。无论多么复杂的经济问题都有规律可循。利用大数据在查找疑点、综合分析等方面的优势，通过数字化、公式化、模型化，可以迅速把握宏观经济发展态势。这是因为大数据的简单算法比小数据的复杂算法更有效。在宏观调控中应用大数据，将实现由片面向完整转变，由传统向现代转变，由数据整理向数据挖掘转变，由精准向高效转变，由单一结果向综合结果转变。

在传统经济和新经济中，信息不对称问题都普遍存在，但其表现形式发生了很大的变化。相对而言，在新经济时代，信息总量大幅度上升，但企业或平台与个人之间的信息不对称程度也在上升，企业能通过更多渠道收集个人相关信息，采用更有针对性的销售策略，降本增效；而个人却无法获得企业或平台对等的信息，其市场力量相对在不断下降。

（三）大数据提高资源使用效率

运用大数据能够提高资源使用效率。大数据与物质、能源一样，都是重要的资源和要素，它可以改变资本和土地等传统要素在经济发展中的权重。大数据的本质是面向海量数据的开发应用，发现隐藏的知识和规律，为优化资源配置提供科学支撑。大数据有助于经济低成本、高效率、快速度、效益递增式地发展。

通过获取、收集、分析大数据，能够便捷地了解人们消费需求变化及市场发展趋势，从而能提高生产效率和销售效率。大数据可以形成基于规模化自动化的个性化，使商品或服务的大规模量身定制成为可能。大数据通过对经济发展过程中数量巨大、来源分散、格式多样的数据进行汇集和关联分析，能够从中找出经济发展的内在规律或发展趋势，有助于决策者作出宏观预测和前瞻性决策。大数据分析方法将网络科学和行为科学结合在一起，可以发现新市场、提升新能力、创造新价值。

运用大数据思维，对管理理念和管理模式进行变革，建立用数据说话、用数据决策、用数据管理、用数据创新的管理机制，将极大地提高管理效率。其中的关键是最大限度地采集和整合数据，有效利用和分析数据，更好地开发和应用数据。同时，大数据技术具有通用性和渗透性。数据采集和分析涉及每一个行业，带有全局性和战略性。大数据渗透力极强，是典型的通用技术，各行各业都可以实现大数据化，如电信业正在变成电信数据业，金融业变成金融数据业，医疗业也变成医疗数据业等。

大数据的价值主要体现在它的驱动效应，通过构建数据库，对现有数据按主题进行深度整合解析，利用机器学习等先进分析技术，实现数据的深入挖掘，用数据反映和解决现实问题，从而带动有关产业和技术发展。通过数据分析提高各行各业解决难题和增值的能力。大数据对经济的贡献主要在于效率、效益和质量的提高。

二、大数据驱动经济高质量发展的实现路径

大数据驱动经济高质量发展路径指大数据与实体经济相互渗透、交织并最终产生出创新产业形态的全过程。这一过程包括大数据推动实体经济的转型升级，实体经济促使大数据落地生根，以及从初始接触到最终形成新业态的各种途径。通常，大数据驱动经济高质量发展路径主要包括技术驱动、产品驱动、业务驱动和产业驱动4个方面。这4个方面并非孤立存在，而是相互联系、互动并共同促进大数据驱动经济高质量发展。

（一）技术驱动

技术驱动指大数据技术与其他产业技术相互驱动，共同推动技术创新，催生更多新技术。大数据技术具有强大的创新性和应用性，可以推动不同产业技术效率的提升。例如，波音公司将大数据技术与飞机故障诊断技术相结合，实现故障预测。技术驱动的本质是不同技术之间通过重新组合发生化学反应，充分发挥不同技术的互补性，极大提高原有技术效率或实现全新的业务功能。

（二）产品驱动

产品驱动指大数据产品或服务渗透到其他产品中，弥补原有产品在功能上的不足或增添全新的功能，同时，增加产品的"数据分析"含量。产品驱动可以更好地满足用户对产品的需求，提升产品体验感，增强企业的市场竞争力。例如，传统金融服务与大数据驱动之后，传统金融业务如风险控制、行情预测、智能客服等都得到极大提升，同时，借助于大数据技术可以开发更多的金融衍生产品。

（三）业务驱动

业务驱动指大数据技术与实体经济领域的业务相互驱动，推动业务流程的优化和创新。大数据技术可以帮助企业更好地挖掘客户需求，提高运营效率，降低成本，从而实现业务的高质量发展。例如，大数据技术在物流行业中的应用可以实现实时货物追踪、优化配送路线等，提高物流效率。

（四）产业驱动

产业驱动指大数据技术推动产业链的整体升级和优化，促进产业融合和创新。大数据技术可以帮助企业更好地分析市场需求、优化产业结构、提升产业附加值，并推动产业间的融合与协同。例如，在智能制造领域，大数据技术的应用可以实现生产过程的智能化、自动化，提高生产效率，降低生产成本。

产业驱动的本质在于大数据技术作为一种跨行业、跨领域的创新力量，推动各产业链条的升级，促进新兴产业和传统产业之间的融合。大数据技术在各行业中的广泛应用不仅有助于推动产业结构的优化升级，也为企业提供了更多的市场机会和发展空间。

综上所述，大数据驱动经济高质量发展的 4 个路径都具有重要意义。在技术驱动、产品驱动、业务驱动和产业驱动的共同作用下，大数据技术有望推动实体经济实现高质量发展。当前，我国正处于产业结构转型升级阶段，大数据将成为助推这一过程的重要力量。通过深入挖掘和应用大数据技术，我们可以为国家经济发展注入新的活力，实现可持续、健康的高质量发展。

三、大数据完善经济高质量发展计划的作用机制

技术创新和制度创新在经济体制转型中共同发挥着推动作用。传统计划经济难以实现的资源集约调控，以达到国民经济整体按比例生产的目标，实现经济的及时灵活调节，以及规避市场调节的滞后性问题。在大数据时代，国民经济计划的有效性则逐渐显现。

哈耶克曾批判社会主义计划经济模式的可行性，认为中央计划者无法掌握足够全面和庞大的信息来支持经济计划系统，从而制订出正确、精准的经济计划。这种观点在其时代是可以理解的。事实上，自从 1946 年发明第一台数字计算机以来，数据的体量和复杂性在相当长的时间里远远超出了计算机对数据的运算处理能力。

然而，近年来，超级计算机的运行速度迅猛提升，互联网科技以惊人的速度发展，使得信息的数量呈现几何式爆炸增长。因此，大数据分析技术应运而生，以应对这种体量巨大、种类繁多、流动速度快、价值密度低的数据。这种对非结构化、体量庞大的大数据分析技术和互联网科技的发展，使得我们对国民经济的整体把控成为可能，使得经济的"计划调节"相较于"市场调节"更具效率。

（一）大数据改善供需平衡信息获取难题

要实现比市场调节更精准的国民经济把控，经济计划需要获取大量市场信息，包括结构化的官方统计数据，以及非结构化的、价值密度低的、散列的个人或企业数据。此外，还需要对这些高频、数量显著、非结构化的信息进行数据筛选、清洗、整理和汇总分析，以了解整体国民经济的运行状况。

传统经济数据获取方法受限于数据搜集能力和技术，基于抽样调研方式获取统计数据，通过小样本数据推测和代表总体经济运行状况。然而，这种基于小样本数据的统计分析忽略了个体差异，信息的准确度不高，使得经济计划的合理有效性受到质疑。大数据时代的到来使得海量数据的获取成为可能，因此"样本＝总体"。

在大数据技术得以发展的时代，数据提供方变成无数微观个体，经济数据统计由自上而下的统计人员的被动调研抽样，变成自下而上的微观个体的主动的汇合集中。长期以来，我国传统的 CPI 编制数据依赖调查人员抽样设置随机调查点，进行走访登记获取数据。然而，这种小范围的抽样统计方式得出的结果常常与大众生活中的真实物价感受不同，因此备受质疑。

如今，随着社会电子商务的全面普及、线下实体接入网络设备、运用互联网平台，使得人们的生产、消费数据几乎全部被线上平台所记录获取，相较于传统抽样的"部分"，国民经济数据的获取趋向于"全部"。不仅市场上的供给方数据可被完整获取，而且一直以来难以准确获得的需求方的信息也有了一个顺畅的信息流，使得微观个体的需求数据也可以被全面而准确地获得。互联网的发展和大数据分析技术，使得国民经济方方面面的数据越来越向着全面、多方位、零损耗的获取方面发展，在数据数量性得以完善的同时，大数据技术使得可以运行及分析超体量的经济数据在满足时效性、准确性要求的基础上，得出国民经济的真实状况，使得"上帝之眼"的能力得以实现。

预计未来中国将成为世界第一数据资源大国和全球的数据中心。面对如此体量庞大、产生速度迅猛的数据，传统的经济统计方式无疑会产生颠覆式的改变。通过大数据技术来计算分析超全面的海量数据，更为准确地掌控国民经济发展的方向与力度，突破传统计划经济的实践局限性，更好地把控市场的供求平衡，对提升我国经济高质量发展规划的有效性无疑是至关重要的。

（二）大数据持续完善经济计划制定方式

经济计划制订的基础是大量的经济分析数据。传统模式下，人们需要运用各种统计和计量方法对数据进行整理、归纳，然后根据一定的计划制订方法进行编制。在传统计划经济中，人们尝试了多种计划编制方法，如投入产出法、最优化方法等，建立如时间序列、截面数据、面板数据等模型进行计量分析。然而，所达到的效果并不能令人满意。一般计量经济学得出的结果往往存在一定允许范围的误差。

例如，在运用回归分析研究两变量之间的关系时，对于回归系数采用 t 检验，在 t 值小于 0.05 或 0.1 时，便认为两者存在显著相关性。然而，随着社会人口和信息数据的爆炸式增长，统计数据的基数不断增长，使得在大基数情况下的"小概率"事件变得不再"小"。以 2017 年上半年中国电子商务交易额为例，即使有 95% 的可能性与贫困山区通电通网数量无关，仍有 5% 的可能性存在关联，那么这个数量也达到了千亿级别，不容忽视。

在大数据时代，数据来源丰富且数据处理能力得到提升，从而可以寻找到大量相关变量，建立大量数据模型进行运算，得出更为精准、全面的经济影响因素分析结果，制订更为精确的经济计划。相较于传统的"被动搜寻"，大数据技术赋予了经济计划制订分析过程"主动生成"的可能。

大数据技术运用关联规则分析使得经济数据分析不再探究变量之间的因果关系，而是关注它们之间的相关关系，从更准确的角度分析、解释经济现象，改善经济计划制订方向。例如，谷歌运用大数据技术分析用户对住房搜索等关键字的查询，预测地区房价变化，准确度和时效性均优于房产经济学家的传统分析。

（三）大数据智能调控经济发展计划实施

大数据技术不仅在数据来源全面性上得到保障，而且在数据处理时效性及准确可靠性上为国民经济状况的真实统计提供了可能性。传统经济计划由于无法全面、精准地获取经济运行信息，很难实现马克思所设想的"完美的平衡市场的供求状态"。而大数据技术为经济计划的"可调控性"提供了新的技术支持。

传统计划经济的僵化性、计划的不可变性使得计划的内容往往跟不上供需的变化，降低了计划的有效性，甚至导致计划与实际不相符。在大数据时代，市场信息的动态实时监控成为可能，从而实现对市场变动的实时数据获取。基于云计算和超级计算机的高速效率，可以实现对经济计划的动态监控与调整：当市场状况发生改变时，依赖于大数据分析得出的实时计算结果，实现对计划的及时动态调整，提升经济计划的灵活性与敏捷度，超越市场调控的时滞性缺陷，抢先市场自发调节一步，真正地规避风险，合理、灵活地把控国民经济前进方向。

在运用大数据技术助力政府对宏观经济预判方面，国家工商行政总局与大数据企业联合成立的"企业发展与宏观经济发展关系研究课题组"发挥着重要作用。课题组依托庞大的在籍法人信息库（截至 2017 年三季度末，全国实有内资企业 2854.96 万户，注册资本 250.94 万亿元），在册企业法人从总体总量保守估计占国家法人库的 90% 以上，借助大数据分析技术，建立了"企业发展工商指数"。这一指数与国内生产总值、公共财政收入等宏观经济指标具有显著的正相关性，同时表现出稳定的先行关系，能够提前预判宏观经济走势达一到两个季度之前。

该指数已多次在国务院的经济工作会议中得到应用，提升了政府宏观层面经济决策制定的前瞻性和计划性。

四、大数据促进经济高质量发展的动力机制

（一）大数据推动产业跨界融合

随着大数据技术的发展和普及，越来越多的企业和行业开始利用大数据进行跨界融合，这种趋势称为产业融合。产业融合指不同产业之间相互融合、交叉，形成新的产业和业态。而大数据作为产业融合的重要驱动力之一，正逐渐改变着传统产业的面貌，促进着新兴产业的快速发展。

首先，大数据推动了产业之间的交流和合作。传统的产业间合作，通常都是基于同质化产品和单一产业的优势，而在大数据时代，企业可以基于数据共享和信息交流，寻求产业合作与协同。例如，在智慧城市建设中，智能交通和智能医疗的结合，可以为城市居民提供更便捷、更高效的服务，这就需要交通和医疗两个产业之间的深度合作。通过大数据的共享和分析，不同产业之间可以更好地理解和把握市场需求，从而达到优化资源配置、提高效益的目的。

其次，大数据推动了创新型产业的快速发展。大数据所提供的信息和洞察力，能够帮助企业在市场竞争中找到更多的机会，创造更多的价值。例如，在医疗行业，结合大数据技术可以推动医疗行业的升级和创新，包括但不限于远程医疗、健康管理和医疗服务个性化等。而这些新型产业的涌现，不仅能够满足人们对个性化、高质量服务的需求，同时也能够带动整个行业的发展。

此外，大数据还可以促进产业生态的重构。传统的产业生态往往是由垂直结构组成的，而大数据时代，产业生态更多地倾向于水平结构。通过大数据技术的运用，不同的产业可以更好地协作，形成生态合作圈。例如，电商平台和物流企业的合作，可以让消费者更快地收到心仪的商品，提升购物体验；金融机构和科技企业的合作，则可以为金融行业注入更多的智慧和创新元素。

（二）大数据是一种新型生产要素

大数据本身是推动经济发展的一种关键要素。数据所包含的信息可以优化企业决策和提高生产效率，因此数据就是信息；同时，数据信息还能加快资源流转速度，使得在给定时间内特定资源产生更多产出，所以数据也是时间。

"数据是信息"这个观念已经被广泛接受。在新经济时代，大数据使企业对外部市场供需信息的可获取性得到显著提高，使企业能够根据这些信息进行更精确的市场定位，从而创造更高的效益。企业掌握的关于其他企业的供应信息能够帮助企业更好地进行错位竞争，同时迅速了解其他企业的相关产品和技术信息，以实现溢出效应。此外，企业获取的消费者信息有助于更好地进行产品定位，实施价格歧视策略，从而提高利润率。

数据作为时间，能够加速企业的自我认知过程，提高资源流通速度和资源配置效率，从而促进企业成长和经济发展。企业进入市场、决定是否继续生产是基于对当前市场盈利状况和自身生产率水平的评估。相较于传统经济，大数据信息能让企业更迅速且全面地获取市场信息，同时也能更快地识别自身生产率水平，以作出合适的生产决策。在传统的全要素生产率水平度量中，一个较大的不足是对资源流通速度处理不够充分。如果生产相同产品的两个企业拥有相同的生产要素，但生产周期却有很大差异，那么这两家企业的生产率水平差异将会非常显著。传统经济理论对此类问题并未给予特别关注。

在新经济时代，资源流通速度和资源利用效率的问题变得越来越重要，需要进行更深入的研究和探讨。

（三）大数据降低市场进入门槛

随着大数据技术的发展，越来越多的企业和个人能够收集、分析、利用数据，这降低了市场进入门槛，为更多的人和企业提供了机会，从而推动了经济高质量发展。

传统产业进入门槛高，需要大量的资本和技术投入，以及长期的市场积累和品牌建设。而在大数据时代，通过收集和分析数据，新进入的企业和个人可以更好地了解市场需求和趋势，更精确地定位产品和服务，从而在较短时间内迅速获得市场份额。

例如，传统的零售业需要大量的资本和固定成本，如店铺租赁、装修和库存。但是，通过大数据技术，新的零售业态，如无人便利店和社交电商，可以更加便捷地进入市场，快速响应消费者的需求。

此外，大数据技术还可以帮助企业和个人发现新的商业机会。通过对大数据的深入分析，可以发现市场中的需求缺口和潜在机会，进而创造出新的产品，提供新的服务。例如，共享经济就是大数据技术的产物之一，通过数据分析和算法优化，实现了资源的高效利用和价值最大化。

（四）大数据促进行业分工细化

随着大数据技术的快速发展，越来越多的企业开始将大数据技术应用于业务流程中，通过对海量数据的深度挖掘和分析，实现了生产效率的提升、市场反应速度的加快、客户需求的精准预测等效益。其中，大数据能够促进行业分工的细化，也是推动经济高质量发展的重要因素之一。

在传统的产业链模式中，一个企业通常会负责整个产业链中的某一环节，如某一种原材料的生产、某一种零部件的制造等。这种产业链模式中，企业之间的合作往往基于简单的产品采购和销售，交流的信息有限，相互之间的合作和沟通效率低下。而随着大数据技术的应用，企业之间可以更加深入地挖掘和分析各种数据，通过数据交换和共享，实现产业链中各环节之间的信息互通和协同。

以汽车产业为例，随着大数据技术的应用，汽车制造商可以更加精细地了解消费者的需求，实现有针对性的生产和销售；同时，汽车零部件厂商也可以通过对整车生产数据的分析，提供更加精准的零部件生产方案，使得整个产业链上下游之间的合作更加紧密和高效。此外，在新型经济模式下，随着物联网、云计算等技术的应用，企业之间的协同能力也在不断增强，进一步促进了产业链分工的细化。

除了产业链分工的细化外，大数据还能够促进企业间的合作和交流，进一步促进整个产业的协同发展。例如，基于大数据技术，企业之间可以建立共同的数据平台和数据库，实现信息共享和协同创新，共同推动产业的发展。

（五）大数据能够推进产业创新

随着大数据技术的不断发展和普及，越来越多的企业开始认识到大数据对产业创新的重要作用。大数据能够帮助企业发现新的商业机会和趋势，优化产品设计和生产流程，提升产品品质和用户体验，以及提高企业的运营效率和管理水平，从而推进产业创新，促进经济高质量发展。

首先，大数据能够帮助企业发现新的商业机会和趋势。通过对大数据的收集、分析和挖掘，企业可以了解市场需求、竞争对手、消费者喜好和行为习惯等信息，从而及时发现新的商业机会和趋势，以便制订相应的战略和计划。例如，在零售行业，通过分析消费者购买行为和偏好，企业可以针对不同的消费者群体开展个性化的促销和服务，提高销售额和客户满意度。

其次，大数据能够优化产品设计和生产流程，提升产品品质和用户体验。通过对大数据的收集、分析和挖掘，企业可以了解产品的实际使用情况、用户反馈和投诉等信息，从而优化产品设计和生产流程，提高产品品质和用户体验。例如，在汽车制造行业，通过对汽车行驶数据和车主反馈的分析，企业可以不断优化汽车的设计和制造过程，提高汽车的性能和品质，提高客户的满意度和忠诚度。

此外，大数据还能够提高企业的运营效率和管理水平。通过对大数据的收集、分析和挖掘，企业可以及时掌握生产和运营的各个环节的情况，发现问题和瓶颈，并及时采取相应的措施进行调整和优化，从而提高企业的运营效率和管理水平。例如，在物流行业，通过对大数据的分析和挖掘，企业可以优化物流路线、降低物流成本，提高配送效率和客户满意度。

（六）大数据能够计划精准的引导产业转型

在传统计划经济中，产业转型升级的动力主要来自国家宏观调控、技术改造和整体产业规划，相较于市场经济的产业变革，其灵敏度和动力相对较弱。然而，在大数据技术发展的背景下，产业升级转型的触发点和实现方式都出现了新的突破。

以农业为例，从早期的自给自足式小农生产，依赖自然条件，到后来的机械化生产，通过机械设备提高农作物产值，未来的农业将向"精细农业"发展。在这个阶段，通过传感设备、全球定位系统、地理信息系统等全方位地获取农作物生长的信息数据，实现对农作物的杂草、盐度、产量监控、浮动施肥、可控喷洒及生长数据的记录与分析。这将大幅提高农作物产量，减弱自然灾害对农作物产量的影响，并使农业生产更加集约化和可调控。这一变革将颠覆农业发展模式，并增强国家粮食战略的可控性。

BCG（波士顿咨询公司）首席投资策略官表示，到21世纪中叶，全球人口总数将达到100亿，而当前的农业种植方式无法持续满足全球人口的需求。因此，人口增长带来的农业需求将推动以大数据技术为代表的现代农业进一步提升产量、规避风险，并进行产业转型升级。

自工业革命以来，手工生产已逐步被机械化大生产所取代，工业产能得到了质的突破。如今，互联网和大数据革命带来了全新的"工业网络"时代，机器数据整合替代人工决策，以大数据为基础的人工智能和机器学习也将取代传统的工业运行模式。例如，在石油勘探提炼中使用无人飞行器进行数据采集，特斯拉智能汽车等，均显示了大数据在工业变革转型领域的巨大推动力。基于大数据的分析技术也可以解决传统工业的产能过剩、市场供需不平衡等问题，进一步有计划地推动产业的科学转型。

在消费品零售业中，过去的生产模式主要以大批量生产为主，这有助于降低企业运行成本并实现较大收益。然而，在传统消费品生产过程中，由于无法完全获取所有消费者需求，市场通常是由"生产决定消费"的。随着大众需求日益多样化，人们越来越追求个性化的商品，批量性同质商品的吸引力在减弱。因此，基于大数据平台分析的零售业将成为新的转型方向。

通过收集用户的购买记录、搜索记录、社交数据等多维度信息，企业可以成功预测并获取用户的潜在需求，详细分析用户的个性化需求，实现"精准营销"和"精准生产"，从而提升整个行业的生产计划和目标准确度。

以西班牙快时尚品牌ZARA为例，该公司通过运用数据整合用户需求和销售反馈，实现快速修正设计，适应商店中实际客户需求的变化，并迅速将新产品推向市场。ZARA公司依赖基于大数据分析的供应链中的数据共享与交互，使客户、店员、设计师、生产采购员都可以通过数据作出相应反馈，从而高效地提升企业的竞争优势。在整个服装行业的未售出货物占比达到17%～20%时，ZARA却实现了不到10%的水平。《福布斯》杂志指出："ZARA的成功证明了这一理论，即如果零售商可以准确预测需求，并以足够快的时间作出响应，那么他们就可以实现大规模生产控制、优化库存管理、降低货物价格、实现更高利润，从短期和长期来看都能为股东创造价值。"

五、大数据时代的经济治理研究

一个国家的经济发展水平取决于其经济治理能力，而经济治理能力则受国家经济决策的制约。实现国家经济决策的科学化是至关重要的，而科学决策往往依赖于准确的信息。

然而，在社会经济持续发展的过程中，传统的以专业化分工、科学管理原理和科层制理论为基础的组织结构，逐渐暴露出诸多问题，如反应迟缓、滞后和臃肿。这些问题导致信息在传递过程中受到严重扭曲。另外，与时代发展不相称的落后数据观念和统计方法也使得信息失真。这些问题已经对社会经济的全面和可持续发展产生了不良影响。为了解决这些问题，国家必须采取措施加强经济治理能力。

（一）信息失真与数据治理

在大数据时代，数据作为一种重要的生产要素，已经成为经济治理研究中的重要资源。然而，随着数据量的不断增长和数据的复杂性，数据的失真和误解也成为影响经济治理研究的重要问题。为了解决信息失真和数据治理问题，需要在数据采集、存储、处理和分析等方面进行规范和管理。

1. 数据采集

数据采集是数据治理的第一步，也是最重要的一步。数据采集的精度和准确性直接影响到后续数据分析和决策的可靠性。因此，在数据采集阶段，需要规范数据的来源和质量，并严格控制数据的采集过程，以确保数据的准确性和可靠性。

2. 数据存储

数据存储是数据治理的另一个关键环节。数据存储的结构和安全性直接影响到数据的使用和分析。因此，在数据存储阶段，需要规范数据的存储结构和管理流程，并采取相应的安全措施，以保障数据的完整性和安全性。

3. 数据处理

数据处理是数据治理的核心环节，也是数据失真的主要来源。数据处理的过程中，可能会出现各种误解和偏差，从而影响数据分析和决策的准确性。因此，在数据处理阶段，需要规范数据处理的算法和流程，并充分考虑数据的实际含义和背景，以避免数据失真和误解。

4. 数据分析

数据分析是数据治理的重要环节之一。通过数据分析，可以发现数据的规律和趋势，为经济治理研究提供有力支持。然而，数据分析也容易受到各种因素的影响，从而导致数据失真和误解。因此，在数据分析阶段，需要结合实际背景和需求，选择合适的分析方法和模型，并充分考虑数据的可靠性和准确性。

（二）数据混搭与经济决策

随着数据量的增加和数据来源的多样化，数据的混搭问题也逐渐显现。数据混搭是指不同数据来源、不同质量、不同精度的数据混合在一起，导致数据的可靠性和准确性受到影响，从而对经济决策产生负面影响。因此，解决数据混搭问题对于经济治理研究至关重要。

1. 数据标准化

数据标准化是解决数据混搭问题的重要措施之一。通过制订统一的数据格式和标准，可以使不同来源、不同类型的数据具有一致的标准和解释方式，提高数据的可比性和可信度。同时，还可以建立数据管理体系，对数据进行统一管理和规范，确保数据的准确性和完整性。

2. 数据挖掘

数据挖掘技术可以帮助决策者在大量的数据中发现隐藏的信息和规律，提高数据的价值和效用。通过数据挖掘，可以对数据进行分类、关联和聚类等分析，从而发现数据之间的联系和规律，减少数据混搭的影响，提高数据的可靠性和准确性。

3. 数据分析

数据分析是解决数据混搭问题的重要手段之一。通过数据分析，可以对数据进行统计分析、趋势分析和模型分析等，从而发现数据之间的关系和规律，减少数据混搭的影响。同时，还可以通过数据可视化等技术，使数据呈现出更加直观和可理解的形式，为决策者提供更加准确的信息。

4. 数据管理

数据管理是解决数据混搭问题的重要保障。通过建立完善的数据管理机制和流程，可以对数据进行规范化管理和监控，确保数据的准确性和完整性。同时，还可以采取数据备份和恢复等技术手段，保障数据的安全性和可靠性。

(三) 大数据驱动市场监管

随着数字化和信息化的飞速发展，大数据技术已经成为经济发展和治理的重要手段之一。在经济治理领域，大数据技术可以帮助政府监管部门更加高效地监管市场，保障消费者权益，维护公平竞争的市场环境。以下是大数据驱动市场监管的研究方向和应用场景。

1. 大数据分析在市场监管中的应用

利用大数据分析技术对市场信息进行分析，可以帮助监管部门发现市场中的非法行为、价格垄断等问题，从而采取针对性的监管措施。例如，政府监管部门可以通过大数据分析技术对电商平台上的商品价格、销量等信息进行监测，发现价格垄断等问题，并采取相应的监管措施，保障消费者权益和市场公平竞争。

2. 大数据驱动的监管风险评估

在市场监管中，政府监管部门需要对市场风险进行评估，以确定监管措施和重点监管领域。利用大数据技术，可以通过对市场信息的收集和分析，建立监管风险评估模型，对市场风险进行预测和分析，帮助政府监管部门更好地制订监管策略和措施。

3. 大数据在反垄断领域的应用

利用大数据分析技术，可以对市场中的价格、销量等信息进行监测，发现价格垄断等问题，并采取相应的反垄断措施。例如，政府监管部门可以通过大数据分析技术，对某个行业中的企业进行监测，发现企业之间的合谋、价格垄断等问题，并采取相应的反垄断措施。

4. 大数据在知识产权保护领域的应用

知识产权保护是市场监管的重要内容之一。利用大数据技术，可以对市场中的侵权行为进行监测和识别，从而保护知识产权。例如，政府监管部门可以通过大数据分析技术，对网络上的侵权行为进行监测和识别，采取相应的措施，保护知识产权。

（四）大数据把脉经济运行

在全球范围内，人们对大数据的认识正得到空前的提升。众多发达国家和国际组织已意识到大数据对社会经济发展和管理具有巨大的价值潜力，因此相继展开了大数据战略研究。国内也已在大数据应用方面进行了大量探索，覆盖了社会经济发展和管理的各个层面，如宏观经济预警和经济运行监测。换言之，大数据将有助于我们准确把握经济运行的脉搏，这在国内外已经取得了一定的共识。

1. 商品价格与经济波动

（1）第一阶段：风险资产价格上升

关于金融危机的内在运行机制，《全球大趋势2：被债务扶持的世界经济》一书给出了解释：央行通过印制新的货币提高货币发行量，并将其投放到商业领域，导致货币供应量扩大，降低利率；商人受到银行信贷扩张的误导，错误地认为银行体系的储蓄资金要高于实际数量。于是，他们开始大量借入这些低成本资金。然而，人们对未来经济形势发展的不确定性，强化了他们的储蓄诉求，同时货币传导也存在明显的时滞影响。这导致货币供应的增长很难在短时间内传递到总需求，尤其是日常消费需求。因此，要想实现货币市场的重新平衡，只能通过风险资产价格（如股票和房地产）的上升来实现。

在这种环境下，商人们将新获得的低成本资金从日常消费品行业转向远离消费者的股票、房地产等高级生产领域。但这些资金具有某种黏性，流动过程中可能在某一位置形成泡沫，然后再慢慢消散。这意味着被释放出来的货币会以不同速度在不同种类的资产或商品之间流动，一定时间内改变了它们之间的相对价格。

（2）第二阶段：商品价格上涨

货币的黏性导致新的货币必然会从商业贷款人手中渗透到生产的各环节。商人们从银行拿到大量低成本资金，投向房地产业和股票市场，导致股票、房地产价格上升，那些在资本市场筹集到资金的企业也将扩大产能。例如，房地产商为满足投资者需求，不得不建造更多房屋，这又必然会带动上下游相关产业。如此一来，在该领域资产价格上涨的过程中，货币从商业贷款人手中以工资、房租等形式传导到人们的生产生活中。随着经济从复苏步入繁荣、就业形势好转、工资增长，人们的日常消费需求得到恢复，食物价格和出行成本也开始逐渐上涨。

为了应对商品价格上涨，人们将不得不重新调整"投资／消费"的比例，花费增加的收入。也就是说，人们将减少投资支出，增加消费支出。这种对原有均衡状态的重新确定，必然导致需求从资本市场重新转移到消费品上。

为了应付日益高涨的日常商品交易，人们需要持有更多货币，从而导致货币需求上升。为了让货币市场恢复均衡，需要降低风险资产价格，以减少对货币的需求，进而满足实体经济中交易性货币需求的增加。

然而，此时的商人们受到银行信用扩张的误导，将大量资金投入股票、房地产等高级资本商品。这类商品的生产要维持顺利运行，就必须伴随较低的时间偏好以及大量的储蓄与投资。但问题在于，以"投资/消费"比值为尺度的时间偏好已不再随人的主观意愿上升。

一方面，人们需要更多的钱应付日益高涨的商品价格；另一方面，利率开始上涨。这样一来，那些高级生产领域的商业投资由于缺乏新资金加入和资金成本上升而难以为继。最终，这导致"繁荣"停止，"危机"随之降临。因此，把握商品价格趋势成为正确判断经济运行的关键因素。

2. CPI 与大数据追踪

商品价格对经济运行的重要性在事实上已被各国政府高度重视。美国劳工部每月都会发布居民消费价格指数（CPI）。这些数据对投资者、企业家，尤其是政府，具有极大的重要性。

联邦政府利用这一数据作为支付社会福利和债券利息的关键参考，同时它直接影响着美联储关于是否调整银行利率的决策。正因为这一数据的重要性，联邦政府在全美范围内雇用了大量工作人员，通过电话、传真，甚至上门拜访，向全美 90 个城市的商店、企业和家庭收集商品价格信息。他们汇总的价格信息包括各种商品和服务，总计高达 8 万种，涵盖牛肉、牛奶、土豆等日常消费品，以及出租车票价等。

然而，像所有传统统计方法一样，这一数据收集方式存在局限性。收集过程中使用的方法较为陈旧，加上层级因素，数据存在几周的滞后期。对于活跃的经济活动而言，信息滞后一个月甚至两个月可能导致严重后果。政策制定者需要及时了解商品价格，而传统的采样方式使得政府难以实时获取数据。当政策制定者通过分析相关部门的数据发现经济走势异常时，经济走势的运动惯性使得政策调整空间变得有限。这种滞后导致在经济波动关键时期，经济主管部门往往束手无策，金融危机就是一个证明。

中国政府对大数据的重要性的认识显然不逊于美国。2014 年，国内知名电商 1 号店利用其大数据资源，首次向社会发布"1 号店快速消费品价格指数"。这是上海统计部门与 1 号店在大数据领域战略合作的首个成果。该指数能够准确反映普通百姓日常消费品价格变动，并为社会救助和保障标准提供数据支持。

"1 号店快速消费品价格指数"充分展示了大数据产品的特性。首先是"快"，利用 1 号店的实时交易数据，该指数可实现日、周、月高频发布，能更及时反映市场价格变化信息。

第二方面表现为"精细化"。1 号店的在线产品规格数量已经超过 400 万个，这为价格指数的深度细分提供了有力支持。

第三方面表现为"灵活性"。由于完全掌握基础数据，"1 号店快速消费品价格指数"

的分类能够紧密跟随市场变化。

为了更好地服务于宏观经济调控，上海市统计局不仅与 1 号店在终端消费环节展开了深度合作，还在生产资料的原材料环节与上海钢联进行了全面合作。2014 年，上海市钢联与上海市统计局签订了战略合作协议。双方经过协商，共同确定了上海大宗商品价格指数，希望充分利用双方的数据优势，更迅速、更精细、更灵活地反映上海生产资料价格的变化，从而为政府更好地研判经济趋势，提供一个相对可靠的先行指标。

3. 未来潜在的预测方法

在公共卫生部门尚未察觉健康趋势变化之前，搜索引擎就能利用网上的搜索查询内容来预测这种趋势。当我们使用百度、谷歌进行网上搜索时，它们实际上已经在洞察我们的身体状况。谷歌公司正是利用了人们在网上寻求健康问题帮助的趋势，通过追踪如"咳嗽""发烧"和"疼痛"等词汇，将所有搜索数据汇总，从而估测人们的健康趋势变化。

谷歌拥有多年来的所有搜索记录，每天都会收到来自全球超过 30 亿条的搜索指令，如此庞大的数据资源足以支撑和帮助完成这项工作。接着，他们将统计出的搜索数量与传统流感监测系统的数据进行对比，从而估测出人们的身体健康变化趋势。

同理，通过跟踪与经济周期相关的关键词搜索，也可以确定经济运行的波动。经济主管部门或相关大数据公司可以将这些搜索数据汇总，以此来估测经济运行状况。然后再将预测结果与中央银行、统计局，甚至一些学术机构、投资银行、智库及经济学家个人的监测报告进行比对。

像公共卫生事件一样，基于用户信息的数据和跟踪记录可以帮助政府部门更快地确认经济是否存在异常情况。这种方法的最大优势在于，相较于传统模式，数据的获取和分析更加及时，这也给有关部门提前介入的机会，降低了经济波动的幅度，减轻了经济受影响的程度。

目前，经济决策部门面临的一个最大问题就是，历史上有关经济波动的数据搜集工作做得不够。这个问题不仅与数据搜集和存储技术有关，更可能是由于人们自负心理的影响。人们总是认为自己能够驾驭经济波动，预测未来的经济走向，因而拒绝采用传统的数据搜集模式，而是选择寄希望于新兴的经济模式，希望能够创造一个能够永续繁荣的新时代。然而，这种思维方式只是周期性地出现，而并不能真正解决问题。事实上，孤立的、缺乏群体性特点的数据是无法为我们提供任何有用信息的。

因此，人们必须认识到，在现有的数据搜集模式下，仍然无法抹平经济周期，需要搜集更多的相关信息。随着人们搜集到的跨时代、跨国界的相关数据越来越多，可以进行更多的分析和对比。随着时间的推移，相关规律就会逐渐从数据中显现出来。只有这样，我们才能更好地掌握经济的运行规律，作出更为准确的经济决策。

第八章 以大数据为动能的经济发展具体路径

第一节 着力建设大数据环境

一、立足宏观视角，着力建设大数据环境

从宏观角度来看，我们应当围绕贯彻落实党的二十大精神和中央经济会议部署，以推动我国经济实现高质量发展为主要目标。为了实现这个目标，我们需要充分发挥我国在大数据领域的领先优势，加快编制推动大数据和实体经济驱动发展的政策文件，率先推出大数据驱动经济高质量发展的"中国方案"。在制定政策文件时，应该加大大数据发展意见和方案的政策密度，发挥政府在大数据驱动经济高质量发展过程中的引导作用，降低企业成本，鼓励企业创新，促进政策红利转化为企业红利。

同时，为了推动大数据驱动经济高质量发展，我们还需要加快数据开放进程，优化数据交易环节，推动数据流通。这样，我们就能够丰富数据资源，为大数据驱动经济发展提供更为坚实的基础。

（一）科研环境

随着大数据技术的快速发展，以大数据为动能的经济发展正在成为新的趋势，各国政府也越来越重视大数据的发展。但是，要实现经济高质量发展，单靠大数据技术本身是不够的，还需要构建良好的科研环境，以推动大数据技术在各行各业的创新应用。

首先，科研环境对于大数据技术的发展至关重要。科研环境指一系列涉及科技研究和科技成果转化的条件和资源，包括科研人员、研究设施、研究资金、科技政策等。构建良好的科研环境，可以吸引更多优秀的人才投身于大数据领域的研究和创新，同时提供必要的设施和资金保障，以支持大数据技术的研发和推广。

其次，科研环境还能促进大数据技术与其他行业的融合。在大数据技术的应用过程中，需要结合各个行业的实际需求和业务模式，将大数据技术与其他领域的技术和应用进行融合，形成具有新型特点的产业链。而科研环境能够提供创新创业的平台，促进各领域间的交流和合作，为大数据技术的创新应用提供更广阔的空间和更好的机遇。

最后，科研环境能够带来经济和社会效益。通过大数据技术的研发和应用，可以提高生产效率、优化资源配置，能够提升企业、政府决策的准确性和精度，为经济和社会的发展带来新的动力和推动力。同时，由于大数据技术的广泛应用，也将带来更多的就业机会和经济增长点，促进经济的可持续发展。

总之，构建良好的科研环境是推进大数据技术应用和发展的重要手段，只有加强科研环境建设，才能更好地推动以大数据为动能的经济发展，促进经济高质量发展。

因此，各国政府和相关机构应当加强对大数据技术的研究和应用，可以设立专门的大数据驱动经济高质量发展研究院，并鼓励交叉机构之间开展合作交流，以兼容竞争和合作的方式汇聚研发能量，攻克驱动中出现的重点和难点问题。

此外，应该加快科研合作平台的建设，通过政府组织推动大型企业联合研发，鼓励大数据企业在战略、技术、标准、市场等方面展开沟通协作，以强强联合实现大数据关键技术突破和技术生态形成。

在改善科研人员工作和生活环境方面，可以提高大数据技术相关科研人员待遇，并结合信息技术的科研特点和规律制订相关科研管理规定，赋予科研人员更大的自主权限，鼓励核心项目实现"揭榜挂帅"。

（二）创新环境

随着大数据技术在经济发展中的广泛应用，构建一个有利于创新的环境变得越来越重要。只有创新环境得到充分营造，才能发挥大数据技术的最大潜力，推动经济高质量发展。因此，应当着力构建创新环境。

第一，要建立开放的数据共享平台，以促进企业之间、产业之间和国际之间的数据交流和共享。这将有助于避免重复建设，节省数据采集成本，提高数据质量和精度，增强数据的实用性和价值。同时，也有助于推动产业协同创新，激发跨领域的创新合作和创新创业活力。

第二，应建立完善的知识产权保护机制，保障大数据的知识产权。这不仅可以激励企业投入大量的研发资金和人力，还可以吸引更多的高端人才，促进科技创新和产业升级。

第三，应鼓励创新创业，培养具有创新精神和创业能力的人才。政府可以加大创业扶持力度，提供创业资金、税收优惠、技术培训和市场推广等支持，鼓励更多人参与到创新创业中来。

第四，应建立产学研合作机制，加强大数据技术与产业深度融合。政府可以通过各种方式鼓励大学和科研机构与企业开展合作研究，促进科技成果转化，提高产业的竞争力和创新能力。

第五，应建立完善的政策环境，为大数据技术的应用提供良好的政策支持。政府可以出台相关政策，推动大数据技术在各行业的应用和发展，促进产业的快速发展和转型升级。

综上所述，构建创新环境是大数据推动经济高质量发展的重要保障。政府和企业应共同努力，加强合作，促进大数据技术与产业深度融合，营造良好的创新环境，为经济高质量发展注入新的动能。

（三）人才环境

以大数据为动能的经济发展，应当着力构建人才环境。在当前的大数据时代中，人才已经成为创新和发展的核心要素，因此，构建一个有利于人才培养和发展的环境就显得尤为重要。首先，应该探索和建立适合大数据人才培养的模式，充分利用大数据综合试验区这个平台，集聚和培养一流的大数据人才，提供多样化的培训服务。同时，在管理、评价、岗位等方面充分考虑人才的需要，打造一个人才有为、人才有位的工作平台，让大数据人才的专业能力得以充分发挥。此外，还应解决人才的后顾之忧，提供落户、住房、医疗、子女教育等实际问题上的支持和解决方案，让科研人员真正集中精力做科研。

在招聘人才方面，应该积极聘请海外高层次人才，引进国外拥有信息技术领域的顶尖人才，高薪吸引海外高层次人才，积极聘请海外退休专家和技术人员，建立海外专家顾问团队，参与大数据项目研究和培训交流。

（四）文化环境

文化环境也是非常重要的一个方面。本书所提到的文化环境不是指传统意义上的文化活动环境，如文艺、新闻、影视等，而是指国民对于数据的态度和认知。只有当全社会都重视数据，并将数据意识提升到一定高度，才能更好地利用大数据这一新型生产要素，推动中国经济向高质量发展。为此，需要加大对大数据重要性的宣传力度，强调数据与物质、能源同等具有战略性资源地位，营造良好的数据文化氛围，明确大数据对中国经济社会发展的重要战略意义。随着数据应用范围的扩大，已经涉及各个领域和行业，具有基础性、战略性和全局性。因此，应当全力推动全社会形成"用数据来创新、变革和发展"的文化氛围，使这种思想和时代特点深入人心。

二、立足微观视角，着力建设大数据环境

（一）加快建立完善大数据产业发展的相关法律制度

随着大数据产业的发展和普及，其所涉及的信息安全、数据隐私、知识产权等方面问题也日益凸显，需要建立完善的法律制度来保障大数据产业的可持续发展。

首先，应加强对数据的保护。大数据产业涉及大量个人和企业的数据信息，如何保护这些数据的安全和隐私，成为当前亟须解决的问题。政府应出台相关法律法规，规定数据的采集、存储、使用和共享的规范，确保个人和企业的数据得到有效保护。此外，对于数据泄露和滥用等违法行为，应加大处罚力度，形成威慑作用。

其次，应加强知识产权保护。在大数据产业中，数据的价值来源于其背后的算法、模型和分析工具，这些都是知识产权。政府应该加强对这些知识产权的保护，规范相关的知识产权法律制度，打击侵犯知识产权的行为，保护大数据企业的创新成果。

再次，应加强对竞争的规范。大数据产业的发展带来了新的竞争格局，但也面临着不正当竞争、垄断等问题。政府应加强对市场竞争的监管，建立公平竞争的市场环境，防止大数据企业滥用市场支配地位，侵犯其他企业的合法权益。

最后，应加强国际合作和协调。大数据产业是全球性的，各国的政策和法规不同，加强国际合作和协调，制订国际标准和规范，可以促进大数据产业的全球化发展，也能够有效应对全球性的数据安全和隐私问题。

总之，加快建立完善大数据产业发展的相关法律制度，对于保障大数据产业的可持续发展，保护数据安全和隐私，规范市场竞争，推动国际合作和协调，都具有重要意义。

（二）加快培养大数据优秀人才

随着大数据产业的不断壮大，各地对大数据人才的需求也不断增长。在这样的背景下，加快培养大数据优秀人才变得尤为重要。政府应当积极制定政策，提供政策激励、发展平台、服务等方面的支持，以吸引各地的优秀人才。建立一流的大数据人才培养基地和实训基地，构建成批次、系统性的人才培养体系，培养和造就一支复合型的"数据科学家"队伍，他们懂指挥、懂数据采集、懂数学算法、懂数学软件、懂数据分析、懂预测分析、懂市场应用、懂管理等。政府应该采取多元化的培养方式，支持国内高等院校设置大数据相关学科、专业，培养大数据技术和管理人才；支持职业学校开展大数据相关职业教育，培养专业技能人才；鼓励高校和科研院所针对大数据产业相关技能对在职人员进行专业培训，缩短大学培养人才的周期，以满足数据产业对人才的需求。

此外，政府还应该举办一些有影响力的标准化竞赛，吸引全国优秀人才和团队参与，带动我国大数据产业发展。同时，吸引海外大数据高层次人才来华就业、创业，建立适应大数据发展需求的人才培养和评价机制，并建立健全多层次、多类型的大数据人才培养体系。采取有效措施在我国乃至世界人才共享机制上实现突破，让优秀大数据人才为我国服务，推动我国大数据人才引进和培养实现滚雪球式发展。只有这样，才能确保我国大数据人才的培养质量和数量得到进一步提高，为大数据产业的高质量发展提供坚实的人才支撑。

第二节 加快筑牢大数据支撑

一、立足宏观视角，加快筑牢大数据支撑

随着大数据技术的广泛应用，宽带、基站、新一代信息网络等硬件基础设施已成为大数据产业发展的基石。因此，应该着重推进"宽带中国"战略，提高网络覆盖范围和质量，积极推进5G产业布局和商业化进程，促进大数据红利的释放，推动大数据应用的广度和深度。此外，数据中心也是大数据产业的关键支撑，应该加快大数据交易中心、备份中心、呼叫中心和大数据服务示范工程的建设，促进国家大数据中心体系的健康发展和合理布局，为大数据驱动经济高质量发展提供坚实的基础设施支持。

（一）夯实软件基础

1. 原因

在当今信息时代，大数据的应用和发展已经成为促进社会经济发展的重要引擎。作为大数据的核心，软件基础在推动大数据发展中具有至关重要的地位。为了加快大数据应用的广度和深度，我们需要夯实软件基础，以此为基础筑牢大数据的支撑。

（1）软件基础是大数据应用的基础

软件基础是大数据应用的基础，为大数据的处理、分析和应用提供支撑。软件基础的发展直接决定了大数据的应用能力和效率。大数据处理需要强大的计算能力、高效的算法、多样的数据结构和处理工具。在这方面，软件技术的发展具有不可替代的作用。

例如，分布式计算、分布式存储和数据挖掘等技术，是支撑大数据应用的关键技术。同时，随着技术的不断发展，大数据领域也涌现出了众多的软件工具和平台，如 Hadoop、Spark、Hive、Flink 等，它们极大地提高了大数据的处理和分析效率，为大数据的应用提供了有力的支持。

（2）软件基础是大数据应用的核心

软件基础是大数据应用的核心，对于大数据的应用价值和发挥具有重要影响。大数据应用的关键在于如何从海量数据中提取有价值的信息，而软件技术的发展为这个目标提供了很多的解决方案。例如，数据挖掘技术可以帮助企业从海量数据中挖掘有用的信息，作出更加精准的决策。另外，软件基础还可以为企业提供更好的数据管理和应用支持，从而实现更高效的业务运营。总之，软件基础的发展对于大数据应用的发挥至关重要，软件技术的应用和发展是大数据应用的关键因素之一。

（3）夯实软件基础是大数据发展的重要保障

夯实软件基础是大数据发展的重要保障，对于大数据应用的广度和深度具有关键作用。在大数据应用的发展中，软件技术发挥了重要的作用。例如，Hadoop 是大数据处理的关键技术，它可以将大数据切割成小块并在多台机器上同时处理，从而提高了处理效率。

2. 措施

（1）加强软件研发人才培养和引进

软件研发人才是夯实软件基础的关键环节，因此应该加强人才培养和引进工作。一方面，要加强高校软件工程等相关专业的培养，培养出更多具有实际开发经验和能力的软件研发人才；另一方面，要积极引进海外高水平的软件研发人才，借鉴国外先进的软件开发经验和技术，提升国内软件研发水平。

（2）加强软件技术研究和创新

软件技术在大数据应用中发挥着至关重要的作用，因此需要加强软件技术的研究和创新。一方面，可以建立专门的软件技术研究机构，集中攻关和探索新的软件技术，提升软件研发水平；另一方面，要积极引入新技术，比如人工智能、云计算等，将其应用于大数据软件研发领域，不断推动软件技术的创新和发展。

（3）推进软件开发规范化和标准化

软件开发过程中存在着很多规范和标准，而规范化和标准化的开发可以提高软件开发效率、降低软件开发成本、提高软件质量和安全性。因此，应该加强对软件开发规范和标准的推广和应用，尤其是在大数据应用领域，需要针对大数据特点和应用场景制订相应的规范和标准，提高大数据软件开发的质量和效率。

（4）加强软件安全保障

大数据应用中所涉及的数据量巨大，数据内容涉及敏感信息，因此需要加强对软件安全的保障。一方面，可以建立软件安全审计机制，加强对软件研发过程中的安全审计和安全控制；另一方面，可以加强软件安全测试和漏洞修复，及时发现和修复软件中的安全漏洞，保障大数据应用的安全和可靠性。

（二）夯实产业基础

1. 原因

大数据产业是一个复杂的系统，包括数据采集、存储、加工、分析、应用等多个环节，需要各种产业链上下游的配合和协同。因此，产业基础是大数据产业发展的重要支撑。

首先，产业基础是大数据产业发展的物质基础。大数据需要大量的硬件设施和软件工具进行支撑，包括数据中心、存储设备、网络基础设施、分析工具等，这些都需要产业基础的支撑，才能够构建起完整的大数据产业生态系统。

其次，产业基础是大数据产业发展的人才基础。大数据产业需要拥有大量的数据分析、数据科学、人工智能等高端人才进行支持，而这些人才需要依托于产业基础的支撑，包括高校科研机构、企业技术研发中心等，才能够有良好的研究、培养和应用环境。

最后，产业基础是大数据产业发展的市场基础。大数据产业需要广泛的市场需求和应用场景，而这些需求和场景的形成，需要与产业基础的发展密切相关。例如，在智能制造、智慧城市、金融科技等领域中，需要大量的数据采集和处理，需要与物联网、云计算、人工智能等产业的深度融合，从而构建起全新的产业生态系统。

因此，筑牢大数据支撑，应当夯实产业基础，不仅有助于提高大数据产业的发展水平和竞争力，也有利于促进产业协同和创新，为经济高质量发展和社会进步作出贡献。

2. 措施

（1）推动产业升级和转型

大数据产业不仅要满足现有市场需求，更要为未来的发展做好充分的准备。政府和企业要合作推进产业升级和转型，加快新一代信息技术与传统产业深度融合，探索新的商业模式和发展路径，从而提升整个行业的竞争力。

（2）加强科技创新

大数据产业是高科技产业，要加强科技创新，提升技术研发能力，拓展应用领域。政府要加大投入，鼓励企业加强技术创新，支持创新型企业发展，打造一批有影响力的高新技术企业。

（3）培育人才

大数据产业的发展需要大量的专业人才。政府和企业要共同推进人才培养和引进，建立健全人才培养和评价机制，创造良好的人才环境。同时，要吸引和培养具有国际视野和创新精神的高层次人才，为产业的高质量发展提供强有力的智力支持。

（4）加强国际合作

大数据产业的发展需要更广泛的国际合作。政府要加强对外交流合作，扩大开放合作的范围和领域，加强与国际知名企业的合作，提高国际化水平，促进大数据产业的发展。

（5）改善营商环境

大数据产业需要稳定的政策和法律环境，政府要制订明确的支持政策，营造稳定和可持续的投资环境，建立公平、公正、透明的市场秩序，鼓励和支持企业加大投入，共同推进大数据产业的快速发展。

综上所述，筑牢大数据支撑、夯实产业基础，需要政府、企业、学术机构等各方合力推动，以科技创新为核心，促进产业升级和转型，培育人才，加强国际合作，改善营商环境等多个方面的努力。只有这样，才能夯实大数据产业的基础，为大数据驱动的经济高质量发展奠定坚实的基础。

（三）技术基础

1. 原因

大数据技术是支撑整个大数据产业发展的核心和基础。大数据技术的发展直接影响到大数据应用的效果和效益。只有不断加强技术创新，夯实技术基础，才能更好地应对各种应用场景的需求，推动大数据产业的快速发展。

一方面，大数据技术的不断创新和优化可以提高数据的处理速度和效率，实现数据的实时采集、存储、处理和分析，为大数据应用提供更加可靠和高效的技术支持。另一方面，大数据技术的创新和发展可以满足不同领域、行业的需求，如医疗健康、金融、智能制造等领域，实现数据的精准挖掘和分析，为行业提供更加精准和高效的决策支持。

此外，随着人工智能、物联网等新兴技术的不断发展，对大数据技术的需求也越来越高。大数据技术是人工智能、物联网等新兴技术的基础，只有夯实大数据技术的技术基础，才能更好地支撑人工智能、物联网等新兴技术的发展。

因此，夯实大数据技术基础对于推动大数据产业发展、提高经济发展质量和效益具有重要的意义。

2. 措施

（1）推动技术创新

应大力推进大数据技术创新，包括基础技术研究、新一代数据存储技术、数据处理与分析技术、大数据安全技术等方面。通过加强技术攻关，提高技术创新水平，为大数据应用提供坚实的技术支撑。

（2）建立完善的技术标准

应建立完善的大数据技术标准，为大数据应用提供技术规范。这将有助于不同领域间数据的共享、互联互通，促进数据的跨界融合。

（3）加强人才培养

要加强大数据领域人才培养，构建完备的人才培养体系，为产业发展提供强有力的技术人才支撑。在人才培养方面，可以注重对计算机科学、数据科学等相关领域人才的培养和引进，同时也需要加强对大数据行业从业人员的培训和职业规划。

（4）强化技术应用

要加强大数据技术应用，推进技术与产业深度融合。在政府引导下，推动大数据技术在各行业的广泛应用，提高生产效率和质量，为经济社会发展注入新动力。

（5）鼓励产学研合作

应鼓励企业、高校和科研机构加强产学研合作，共同攻克关键技术难题，推进大数据技术研究和产业化发展。

（6）加强知识产权保护

在技术创新的基础上，应加强知识产权保护，建立起知识产权保护的法律和制度体系。这将有助于保护创新成果和技术成果，促进技术创新和产业发展。

综上所述，筑牢大数据支撑，夯实技术基础是大数据发展的重要保障。只有在技术的不断推进和完善下，大数据才能真正成为推动经济高质量发展的关键力量。

二、立足微观视角，加快筑牢大数据支撑

（一）加快重塑新的发展动力

1. 市场动力

市场需求是推动大数据驱动经济高质量发展的根本动力。随着移动互联网和物联网的不断发展，数据规模不断扩大，对数据处理和数据分析的需求也不断增加。为此，应加快完善市场驱动机制，通过设立大数据产业创业投资基金、鼓励金融机构提供信贷支持、吸引风险投资等金融手段，吸引大数据产业链的上下游配套企业进驻大数据中心。同时，应发挥好土地、人才、税收、科技等政策在大数据驱动经济高质量发展中的激励作用，对实体经济企业实行差异化资源要素配置，注重驱动项目的市场前景、商业模式和盈利空间。

2. 技术动力

技术驱动是推动大数据驱动经济高质量发展的直接动力。应充分抓住技术迭代浪潮，把握大数据革命的全球性机遇。应抢夺大数据技术领域的话语权，充分发挥技术动力推动大数据驱动经济高质量发展，打造长线研发模式，大力支持我国著名 IT 企业、重点院校、大型信息技术研究机构强强联合，为我国大数据产业发展提供原始创新、标准和人才。要推动大数据企业与工业企业联合，加速工业信息高速公路和工业数据空间建设，集中精力研发面向工业的大数据应用。应重点研究新一代互联网体系结构和基本协议，力争在 IPV6 标准体系、5G 通信技术等领域赢得话语权。

3. 变革动力

信息技术推动当今世界的产业变革、企业变革和管理变革，应充分利用变革动力促进大数据驱动经济高质量发展。随着信息技术的不断进步和应用，各个行业都面临着巨大的变革机遇和挑战。为此，应积极推动大数据技术与制造、能源、材料、金融、环保等传统产业的结合，以大数据引领产业发展。同时，应鼓励和引导不同类型实体经济企业充分利用大数据技术，通过大数据技术进行研发设计、生产管理、客户分析和市场预测，提高企业运营效率、商业价值和业务空间，推动我国企业数字化转型。

此外，管理科学正在从工业时代向互联网时代的范式转移，大数据作为一种新的管理手段，可以为企业提供更多更好的管理工具和方法，提高企业在市场竞争中的竞争力。因此，应该充分运用大数据提高管理中的分析和处理数据的能力，让企业管理更加科学化、规范化、智能化。

4. 资本动力

大数据产业拥有技术含量高、产品附加值高、自主创新率高的特点，其广阔市场前

景吸引了大量资金涌入。应当积极发挥资本动力，让大数据产业与金融资本充分结合，积极引导资金进入大数据驱动经济高质量发展领域。要打造优质投资平台，帮助有潜力的驱动项目，创新金融服务，让驱动进程得到资金的有效支持。同时，应善于利用风险投资，借鉴极客公园、创客空间等新型孵化模式，打造一批便利化、专业化、开放化的大数据创业者社区，充分调动社会资源，培育一批对大数据驱动经济高质量发展充满激情的创新创业者。

（二）加快提高我国经济发展计划有效性

随着大数据技术的不断发展和完善，利用这种技术为经济服务已成为历史潮流中不可逆转的趋势。在技术层面上，大数据为经济计划的可调控提供了可行性，为解决信息不对称的难题提供了解决方案。因此，利用大数据技术来提升我国经济发展计划的有效性已经成为我国大数据战略布局中不可或缺的一部分。

因此，我国政府必须在国家政府层面加大对大数据技术的安排部署，充分利用大数据技术来提升我国经济发展计划的有效性。

1. 合理利用大数据以提升国家规划编制的科学性

自十一届三中全会以来，中国已逐步从计划经济模式转向社会主义市场经济模式，不断放开各个市场领域的自主权。然而，从宏观经济把控的角度看，作为社会主义市场经济的特征之一，中国仍需要对一些经济和社会领域进行必要的计划和规划，以确保国家发展的顺利和科学性。尽管五年计划的内容逐步从经济领域的硬性管辖偏向于社会发展的宏观调控，但是无论是从西方凯恩斯主流经济学的政府监管的不可或缺性还是马克思主义政治经济学的经济"可调控"，都表明中国经济的发展仍需要有计划地进行前瞻性的规划。正所谓，"没有规矩不成方圆"。

以往，中国的国家计划多采用统计分析的方法进行制定，从地方到中央，经济数据多采用抽样调查、统计建模的方式。然而，传统计划的编制存在数据上和方法上的缺陷。由于市场信息的不充分和不及时性，计划的数据分析阶段更多地依赖于经验总结和事实归纳，从因果关系分析入手，计划的准确性难以保证。相比之下，市场自身的调节更灵敏、更准确，而在大数据时代，随着计划调节在数据和信息处理方面的技术难题逐渐消除，大数据时代的经济计划将比市场调节更加灵敏、更加可控、更加科学、更加有效。

因此，中国建立了一个国家级的大数据平台，旨在整合市场大量的动态信息数据。该平台将从相关性分析入手，处理海量数据并建立数据模型，以更加精准和前瞻性的方式为国家经济和社会发展提供方向性的指引。在大数据时代，经济计划将大幅提升其对经济调节的有效性。

目前，大量的大数据资源掌握在互联网巨头企业手中，如百度掌握着人们的搜索需求信息，阿里掌握着网民的消费和交易信息，腾讯掌握着人们的社交和在线娱乐数据，新浪掌握了网民关注的社会热点和观念传播分析数据，而高德地图、滴滴、优步等企业则掌握着人们的交通和出行信息。这种情况说明，站在国家的角度，建立一个统一的大数据平台已经刻不容缓。

这个平台应该与互联网企业合作创建,基于当前国内政府和企业的大数据发展现状,政企合作的方式不仅可以在数据源层面免去政府数据来源获取难、搜集难的问题,而且还可以获得互联网企业在大数据分析技术上的支持,因为这些企业在大数据分析技术方面起步早,发展快。通过这种合作,我们可以实现快速建立一个全国性的多层次、数据多来源、体量宏大的国家级大数据平台的目标。

一旦建立国家级大数据平台,国家对整体社会和市场的了解程度将提升至一个全新的层次。这个平台将成为一个庞大的、数据准确的、信息实时的社会运行大数据全息分析的"监控屏幕"。通过这个平台,国家对社会和市场的整体把控性将得到增强。在这个平台的帮助下,我国政府在制定相关的基建规划、道路建设、环境治理、市场调控、产业转型、扶贫助困等方面的政府计划规划将更加有理可循、有向可指、有度可调、有证可依。

依托国家级大数据平台,从地方到中央,政策和规划的制订将更加实际、动态、及时、科学和准确,从而避免了传统统计分析方法的时效性问题,也在规划编制方法上更具科学性。此外,这也避免了地方规划的局部最优与国家层面的整体规划之间的矛盾。站在国家的高度,实现了全局最优与局部最优的双重科学结合。

基于国家级大数据平台的计划制定有效性和优越性,我国政府能够弥补市场调节的滞后特征,从而增强国家经济和社会运行的计划性,同时也提高运行效率。大数据时代的全息动态科学的计划模式将优于自由发展的市场模式。

2. 利用大数据提升财政预算的合理性

我国每年的财政预算的制定依据是国民经济核算,其中包括各种经济指标的测量。我国的统计体系由国家、部门和地方 3 种统计调查项目组成。这些项目包括衡量经济发展的指标,如 CPI（消费物价指数）、GDP（国内生产总值）和就业率等,涉及的统计部门多达 90 个。国家统计局主要通过周期性的普查和常规统计调查收集统计数据。部门统计调查项目则主要在高级法院、高级检察院、国务院各部委局、有政府职能的人民团体和社会组织、授权行业协会等 84 个部门或机构中进行。地方统计调查则主要由各地方省市、自治区、直辖市等统计部门出于地方政府需要而自行开展。

然而,传统的统计数据仅包括实体市场交易的数据,而一些免费共享经济模式却没有纳入 GDP 指标,这部分经济数据的增减对国家财政计划的影响现在变得不可忽视。因此,在大数据互联网时代,传统的经济核算方式应该得到改进,以更好地反映现代经济的形态和特点。

此外,传统的统计单位也需要改变。购物平台如淘宝、京东等并非单一生产企业,而是一个销售平台。金融平台也需要更准确地定义和分类。这些企业应该被纳入国家经济统计数据中,并反映在国家经济指标和经济财政计划中。

在经济核算和财政计划的制定过程中,搜集数据是第一步。传统的数据搜集方式是普查和抽样调查。由于技术限制,普查一般会在 5 年或 10 年的时间跨度内进行一次,数据时滞性强。抽样调查由于样本小于总体,难以用小样本代表总体,数据偏差性有待改善,这在需求不断增长的今天更为明显。因此,利用大数据技术和互联网资源,改进数据搜集方式是必要的。

在过去，由于经济数据种类繁多且数量庞大，政府只能采取小而精的方式进行统计。然而，这种方式制定的经济指标无法精确契合实际需求，只能进行大体上的预测估算。为了解决这个问题，在大数据技术下，可以直接将全行业全企业数据与国家统计局进行对接，减少中间环节，提高数据搜集环节的准确度和及时性。

国家统计局已经在进行相关的试验，将全国一百万家大型企业与国家统计局的数据中心进行直连直报，形成"企业－套表"。然而，这种方式的企业覆盖面还不够广，数据元的定义还不够充分与统一，只在有一定规模的企业进行相关直连直报，而忽略了在大数据背景下出现的"众"型企业和"微"型企业。这些小微企业的数据多数在线，应该尽快与依托于各大电商平台、"共享"模式下的小微企业进行数据连接，将其纳入国家统计局的统计范围之内。这样，政府依托于国家级大数据平台，利用互联网优势，连接所有注册在籍的大中小企业，实现企业信息数据的全覆盖。

通过大数据技术获取全面、准确、完整的财政经济数据，政府可以实现在财政的收入和支出计划上的全面准确编制与下放，结合地理环境、社会经济与区域内外、国内外经济走势的数据分析，在财政预算的分配上做到更加有理可依、有数可查，进一步降低财政风险性、提升国家财政利用的有效性，使国家财政计划的有效性进一步增强。

除了数据采集与搜集环节的改进，经济核算和财政预算的编制方法也需要进一步改善。在国家级大数据平台的支持下，采用大数据挖掘技术，利用关联关系技术研究，建立起更为合理的关联型数据模型，从而提升经济指标的合理性与准确性，增加财政预算的精准度。

在整个财政预算编制的过程中，数据的处理环节应该尽量避免人为的干扰，以保证数据的完整与真实性。大数据平台计算出相关指标后，应依托于人工智能和决策支持系统进行智能的决策分析与预算制定，避免了人为干预与主观决策的干扰，确保决策结果更加准确可靠。整个大数据平台系统将不断进行自主学习，从而提高决策效能。类似于阿尔法狗在围棋领域的成功，智能决策系统在财政预算的编制上可以给出最接近最优解的决策方案，大幅提升经济财政计划的制定有效性。

因此，在财政计划的编制中，应结合大数据与人工智能技术的优势，重新定义和制定计划的编制方法与流程。通过神经网络、机器学习等算法，进行大数据分析，为决策提供更为精准和全面的数据支持。这样的财政计划编制方式，不仅可以提高数据分析的准确性和有效性，还可以为决策者提供更为全面、科学、客观的决策依据，从而实现财政计划的更加精准、科学和可靠。

3. 利用大数据转变政府政绩考核标准

随着大数据时代的到来，社会结构和人们的社会观念发生了巨大的转变。政府的传统交流方式和绩效评定标准已经无法满足人们的需求。政府制定工作目标遵循"唯GDP 增速论"，政策制定的重心主要关注经济提升，忽视了与民生有关的问题，并且与民众交互不足。政府的调研多由官员完成，缺乏代表性，并且容易存在偏差，不能够聚焦于民众最紧迫、最急需解决的问题上。

因此，我们应该尽快建立政府民生工程大数据系统，从源头接入社会各方数据，通过移动互联网接入贫困家庭的收入、消费情况等信息，实时掌握扶贫调研工作的第一手信息，对贫困人口的生活指标进行系统分析和监控，更加精准地制定、调整和实现扶贫目标。同时，我们还应该接入工商、税务等部门的大数据分析系统，形成全行业市场运行监控体系，使政府职能官员更加清晰地了解市场运行动向。

为了评价政府的绩效，我们应该构建一套基于政府官员对经济到社会的数据指标关注度、调控准确度的考核体系，从政府的决策规划能力、宏观调控能力、市场监管能力、公共产品的供给能力以及政府的基本职能等多个方面选取数据元指标，建立多重评价体系，从全方位、多角度建立政府政绩考核评价标准，抛弃以往的"唯 GDP 增速论"。在政府的决策规划、宏观调控、市场监管、公共产品供给等方面，通过大数据分析技术中的神经网络、机器学习等算法，重新定义和制定计划的编制方法和流程，能够大幅提升经济财政计划在制定上面的有效性。通过大数据技术的应用，政府可以更加精准地制定政策，更好地满足民生需求，提升政府的服务水平。

需要注意的是，我们不仅要从指标达成角度评价政府管员的政绩，还需要考虑大数据所提供的推荐改善方法，以及对政府实际调控的时间、结果进行对比分析和考核。这样的方法可以避免官员的主观主义和忽略科学与客观实际的政策制定做法。我们应该建立一套动态、科学、多重检验、强制执行的政府政绩评价体系，这样可以规避传统计划经济政府主观主义和一味追求经济增长的不科学政绩考核标准，从而重塑政府与市场、政府与民众的关系。

对于政府官员的政绩监管，不能再采用唯定性论或者唯定量论的方法，而应该利用大数据分析民生等各方面数据进行整体关联分析，将定性与定量相结合，从宏观上加强对政府官员政绩的把控。这种方法可以避免传统计划经济时期无法避免的主观主义的官僚执政方针，通过民生工程大数据平台，可以实现政策下达前的执政重点分析和政策下达后的效果实时反馈、效果评估和改进方案的生成。这将进一步增强政府治理方面的可调控性、可计划性和政策计划的有效性。

4. 利用大数据改进政府的经济政策制定

传统的政府经济管理能力已经无法满足大数据时代对政府政策制定的需求。在过去，政府制定的生产计划及硬性指标制定在一定程度上体现了计划经济的主观主义和有限平衡，但在社会主义市场经济条件下，政府对企业的生产并不加以硬性指标的约束，这给政府政策制定带来了更多的挑战。

在大数据时代，政府需要更具科学计划性的改进，以更好地适应经济全局的发展。政府需要采用大数据技术，收集、分析和利用各种经济、社会等方面的数据，以便更准确地制定和调整政策，实现科学化和精细化的管理和调控。政府需要将传统的指标制定方法与大数据技术相结合，从而在制定经济指标时更加科学、客观和全面。政府还需要加强对市场的监测和研究，以更好地了解市场的运行规律和趋势，制定更具前瞻性和可持续性的政策。

此外，政府还应该注重参与各种社会组织和民间团体，了解人民群众的需求和诉求，听取各方面的声音，采取更具包容性和民主性的决策方式。政府应该建立多方面的政绩评价体系，避免过于注重经济指标而忽视了民生问题的重要性。政府还需要加强对官员的考核和管理，建立科学、客观、全面的考核标准，避免官僚主义和腐败现象的发生。综上所述，大数据时代，政府需要更加科学化、客观化、民主化和人性化地制定政策，以更好地适应新时代的发展需求。

首先，在大数据时代，政府的政策制定需要借助国家级大数据平台来提高数据信息的全面性、准确性和及时性。这样一来，政策制定者就能够更加准确地了解市场运行和社会生活的实际情况，使政策推进更加及时。而且，国家级大数据平台的高速数据处理能力，能够满足高时效性，可以准确、动态地反映客观事实。因此，政府部门能够更加敏锐地捕捉市场运行的变化，提升政策的针对性和适应性，同时也能够降低决策成本、提高可计划性。

其次，国家级大数据平台应该不断改进政策制定的方法和模型，注重以人为本。由于大数据来源的多样性和数据容量的大规模特征，国家级大数据平台的建立，拓展了国家治理的参与者范围。政府机关、企业组织、社会团体和公民个人都是数据的重要来源，他们之间的信息交流和沟通为多元治理主体提供了便利。通过国家级大数据平台，政策制定者可以及时了解国家发展的动态，各个治理主体可以协同配合、参与国家治理，从而提高政策制定的有效性和可行性。

（三）加快推进政府数据资源开放共享步伐

随着信息化和互联网的快速发展，我们已经进入了大数据时代。在这个时代里，政府统计部门与大数据有着天然的联系。同时，企业是大数据利用的先行者，他们成为了大数据应用的主要推动力量，并且从事数据的生产、分析、交换，也推出了很多的数据设计、制造和营销等新产品。在大数据资源配置中，市场发挥着决定性的作用，因此，政府需要与企业共享数据，并加强合作，以提高企业的效益和效率，实现价值最大化，同时也能够提高政府统计部门的能力，使其获得更加丰富客观及时的基础数据，建立更加真实全面的基本单位名录库，得到更加完整的调查总体。这将有助于缩短数据采集时间，减少报表填报任务，减轻调查对象的负担，并提升统计工作的效能，从而使统计数据更加客观、真实、准确。

政府应该帮助企业吸引更多有资源、有技术、有经验的人才投身大数据应用和开发的浪潮中，以促进企业的转型升级和良性发展。这对于推动现代化服务型统计的建设具有十分重要的作用。政府也应加快大数据应用战略研究，以为大数据的提取、存储、分析、共享和可视化创造有利条件。

当前，大数据已成为国家重要的战略资源，政府是公共数据的核心生产者和拥有者，应该积极开发和利用这一重要的战略资源。政府应该加快与民间数据开放共享的步伐，以催生出巨大的经济和社会价值，释放政府数据的潜力，并有利于加快推动数据产业的市场化步伐。

要加快推进政府数据资源开放共享的步伐，需要深入探讨以下 4 个方面。

1. 推进政府数据开放共享的法律制度建设

要加快政府数据资源开放共享的步伐，首先要完善相关法律法规体系，为政府数据的开放共享提供更加有力的制度保障。政府应制定和完善相关法规，明确政府数据开放共享的范围、标准、程序、安全和保护措施等。同时，加强对数据开放共享的监管和评估，建立健全数据资产评价、数据使用授权、数据价值实现等制度，确保政府数据开放共享的安全、规范和高效。

2. 加强政府数据资源的整合和分类管理

政府数据资源的开放共享需要建立起健全的数据管理体系，包括数据采集、加工、存储、共享、应用等环节的管理。要通过整合政府数据资源，建立共享平台，实现数据的统一分类、标准化管理，确保数据质量和数据的可持续发展。同时，要加强数据安全管理，制订并实施数据安全策略和措施，确保政府数据资源的安全可靠。

3. 加强政府数据资源的技术支撑建设

政府数据资源开放共享需要具备相应的技术支撑和平台建设。要加强技术研发，研发和应用开放共享技术和标准，提升数据开放共享的技术水平和能力。要建立和完善政府数据资源管理和服务平台，支持政府数据资源的集中管理、共享应用和价值实现。同时，要建立数据共享平台，开展数据共享应用示范和培训，促进数据开放共享的普及和推广。

4. 促进政府数据资源开放共享的市场化运作

政府数据资源的开放共享不仅是政府公共服务的重要组成部分，也是市场化运作的重要手段。要在政府数据资源开放共享的基础上，推进数据价值链的延伸，打造数据产业生态，推动政府数据资源的市场化开发和应用，促进数据的创新和价值实现。

（四）加大财政资金对大数据重点领域的投入力度

近年来，发达国家如美国、英国等政府不断增加对大数据重点领域关键技术研发和应用的投入力度，以赢得大数据时代的竞争优势。相比之下，我国大数据产业的发展相对滞后，关键技术的自主研发投入不足，方向不明确，这种差距不仅影响着我国大数据安全，也制约了大数据产业的发展。

数据产业是一个具有国家战略意义的新兴产业，必须充分发挥政府的引导作用，发挥企业自主研发的主观能动作用和市场主导作用，才能实现更好的发展。自主研发创新是提高数据产业竞争力的主要推动力。我国数据产业现状是创新能力不足，关键核心技术对外依赖度较高。因此，政府必须准确把握发展方向和原则，抓住重点领域、关键环节和核心问题，找到着力点和突破口，采取切实有效的措施，加大政府财政资金的引导支持力度，以推动大数据产业的快速发展。

为了促进大数据在重点领域的应用和发展，需要加大财政资金对大数据重点领域的投入力度。这可以通过以下4个方面实现。

首先，政府应该制订并实施大数据领域的资金支持政策，以吸引更多的资本进入这一领域。政策可以包括财政资金支持、税收优惠等多种形式。通过这些政策，可以为大数据产业提供必要的资金支持,帮助企业进行研发、生产和推广等活动,推动大数据产业的快速发展。

其次,政府可以通过与企业和高校等机构的合作,共同开展大数据领域的研究和应用。政府可以设立专门的研究机构,邀请相关领域的专家学者参与研究,同时鼓励企业和高校等机构参与到大数据应用中来,推动大数据技术在实践中的不断创新和应用。

再次,政府可以通过大数据领域的投资基金,为优秀的大数据企业提供资金支持。政府可以在一定程度上对大数据产业进行引导,提高对行业的认识和了解,寻找并支持一些有潜力的企业。这将为大数据产业的发展提供长期的资金支持,同时可以帮助政府更好地了解这一产业,为政府制订更科学的政策提供基础。

最后,政府可以通过组织各类大数据技术竞赛等方式,为大数据领域的技术研发提供资金支持。这些竞赛可以促进各个领域的专家和学者进行技术交流,推动大数据技术的创新和进步,同时也可以为企业提供展示自身技术和能力的机会,吸引更多的投资和客户。

参考文献

[1] 孙义，牛力，黄菊英 . 大数据财务分析 [M]. 北京：中国财政经济出版社，2021.

[2] 王盛作 . 财务管理信息化研究 [M]. 长春：吉林大学出版社，2020.

[3] 刘赛，刘小海 . 智能时代财务管理转型研究 [M]. 长春：吉林人民出版社，2020.

[4] 董艳丽 . 新时代背景下的财务管理研究 [M]. 长春：吉林人民出版社，2019.

[5] 徐炜 . 大数据与企业财务危机预警 [M]. 厦门：厦门大学出版社，2019.

[6] 刘培宏 . 基于风险防控的财务战略管理研究 [M]. 北京：经济日报出版社，2019.

[7] 赵欣宇，王玮 . 企业财务与预算管理 [M]. 汕头：汕头大学出版社，2019.

[8] 晏晓波，刘磊，剧凤兰 . 互联网＋时代下的财务管理 [M]. 北京：经济日报出版社，
2018.

[9] 李克红 . "互联网＋" 时代财务管理创新研究 [M]. 北京：首都经济贸易大学出版社，
2018.

[10] 姬潮心，王媛 . 大数据时代下的企业财务管理研究 [M]. 北京：中国水利水电出版社，
2018.

[11] 陈凤丽，高莉，占英春 . 财务管理与金融创新 [M]. 长春：吉林出版集团股份有限公
司，2018.

[12] 吕峻，胡洁 . 企业财务风险识别和评价研究 [M]. 北京：经济管理出版社，2018.

[13] 曾俊平，李淑琴 . "互联网＋" 时代下的财务管理 [M]. 长春：东北师范大学出版社，
2017.

[14] 张齐 . 大数据财务管理 [M]. 北京：人民邮电出版社，2016.

[15] 孟祥霞，孟祥革 . 企业成本的财务会计核算与管理研究 [M]. 北京：新华出版社，
2014.